PÉTER BARNAKY

PANZERWAFFE ON THE BATTLEFIELD

★ WORLD WAR TWO PHOTOBOOK SERIES ★

volume 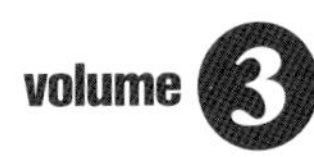 3

Kiadja/Published by
PeKo Publishing Kft.
8360 Keszthely, Bessenyei György u. 37.
Email: info@pekobooks.com
www.pekobooks.com

Felelős kiadó/Responsible publisher
Kocsis Péter

Írta/Author
Barnaky Péter

Szakmailag lektorálta/Proofreading
Dr. Számvéber Norbert

Printed in Hungary

Szerkesztette/Layout
Brandly

Fotók/Photos
Kocsis Péter, Karel Trojánek, Bundesarchiv, Österreichische Nationalbibliothek (ONB),
Archive of Modern Conflict (AMC)

Kiadás éve/First published
2013

ISBN 978-963-89623-2-4
ISSN 2063-9503

KÖSZÖNETNYILVÁNÍTÁS

Köszönettel tartozom páromnak, Évinek, a jobbik énemnek, aki nélkül tán bele sem kezdek a munkába, Pánczél Mátyás és Dr. Számvéber Norbert barátaimnak, akik lelkiismeretes segítségükkel finomították művemet, s végül, de nem utolsó sorban Kocsis Péternek, aki kiadóként az egész projektet megálmodta és megvalósította, valamint Karel Trojánek-nek, Stefan De Meyer-nek és Lee Archer-nek.

Barnaky Péter

ACKNOWLEDGEMENTS

I would like to thank to my partner, Évi, my better half, without whom I may not have even started working on this. I would like to thank my friends, Mátyás Pánczél and Dr. Norbert Számvéber who improved my work with their conscientious help. Last but not least, I would like to thank Péter Kocsis, who as a publisher dreamt up and realised the whole project, as well as Karel Trojánek, Stefan De Meyer and Lee Archer.

Péter Barnaky

BEVEZETŐ

Kétségtelen tény, hogy a német haderő az 1939 és 1941 közötti kezdeti hadi sikereit többek között az összfegyvernemi együttműködésnek, s ezen belül főként a gyorscsapatoknak (1943. április 1-től páncéloscsapatoknak, németül *Panzertruppe*) köszönhette. A *Panzertruppe* gerincét alkotó harckocsicsapatok (*Panzerwaffe*) összehangolt bevetése a többi szárazföldi fegyvernemmel és a légierővel (*Luftwaffe*) tette lehetővé az egész világot megdöbbentő sikereket. A páncélosok önmagukban ugyanis – ahogy napjainkban – már akkor sem voltak képesek eldönteni a csaták kimenetelét. Ráadásul nem szabad elfeledni, hogy a sikeres hadviselés legfontosabb eleme az emberi tényező mellett az utánpótlás és karbantartás. Megfelelően kiképzett személyzet nélkül egyetlen fegyver sem képes valódi eredményt elérni a harcmezőkön. E feltételek együttese teheti a páncélosokat, s ezek közül is leginkább a harckocsikat a csataterek uralkodójává.

A Lengyelország ellen 1939. szeptember 1-jén meginduló támadás megmutatta a világnak az új harceljárások hatékonyságát, de a győzelmeket nem adták ingyen. Németország rendelkezésre álló 3472 harckocsijából 2690 darab harcolt a hadjáratban résztvevő alakulatoknál. Közülük 236 páncélos végleg odaveszett. Többek között a vezetési hibák, a még kiforratlan harceljárások és sok esetben az ellenfelek hősies ellenállása bizony igencsak megtizedelte a páncélos-állományt, amelyet ekkor már a megszállt cseh területeken gyártott, eredetileg a csehszlovák hadsereg részére tervezett harckocsikkal is kiegészítettek. Bár a Pz. 38(t) igen kiváló konstrukciónak bizonyult, nagyobb testvéréről, a Pz. 35(t)-ről sokat elárulhat az a tény, hogy a lengyel hadjárat alatt a nagyszámú harcképtelenné vált harckocsi túlnyomó többsége műszaki problémák miatt szorult javításra. Ugyanakkor a német gyártású páncélosok zömét az a Pz. I és Pz. II típus alkotta (973 + 1127 darab), amelyeket technikai mutatóik, fegyverzetük és páncélvédelmük alapján ekkor már saját kezelőik is csak felderítésre találtak alkalmasnak. Előbbinek mindössze két géppuska, az utóbbinak egy 2 cm-es harckocsiágyú – mai terminológia szerint gépágyú – jelentette a főfegyverzetét. Ezeket a páncélosokat eredetileg kiképzésre fejlesztették ki és bevetésük csak szükségmegoldás volt. Az 1939-ben komolyabb harcértéket képviselő Pz. III és Pz. IV igen kis számban állt rendelkezésre (87 + 198 darab), ráadásul utóbbit ekkor még csak gyalogsági támogató feladatkörben szándékoztak alkalmazni, ezért csupán rövid csövű, 7,5 cm űrméretű, L/24 űrméret hosszúságú löveggel szerelték fel. Az elért sikerek egyik legfontosabb elemét a *Panzerbefehlswagen*-ek, a nagy hatótávolságú rádiófelszereléssel ellátott parancsnoki harckocsik jelentették, illetve az a tény, hogy a német páncélosok mindegyike el volt látva rádióval.

A páncélosok következő bevetésére Dánia és Norvégia megszállásakor került sor 1940. április 9-től, majd egy hónap múlva (1940. május 10-től) következett Hollandia, Belgium, Luxemburg és Franciaország. A német tüzérség hadrendjében megjelentek a rohamlövegek (ekkor még csak a gyalogságot közvetlenül támogató feladatkörben). Május 12-14. között sor került a háború első igazi páncélos-összecsapására, amikor a francia 3. gépesített könnyűhadosztály Somua és Hotchkiss harckocsijai megütköztek a németek 3. és 4. páncéloshadosztályával. Az ütközet kiértékelése során a németek megállapították, hogy a Somuák mind fegyverzetüket, mind páncélzatukat tekintve jobbak saját Pz. III páncélosaiknál, a Hotchkissek azonban csak páncélvédelmükben erősebbek a német harckocsiknál. Kiemelték az ellenséges harckocsikból való rossz kilátást és a toronyforgató berendezés lassúságát, amelyek miatt a németek előnybe kerülhettek, továbbá a francia csapatok vezetésének hiányosságait, felkészületlenségét, illetve a tényleges, kidolgozott harceljárások nélküli bevetést. Ám ugyanakkor hangsúlyozták a francia személyzetek egyéni bátorságát is. A későbbiek során a németek a Somuához hasonló tapasztalatokat szereztek a Char B1 harckocsikkal is: szemből még a Pz. IV-ek 7,5 cm-es lövedékei sem tudták átütni a páncélzatát. Összességében a nyugati hadjárat végére a páncélos csapatok mintegy 35%-os veszteséget szenvedtek. Mindezen okok oda vezettek, hogy a német páncélosok fegyverzetét és páncélvédelmét korszerűsíteni kellett.

1941. április 6-án a német csapatok megindultak Jugoszlávia és Görögország ellen, ahol az aknák mellett az igazi kihívást a páncélosok számára a hegyesvölgyes terep jelentette. A 9. páncéloshadosztály jelentése szerint például több komolyabb meghibásodás mellett a terep okozta igénybevétel következtében az összes harckocsi fékrendszere elhasználódott.

1941 februárjában érkeztek meg az első német páncélosok Észak-Afrikába. Ezen a hadszíntéren az első, német és angol páncélosok közötti összecsapásra 1941. március 31-én került sor, amikor a német–olasz csapatok páncélosai megütköztek a brit 5. királyi harckocsizászlóalj Mk. IV A típusú cirkáló harckocsijaival. A német páncélos erők zömét a Pz. II-ek mellett ekkor már az 5 cm-es löveggel felszerelt Pz. III-ok tették ki. Rommel csapatai a kezdeti látványos sikerek után azonban Tobruknál megtorpantak, egész pontosan az elkapkodott támadást az angol és ausztrál csapatok megállították. Májusban azután a németek újra összecsaptak a Matilda gyalogsági harckocsikkal, amelyekkel ugyanolyan keserű tapasztalatokat szereztek, mint korábban a francia hadjáratban. Ezek ellen a leghatásosabb fegyvernek újfent a 8,8 cm-es légvédelmi ágyú bizonyult. Egészen 1942 első feléig kellett várni egy hatékonyabb ágyúval felszerelt páncélosra. A 7,5 cm-es, L/43 űrméret hosszúságú löveggel felszerelt Pz. IV Ausf. F2-t 1942 márciusától júniusáig gyártották. Kis változtatásokkal ekkor keresztelték át a változatot G-re (amelynek 50 mm-es frontpáncélzatát a későbbiekben 30 mm-es kiegészítő páncéllemezekkel erősítették meg). Ez a verzió már sokkal ütőképesebbnek bizonyult, amire szükség is volt, hiszen ugyanezen év májusában jelentek meg az első amerikai gyártású M3 Lee/Grant harckocsik a brit oldalon, majd októberben az M4 Shermanok. Ráadásul 1942. november 8-án megkezdődtek a szövetségesek észak-afrikai partraszállásai is, s így a német és olasz csapatok harapófogóba kerültek. Nagyjából ekkor jelent meg az észak-afrikai hadszíntéren a Tiger I nehézharckocsi is, amely a maga 8,8 cm-es, L/56 űrméret hosszúságú lövegével és erős páncélzatával szinte azonnal a csataterek domináns páncélosa lehetett volna, ha a német csapatok megfelelő alkatrész-, lőszer- és üzemanyagutánpótlásban részesülnek. Ez a hadszíntér másodlagos jelentőségű volt Hitler és hadvezetése számára, így itt kemény, mindkét fél számára veszteségterhes összecsapások után végül 1943 májusában a német–olasz csapatok vereségével véget értek a harcok.

Mindeközben a német haderőnek, a Wehrmachtnak [amely magába foglalta a szárazföldi haderőt (*Heer*), a légierőt (*Luftwaffe*), a haditengerészetet (*Kriegsmarine*)] és a fegyveres SS-nek (*Waffen-SS*) sokkal hatalmasabb feladatot írtak elő. A Szovjetunió elleni, 1941. június 22-én meginduló támadás, a „Barbarossa" hadművelet további kihívások elé állította a *Panzerwaffe*-t is. A már számos korábbi publikációban ismertetett problémán, a T–34 közepes és KV nehézharckocsik megjelenésén túl rendkívüli nehézséget okoztak az utánpótlásban és a karbantartásnál fellépő hiányosságok. Megfelelő műszaki biztosítás nélkül a legzseniálisabban megtervezett és legyártott eszköz is hamar használhatatlanná válik, ez igaz volt a német precizitással gyártott harcjárművekre is. A Szovjetunió hatalmas területei, rendkívül rossz minőségű úthálózata szinte elképzelhetetlen igénybevételnek tette ki a járműveket és az azokat kezelő és kiszolgáló katonákat. Ráadásul, bár a német terv a gyors mozgású gépesített alakulatokra épült, a *Heer* messze nem volt teljesen motorizált: a nagyjából 600.000 gépjármű mellett több mint félmillió (!) ló szolgálta a csapatokat a „Barbarossa" hadművelet kezdetén. Nem könnyítette a helyzetet a rendszeresített tehergépkocsik, gépjárművek számos eltérő típusa sem. E tényezők is közrejátszottak abban, hogy az 1941-es esztendő végére a németek végleges páncélos-vesztesége 2758 harckocsira és 95 rohamlövegre

rúgott; szemben a szovjetek mintegy 20500 darabos veszteségével, amelynek döntő többsége azonban műszaki okokra vezethető vissza.

A német harckocsizók és gyalogosok mumusai, az új szovjet harckocsik csak tetézték a bajt, amit a német konstruktőrök újabb harckocsik tervezésével, illetve a már meglévő eszközök korszerűsítésével igyekeztek ellensúlyozni. A Pz. I és Pz. II könnyűpáncélosok lassan kikoptak a hadrendből (bár teljesen még a háború legvégén sem tűntek el, az utóbbiak többnyire felderítő, illetve rohamlöveg alakulatoknál kísérő-támogató szerepben vették ki részüket a harcokból, gyakorlatilag az utolsó napokig). A StuG. III-ok, Pz. III-ok és Pz. IV-ek hosszabb, erősebb lövegeket kaptak, páncélvédelmüket pedig oldal- és toronykötény lemezekkel erősítették meg az eredményesen alkalmazott szovjet páncéltörő puskák miatt. Ezzel a megoldással a mérnökök kisebb súlytöbbletet okoztak, mintha magát a harcjármű testének és tornyának a páncélvastagságát növelték volna. A harckocsinak már elavult, de ugyanakkor megfelelő, már kiforrott alvázzal és futóművel rendelkező Pz. II és Pz. 38(t) páncélosokból nagy tűzerejű páncéltörő ágyúk ráépítésével úgynevezett páncélvadászokat alakítottak ki. Ugyanezen járművek és különféle lövegek felhasználásával létrehozták az önjáró nehéz gyalogsági lövegeket és önjáró könnyű tábori tarackokat, amelyek közvetlen tűztámogatást nyújthattak a harcoló alakulatoknak. Szintén a mozgékonyságot szem előtt tartva született meg többek között a 15 cm-es tábori tarackkal felszerelt, Pz. IV alvázra épített Hummel és az ugyancsak Pz. IV alapokon nyugvó, 8,8 cm-es páncéltörő ágyúval épített páncélvadász, a Hornisse. Ezekkel együtt számos új fejlesztés is megvalósult. 1942 őszén megjelentek az első Tiger nehézpáncélosok, majd 1943 nyarán, a kurszki csatában bemutatkoztak a Panther közepes harckocsik és a Ferdinand nehéz vadászpáncélosok is.

Mindezen újítások ellenére a páncéloscsapatok (is) egyre nehezebben tudtak eleget tenni a kapott feladatoknak. Ennek okai közül talán a legjelentősebbek a velük szemben álló szovjet csapatok voltak. A Vörös Hadsereg 1943-ra már a korábbinál sokkal felkészültebb, harcedzettebb, jobban vezetett és jobban ellátott haderőnek bizonyult. A kurszki kiszögelésben ugyan jóval kevesebb német harcjármű veszett oda, mint azt az ellenséges propaganda állította (a védelmi időszakban megközelítőleg 250 darab a mintegy 1600 szovjet páncélossal szemben), de a német támadás kudarcba fulladt. Ekkorra már még egy nagyon fontos tényező hátráltatta a német páncélosok hatékony működését. A német haderő az 1941 végi moszkvai katasztrófa óta pótolhatatlannak bizonyuló emberhiánnyal küzdött, s ez kihatott az összes többi fegyvernemre is. Megfelelő gyalogsági támogatás nélkül a páncélosok képtelenek voltak megtartani az elfoglalt terülteket, és megfelelő gyalogsági biztosítás nélkül roppant érzékenyekké váltak a közvetlen gyalogsági támadásokkal szemben.

Ráadásul délen újabb arcvonal, előbb Szicília, majd az itáliai félsziget szívott el jelentős erőket a keleti „húsdarálóból" úgy, hogy a korábbi szövetséges hamarosan át is állt az angolszászok oldalára. Olaszország hegyes terepe nem kedvezett igazán a páncélos-hadviselésnek, bár mindkét fél nagy számban vetett itt be harcjárműveket.

A már említett utánpótlási és karbantartási hiányosságokat csak tetézte, hogy a saját felsőbb vezetés egyre inkább rugalmatlanná vált. A legfelsőbb szint megmerevedő, a parancsok betűjéhez egyre inkább ragaszkodó görcsössége kezdte megbénítani az egész haderőt, és hiábavalóvá tenni a feladatközpontú harcvezetés korábbi sikereit. Ugyanakkor az egész páncélos fegyvernem a harcban szerzett tapasztalatoknak és növekvő veszteségeinek köszönhetően állandó, folyamatos átszervezésen esett át a háború egész ideje alatt. Elmondható, hogy a kezdetben felduzzasztott páncéloshadosztályokat a háború végére jóval kisebb, ám elvileg mozgékonyabb és hatékonyabb alakulatokká igyekeztek átszervezni.

1939-ben egy páncéloshadosztálynak egy, két páncélosezreddel rendelkező páncélosdandárja volt, ezredenként két páncélososztállyal, osztályonként három (kettő könnyű, egy közepes) századdal. Egy ilyen páncélososztály 71-74 darab harckocsival rendelkezett. Ezeken kívül természetesen rendszeresítve voltak páncélosok a dandár és az ezredek törzseinél is, így egy páncéloshadosztály 308-316 páncélost számlált (ebből 26 parancsnoki harcjármű volt).

1943-44-ben egy páncéloshadosztály elvileg egy páncélosezreddel, benne két páncélososztállyal rendelkezett. Osztályonként négy, 17 kocsis századdal, az ezred és az osztályok törzseiben 8-8 páncélossal számolva hozzávetőlegesen 160 harckocsi volt rendszeresítve egy páncéloshadosztályban, de ekkor ez már csak papíron létezett. Ilyen feltöltöttségű alakulat csak a legritkább esetben állt a hadvezetés rendelkezésére, és az állandó bevetéseknek köszönhetően a harcképes páncélosok száma gyorsan csökkent. A szervezési utasítások értelmében az egyik páncélososztályt (általában az elsőt) Pantherekkel, a másikat Pz. IV-ekkel kellett felszerelni. A valóságban azonban sok esetben a harckocsikat az egyébként kiváló

StuG. III rohamlövegekkel vagy éppen vadászpáncélosokkal helyettesítették. A törzsekben nem ritkán még Pz. III-ok is szolgáltak.

1944 közepétől kezdték el felállítani az önálló páncélosdandárokat (ezek nem azonosak a korábbi, ugyanilyen elnevezésű kötelékekkel). Ezek egyéb elemek mellett már csak egy páncélososztállyal rendelkeztek, amely négy századból, de századonként már csak tíz páncélosból álltak. 1945-től már a páncélososztályok saját páncélosszázadait is ilyen állománytáblával tervezték alkalmazni, de ezek a háború végi átszervezések a legtöbb esetben már csak elméleti tervek maradtak.

Mindeközben 1943 végére a német páncélosokat még korántsem győzték le. A kiképzettség, a szervezettség, a harci tapasztalat és az egyre fejlődő haditechnika igen kemény ellenféllé tette őket. Továbbra is számottevő előnyt jelentett – noha igazából már csak harcászati szinten – a minden harcjárműbe beszerelt rádiókészülék. A gyors kommunikáció mindmáig az egyik legfontosabb alappillére a győzelemnek, s ebben a németek az élen jártak. Az sem elhanyagolható körülmény, hogy harckocsiágyúik és fegyvereik irányzó-optikája szintén elsőrangú volt. Természetesen a másik oldal is folyamatosan fejlesztett: a T–34/85 közepes-, ISz–1 és 2 nehézharckocsik, SzU–85 és 100 közepes, ISzU–122 és ISzU-152 nehéz önjárólövegek már messze nem azok a könnyű prédák voltak, mint például a BT–5 és 7 vagy T–26 könnyűharckocsik a korábbi években.

1944 elejére a szovjet Vörös Hadsereg a németek által korábban elfoglalt terület majdnem felét visszafoglalta, s hatalmas veszteségek árán, de töretlenül folytatta támadását. A nyári offenzívák során számos német hadosztályt gyakorlatilag megsemmisítettek, ráadásul az olasz után a román kormány is oldalt váltott, ismét rendkívül nehéz helyzetbe hozva korábbi fegyvertársaikat, a német és magyar csapatokat.

1944. június 6-án a normandiai partraszállással még szorosabbá vált a hurok Németország nyaka körül. Bár sem az amerikaiak, sem a britek nem tudtak igazán komoly ellenfelet felmutatni a Tiger I és az ekkor megjelenő Tiger II-vel szemben, de erre nem is volt szükségük. Gazdaságuknak és hadviselési elveiknek köszönhetően gyakorlatilag tökéletesen meg tudták valósítani az összfegyvernemi hadviselést, aminek alapját – a folyamatos utánpótlás mellett – a légi uralom kivívása jelentette. Hiába nem tudtak például a Szövetségesek a háború végéig egyetlen „Königstigert" sem szemből kilőni, ha azok a nyugati fronton a legtöbb esetben csak a sötétedés beálltával, vagy rossz idő esetén mozoghattak biztonságban. Ráadásul a legtöbb angolszász és francia, sőt szovjet harckocsizó nem is találkozott ezekkel a „nagyvadakkal", hiszen a Tiger I-ből alig 1350 darab, nagyobb testvéréből pedig mindössze alig félezer példány készült összesen. Ezzel együtt az egész szövetséges tábor harckocsizóit nyomasztotta a „Tigris-frász", amelyet a háború talán legismertebb harckocsija váltott ki.

Az 1944 őszén indított brit–amerikai „*Market-Garden*" hadművelet, amely nemes egyszerűséggel a háborút volt hivatott lerövidíteni, megmutatta, hogy a „német fenevad" még nem kapta meg a kegyelemdöfést. A csúfos angolszász vereség után nem sokkal a német páncéloscsapatok a keleti front déli szakaszán, Magyarországon is megmutatták, hogy nem szabad őket leírni. Bár győzelmet nem arattak az Alföldön, de a frontvonal tűzoltóiként bevetett páncélosaikkal annyira megtépázták a szovjet harckocsi- és gépesített egységeket, hogy azok képtelen voltak a számukra előírt határidőn belül elfoglalni Budapestet.

A szeptemberi fiaskó után az brit–amerikai csapatok még egy újabb erőteljes pofont voltak kénytelen elviselni. A nyugati front utolsó német offenzívája, a „*Wacht am Rhein*" ugyan nem érte el kitűzött célját, de megmutatta, hogy a német páncélosokkal még bizony 1944 telén is számolni kell.

1945 elején, magyar területen a IV. SS-páncéloshadtest csapatai több veterán páncéloshadosztállyal együtt három támadás során megkísérelték felmenteni a bekerített, de teljesen még el nem foglalt Budapestet („*Konrad*" hadműveletek). Azokat az alakulatokat, amelyek decemberben még a nyugati szövetségeseket szorongatták, átcsoportosították a Dél Hadseregcsoporthoz a Dunántúlra. E páncéloshadosztályok egy része (az I. SS-páncéloshadtest két SS-páncéloshadosztálya, valamint *Heer* alakulatok) 1945 februárjában a garami szovjet hídfő felszámolásával végrehajtották a *Waffen-SS* utolsó sikeres offenzíváját, majd márciusban egyéb erőkkel együtt megindították a háború utolsó német nagyoffenzíváját. Az 1945. március 6-án induló „*Frühligserwachen*"-t a kezdeti sikerek után a március 16-án, Székesfehérvártól északra meginduló szovjet csapatok elsöprő, bécsi és pozsonyi hadászati támadó hadművelete miatt le kellett állítani. A keleti hadszíntéren bevetett német páncéloshadosztályoknak közel fele már február óta Magyarországon harcolt, de az utolsó hónapokban ez az erő már csak árnyéka volt korábbi önmagának. A tavaszi olvadás sártengere, az üzemanyaghiány és még megannyi ok miatt a *Panzerwaffe* már csak helyi, harcászati

sikereket érhetett el. Miközben a lendületesen támadó szovjet páncélosok közül igen sokat kilőttek, a német páncélosok zömét saját személyzete robbantotta fel a visszavonulás során.

Mindeközben az 1945. január 12-én Berlin irányában meginduló szovjet offenzíva útjában már csak megtépázott vagy rögtönzött páncéloshadosztályok álltak, s áprilisban már a Vörös Hadsereg tüzérsége a német fővárost lőtte. Az utolsó harckocsik Bécs, Prága és Berlin utcáin, osztrák hegyi patakokban, vagy Németország nyugati mezőin és városaiban végezték rozsdásodó roncshalmazként.

E kiadványunkban csak bizonyos típusok ismertetésével foglalkozunk, hiszen a kiadó szándéka szerint a Tiger, illetve Panther harckocsik történetét külön-külön kötetekben szeretnénk bemutatni tisztelt olvasóinknak.

Barnaky Péter

INTRODUCTION

It is a fact that the early successes of the *Heer* (the German Army), among others, was due to the cooperation of all branches of arms, most of all to the mobile units [called armoured troops (*Panzertruppe* in German) from 1ˢᵗ April 1943]. The coordinated employment of the *Panzerwaffe* (the backbone of the *Panzertruppe*), together with other branches of land troops and with the Air Force made their shocking successes possible. For the armoured vehicles – as nowadays also – were unable to win the battles on their own. We should neither forget or underestimate the most important thing in warfare (besides the human factor): without supply, maintenance and well trained crews none of the weapons can be successful on the battlefield. All these conditions altogether made the armoured vehicles – most of all the tanks – the kings of the battlefield.

The invasion of Poland began on 1ˢᵗ September 1939 and showed the world the efficiency of the new tactics – but these victories didn't come easy. Out of the 3472 available German tanks, 2690 were used by the units taking part in the campaign and 236 were written off. The mistakes of the leaders, the unsettled tactics and in a lot of cases the opponents' heroic resistance led to the losses. The armoured vehicle strength was supplemented with tanks from the occupied territories which were manufactured originally for the Czechoslovakian Army. While the Pz.38(t) turned out to be a good design, significant numbers of Pz.35(t) were out of action because of technical problems. On the other hand most of the German made tanks were Pz. I and Pz. II types (973 + 1127 units), however due to their armament, technical parameters and armour they were suitable only for reconnaissance - even according to their crews. The main armament the Pz. I was just two machine-guns, while the Pz. II had only a 2 cm gun. It is fair to say that these tanks were originally developed for training, using them in action was only a makeshift solution. In 1939 the German Army had only a few of the more capable Pz. III's and Pz. IV's (87 + 198 units), moreover the latter ones were planned to be used only for supporting the infantry at that time, so they were armed only with short barrelled, 7.5 cm L/24 guns. Being successful despite all the difficulties was in part due to the use of command tanks ('Panzerbefehlswagen') equipped with long range radios and partly to the fact that all the German tanks were equipped with radios.

The next armour deployment took place during the invasion of Denmark and Norway, from 9ᵗʰ April 1940, then a month later (from 10ᵗʰ May 1940) in the Netherlands, Belgium, Luxembourg and France. Assault guns appeared in the order of battle of the artillery (until this time their only task has been providing direct support for the infantry), and between 12ᵗʰ and 14ᵗʰ May the first real armoured battle took place, when the Somua and Hotchkiss tanks of the French 3. Mechanised Light Division fought against the German 3. and 4. Panzer-Divisions. During the evaluation of the battle the Germans found that the armament and the armour of the Somua were better than their own Pz. III tanks, while the Hotchkiss had thicker armour. They highlighted the poor visibility and the slow turret traverse of the enemy's tanks, of which the Germans took advantage, they also pointed out the poor tactics and shortcomings of the leadership of the French troops, but praised the French crews courage. The Germans had similar experiences with the Char B1 tanks: they couldn't penetrate the front armour even with the Pz. IV's 7.5 cm projectiles. Overall, by the end of the western invasion the German armoured troops had suffered a loss of 35%. This led to the decision that the armament and the armour protection of the tanks had to be reinforced.

On 6ᵗʰ April 1941 German troops invaded Yugoslavia and Greece, where besides the mines, the hilly terrain created a real challenge for the tanks. According to the 9. Panzer Division's report, besides several major failures, all of the brake system had worn out completely as a result of the stresses of the field.

The first German armoured units arrived in North Africa in February 1941. The first battle between the British and German armour was on 31ˢᵗ March 1941, when German and Italian tanks clashed with the Mk. IV A cruiser tanks of the British 5ᵗʰ Royal Tank Regiment. By that time, besides Pz. II's, the German armoured forces already consisted mainly of Pz. III's armed with 5 cm guns. After the initial spectacular successes, Rommel's troops suddenly stopped at Tobruk, to be more precise the hasty attack was halted by the British and Australian troops. Then in May the Germans encountered the Matilda infantry tanks, and had the same bitter experiences as during the French campaign. The most effective weapon against them was the 8.8 cm anti-aircraft gun. They had to wait until the first half of 1942 for a tank equipped with better gun. The Pz.IV Ausf. F2 equipped with a 7.5 cm L/43 gun was produced between March and June 1942 and had 30 mm armour plates fitted to the 50 mm front armour. The tank was renamed as the Ausf. G. This version proved more successful, as in May 1942 the first American-made M3 Lee/Grant tanks, and in October the M4 Sherman tanks, were employed by the British. Moreover, Allied troops landed in North-Africa on 8ᵗʰ November 1942, so the German and Italian troops were in a stranglehold. At this time the Tiger I heavy tank appeared in North Africa, which could have been the dominant tank of the battlefield with its 8.8 cm, L/56 gun and thick armour, had the German troops had received sufficient spare parts, ammunition and fuel. However, since this was a front of minor importance to Hitler and his staff, and after high losses on both sides, the fighting ended with the defeat of the German-Italian forces in May 1943.

Meanwhile, the German armed forces, the Wehrmacht [which included the land forces *(Heer)*, the Air Force *(Luftwaffe)* and the Navy *(Kriegsmarine)*] and the armed SS *(Waffen-SS)*] received a tougher order. "Operation Barbarossa", the invasion of the Soviet Union, started on 22nd June 1941, and posed additional challenges to the *"Panzerwaffe"*. In addition to the well documented problem of the appearance of the T-34 medium and KV heavy tanks, the growing deficiencies in resupply and maintenance also caused extreme difficulties. Without proper support even the most ingeniously designed and manufactured devices can become unusable, and this also applies to precisely manufactured German armour. The large territory of the Soviet Union combined with the very poor road network caused almost unimaginable stress to the vehicles and their crews. Furthermore, although German strategy was built on the fast-moving mechanised formations, the Heer was far from being fully motorised: besides the approximately 600,000 vehicles, more than half a million (!) horses served in the army at the start of Operation *"Barbarossa"*. The large number of types of trucks and vehicles made the situation even more complicated. All these factors played a part in the following result at the end of 1941: the final losses of German armour totalled 2758 tanks and 95 assault guns compared to Soviet losses of 20,500 (the majority of which were due to technical reasons).

The new Soviet tanks, the bugbears of the German tankers and infantry, made things worse, and German engineers tried to compensate by designing new tanks and improving existing ones. The Pz. I and Pz. II light tanks were gradually removed from the order of battle (though they didn't totally disappear, the latter as reconnaissance tanks and for artillery observers in assault gun units until the last days of the war). The StuG III's, Pz. III's and Pz. IV's received longer, more powerful guns, and armour protection was increased with side and turret skirts to counter Soviet anti-tank rifles. This solution resulted in less extra weight than if they had increased the armour thickness of the vehicle's hull and turret. The Pz. II and Pz. 38(t), already obsolete as main battle tanks, but having well-proved chassis and running gear, were rebuilt as tank hunters *(Panzerjäger)* by mounting powerful anti-tank guns on them. By using field and infantry guns with these vehicles, they created self-propelled heavy infantry and light field howitzers, which could give direct support to the combat units. Mobility was kept in view when they built, for example, the Hummel (using Pz. IV chassis, armed with a 15 cm field howitzer) and the Hornisse tank hunter (using also Pz. IV chassis, but mounting an 8.8 cm anti-tank gun). Many new developments also appeared. In the fall of 1942 the first Tiger tanks came into service, then in the summer of 1943, at the battle of Kursk, the Panther tanks and Ferdinand heavy tank destroyers were introduced.

Despite these improvements it became more and more difficult for the armoured troops to fulfil the tasks set for them. The most significant reason was probably the Soviet troops. By 1943 the Soviets were better prepared, led and equipped than before. However far fewer German armoured fighting vehicles were lost at Kursk than the enemy propaganda claimed (in the defensive period it was approximately 250 compared to 1600 Soviet AFVs), but the attack actually ended in failure. By then another very important factor impeded the efficient functioning of German armour. German forces had been suffering from an irreplaceable shortage of manpower since the disaster in Moscow, and this had an impact on other branches as well. Without the adequate infantry support, the tanks were unable to hold occupied territory, and became vulnerable to infantry attack. Moreover, new fronts in the south, first Sicily and later Italy, siphoned off significant manpower from the Eastern Front, as their former allies changed to the Allied side. Italy's mountainous terrain was unsuitable for armoured warfare, though both sides deployed a large number of armoured vehicles.

The increasing inflexibility of the high command increased the above mentioned shortcomings of supply and maintenance. The steadfast attitude at the highest level, their insistence on following orders literally started to paralyse the whole army and made the earlier success earned by task oriented leadership useless. At the same time, due to new experiences and the increasing losses in material and personal strength, the whole *"Panzertruppe"* had been under continuous reorganization throughout the war. The Panzer-Divisions were been realigned during the war into smaller, but theoretically more mobile and effective units.

In 1939 one Panzer-Division had one Panzer-Brigade consisting of two Panzer-Regiments, both with two Panzer-Abteilungen, with three companies (two light and one medium) within one Abteilung. One Abteilung was composed of 71-74 Panzers and of course there were further tanks in the Brigade and the Regimental HQ sections. So one Panzer-Division totalled 308-316 Panzers, of which 26 were command vehicles. According to the order of battle in 1943-44, a Panzer-Division consisted of one Panzer-Regiment with two Panzer-Abteilungen, both with four companies. Each company had 17 Panzers while each HQ section of the Regiment and the Abteilungen had 8-8 tanks. All in all a Panzer-Divison had ca. 160 panzers – but in most cases only on paper. In pursuance of the organisational instructions, the I. Panzer-Abteilung was to be equipped with Panthers (usually) while the II. Abteilung with Pz. IV's – in a lot of cases the Panzers were replaced the otherwise excellent StuG. III, and often Pz. III's served in the HQ sections. In mid 1944 new independent Panzer-Brigades were created (unlike the earlier formations with the same name). Besides other subunits these Brigades had only one Panzer-Abteilung with four companies consisting of 10 Panzers. From 1945 onward the same organisations were ordered to be in the Panzer-Divisions' own companies – but these plans remained theoretical.

Meanwhile, at the end of 1943 the Panzers were far from defeated. The qualification, the organisation and the ever-evolving technology made the German tanks and crews a very tough rival. They still had the significant advantage of having a radio in each tank. An important factor was also that the optics of the tank guns and the gunsight of the weapons were first-rate. Of course, the other side was constantly improving also: the T-34/85 medium and IS-1, IS-2 heavy tanks, the SU-85, SU-100 medium and ISU-122, ISU-152 heavy self-propelled guns were far from easy prey, such as the BT-5, BT-7 and T-26 light tanks in the earlier years. By the beginning of 1944 the Red Army had recaptured almost half of the area occupied by the Germans, incurring huge losses, but nevertheless continued its struggle. During the summer offensive they destroyed several divisions, moreover after the Italian and Romanian governments changed sides it put the German and Hungarian troops in an awkward position.

The landings in Normandy on 6th June 1944 put Germany into a tight corner. Although neither the Americans or British possessed anything that could counter the Tiger I and the new Tiger II, it was not needed. Due to their economy and military doctrine they were perfectly able to accomplish the combined arms warfare based upon, besides continuous resupply, their efforts to achieve air superiority. It is true to say that until the very end of the war the Allies could not penetrate the frontal armour of the King Tiger, but it made no difference because these tanks could move safely only after dark or bad weather on the Western front. Moreover most Allied, and even Russian tankers never met these great beasts, as there were only 1350 Tiger I's, and less than 500 of its bigger sister produced. Even so, the „Tiger-hell", as it was known among Allied tankers was the most famous tank of the war.

The Anglo-American „Market Garden" operation launched in the fall of 1944 (which was simply supposed to be shorten the war) showed that their efforts to take the sting out of the „German Beast" were still unsuccessful. Shortly after the humiliating defeat of the Allies, the German armoured troops proved also on the Southern section of the Eastern front (in Hungary) that they were still a force to be reckoned with. The Germans did not gain victory in the Alföld (Eastern Hungary), but the tanks they sent into action in fire brigades damaged the Soviet mechanised units so badly that they were unable to occupy Budapest within the time limit prescribed for them.

After the fiasco in September the Anglo-American forces were forced to endure one more powerful punch. However the last German offensive on the Western front, „Wacht am Rhein" did not reach its target, but it showed that in the winter of 1944 that German tanks still could not be ignored. At the beginning of 1945 the IV. SS-Panzer Corps, together with other veteran Panzer-Divisions, tried to relieve the encircled but not yet fully occupied Budapest („Konrad" operations). These units, which had been fighting against the Western Allies back in December - were transferred to the Army Group South in the Dunántúl (Western Hungary). In February 1945 some of these Panzer-Divisions (two SS-Panzer-Divisions of the I. SS-Panzer-Corps and some Heer units) mounted the last successful Waffen-SS offensive eliminating the Soviet bridgehead on the Garam. In March these troops, teamed up with several others and started the really last great German offensive of the war. The „Frühligserwachen" began on 6th March 1945 but ceased after the initial success because of overwhelming Soviet offensive operations towards Vienna and Pozsony from 16th March, North of Székesfehérvár. Nearly half the German Panzer-Divisions deployed on the Eastern front had been stationed in Hungary since February, but this power was only the mere shadow of its former self. Due to the mud of the Spring thaw, fuel shortages, and many other reasons the „Panzerwaffe" was able to achieve only local successes. While they knocked out numerous Soviet tanks, the majority of the Panzers were blown up by their crews during the retreat.

Only shattered remains of the Panzer-Divisions stood against the Soviet offensive on Berlin, which began on 12th January 1945. In April the Red Army was already firing on the German capital. The last tanks were lost as on the streets of Vienna, Prague and Berlin, in the streams of the mountains or on the Western fields of Germany.

This publication deals only with certain types of armoured vehicles, as thanks to our publisher, we will have the opportunity to tell our dear readers the story of the Tiger and Panther tanks in separate books.

Péter Barnaky

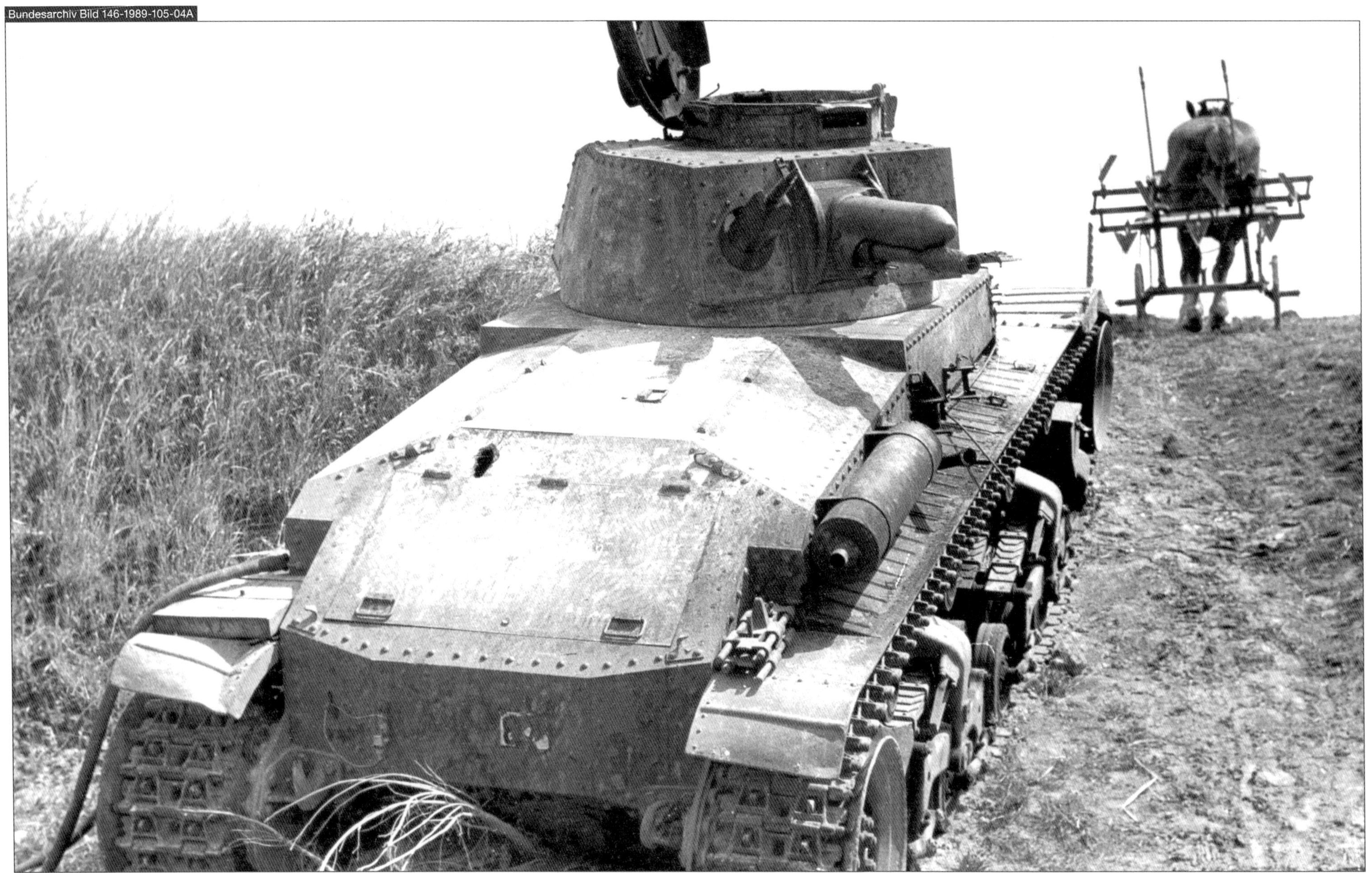

A francia hadjárat során elvesztett 62 db Pz. 35(t) egyike, amelyből Csehszlovákia megszállása után a német haderő 244 darabot rendszeresített. Az 1. könnyűhadosztály, illetve az önálló 11. páncélosezred állományába kerülve részt vettek a lengyel hadjáratban. 1939 októberében az ezredet beolvasztva az 1. könnyűhadosztályba, létrehozták a 6. páncéloshadosztályt, amely e típusból 132 darabbal kezdte meg a Franciaország elleni hadjáratot.

One of 62 Pz. 35(t)s lost during the French campaign. 244 vehicles of the Czechoslovak Army were seized by the Germans after the occupation of Czechoslovakia. They were assigned to the 1. leichte Division and the independent Panzer-Regiment 11, and took part in the Invasion of Poland. This regiment was absorbed by the 1. leichte Division in October of 1939 and was redesignated as the 6. Panzer-Division. This Division began the French campaign with 132 vehicles.

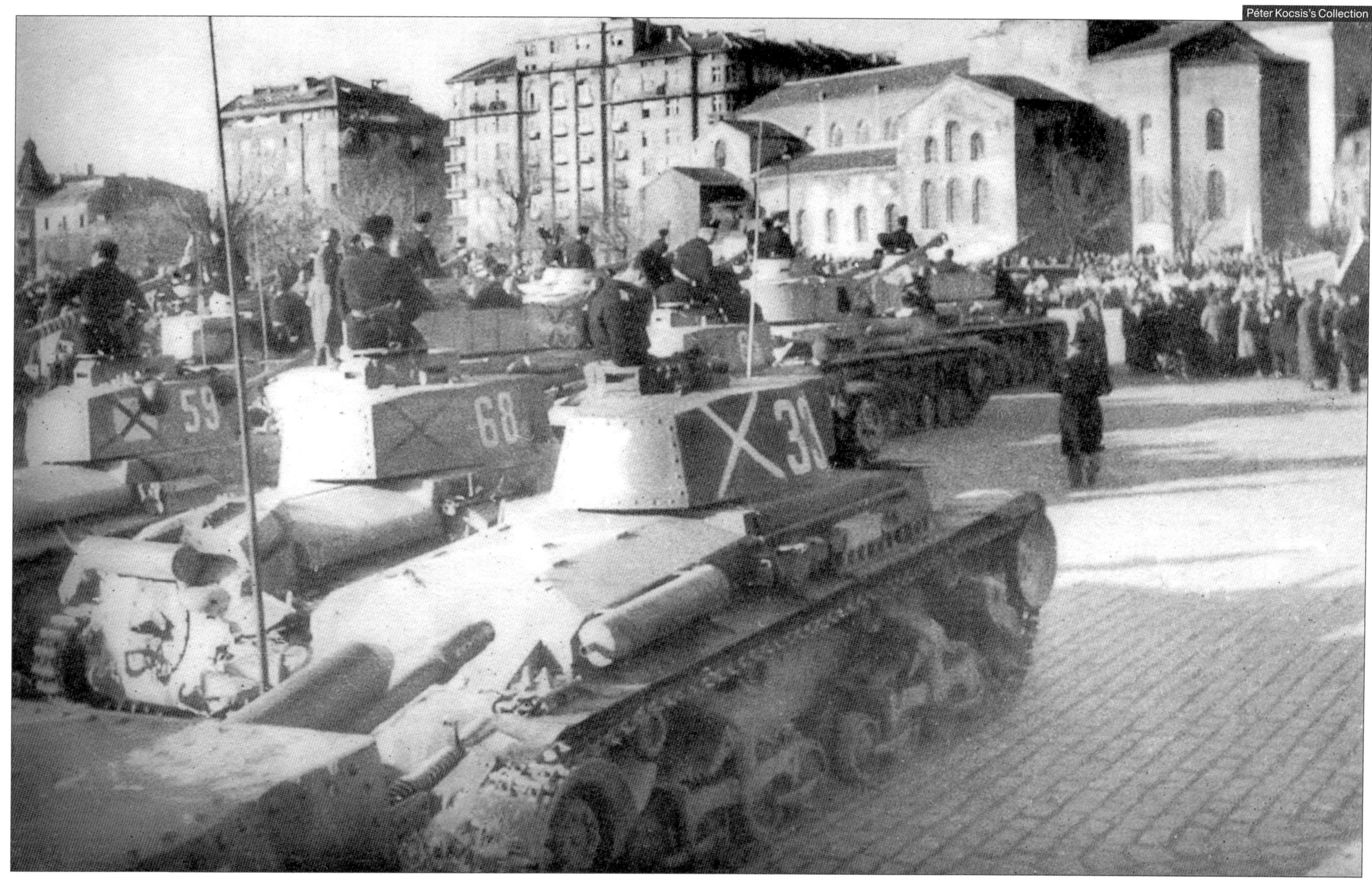

Bulgária 1940 első felében vett 36 darab Pz. 35(t) könnyű harckocsit (ebből öt a képen is látható), de már a korszerűbb 3,7 cm-es űrméretű A-7 löveggel. Ezek a páncélosok a bolgár csapatok egyetlen harckocsizászlóaljának gerincét alkották. 1943 októberében, a korszerűbb Pz. IV-ek beérkeztével az alakulatot harckocsiezreddé fejlesztették, amelynek 3. és 6. századába, valamint tartalékszakaszába kerültek az ekkor már elavult Pz. 35(t) harckocsik.

Bulgaria bought 36 Pz. 35(t) light tanks with the improved 3.7 cm A-7 gun in the first half of 1940 (from which 5 are visible in the photograph). These tanks made up the only tank battalion in the Bulgarian Army. This unit was upgraded to be tank regiment in October 1943 when modern Pz. IVs were delivered. After this, the obsolete Pz. 35(t)s were issued to the 3rd and 6th companies and the reserve platoon of the regiment.

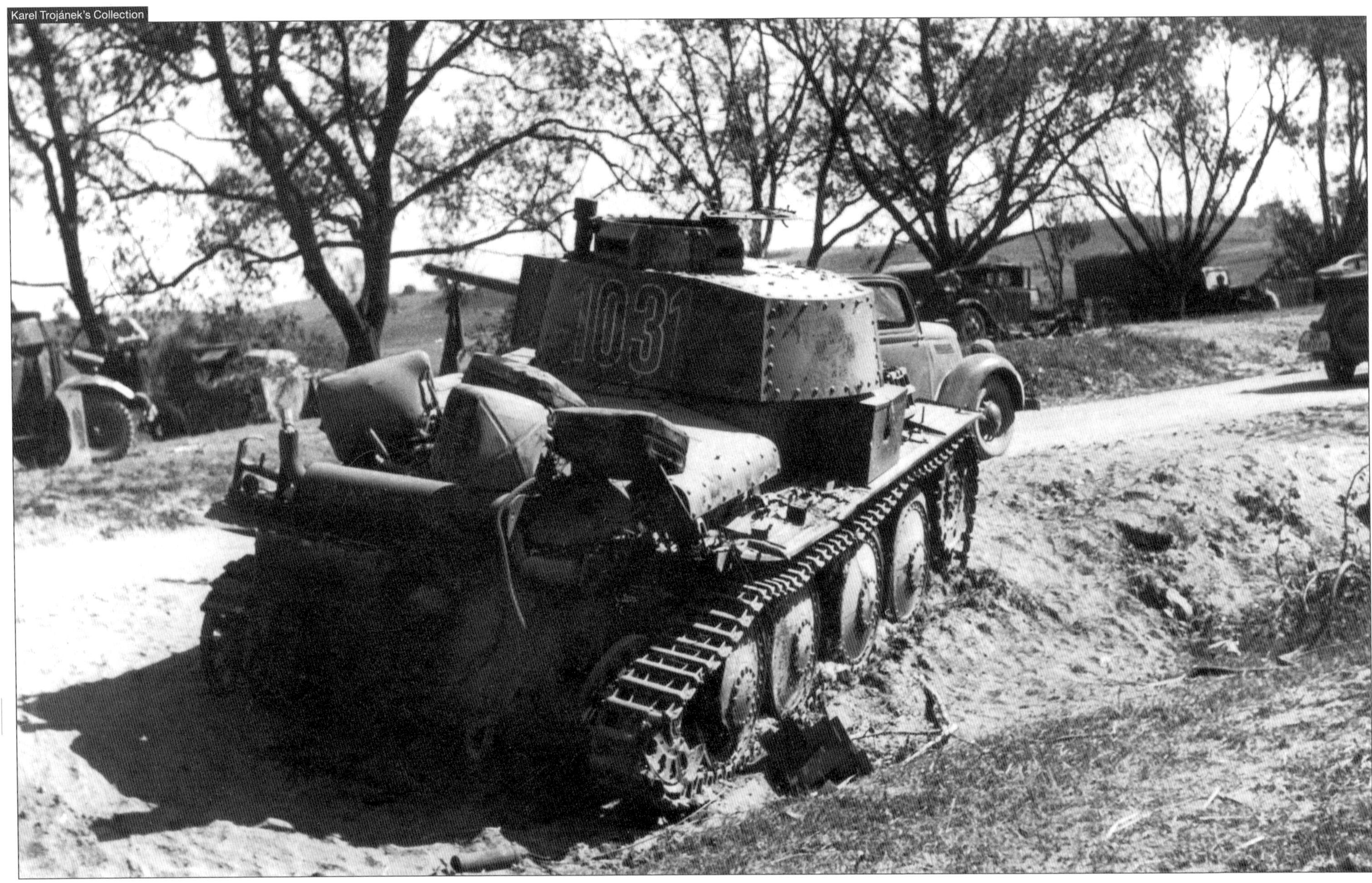

14

A német 7. páncéloshadosztály 25. páncélosezredének Pz. 38(t) könnyű harckocsija a keleti fronton. A páncélos jobb oldali futóművének láncfeszítő kereke megsérült, a bal oldaliról pedig lefutott a lánctalp. A felpuffadt kannák arra utalnak, hogy a jármű ki is gyulladt.

This Pz. 38(t) light tank belonged to the Panzer-Regiment 25, 7. Panzer-Division on the Eastern front. The idler wheel on the right side was damaged, the track ran off the left side. The distended fuel cans refer to the fact that the vehicle also burst into flames.

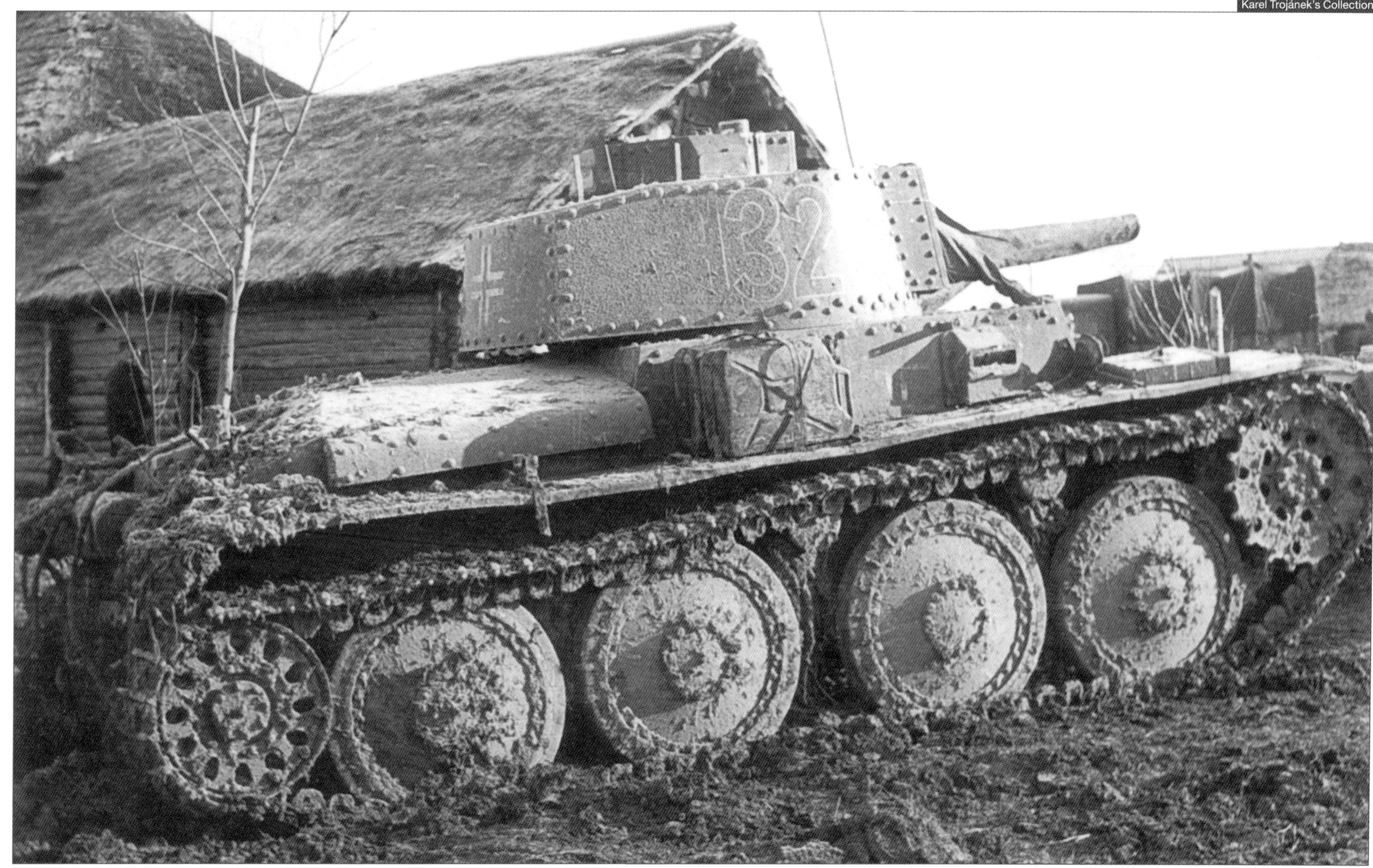

Szintén a Közép Hadseregcsoport XXXIX. páncéloshadtestének alárendeltségében harcoló német 7. páncéloshadosztály 25. páncélosezredének harckocsija. A Szovjetunió elleni „Barbarossa" hadművelet kezdetekor az ezred 167 Pz. 38(t) és 7 Pz.Bef. 38(t) harckocsival rendelkezett.

This tank also belonged to the Panzer-Regiment 25, 7. Panzer-Division, subordinated to the XXXIX. Panzer-Korps, Heeresgruppe Mitte. At the beginning of the Operation Barbarossa (the invasion of the Soviet Union) this regiment possessed 167 Pz. 38(t) and 7 Pz.Bef. 38(t) tanks.

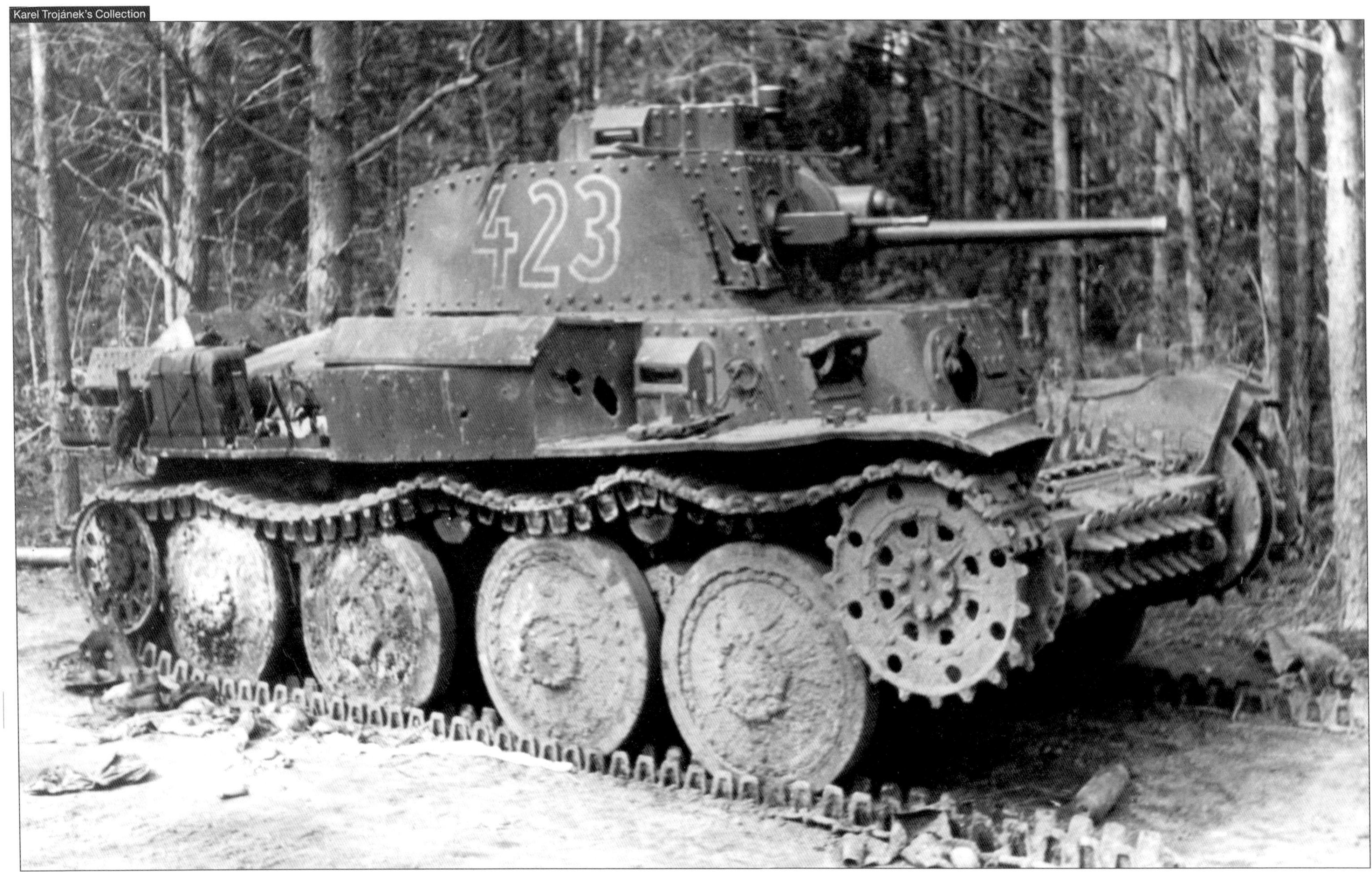

Csehszlovákia 1939. március 15-i német megszállásával az ország teljes ipara a Harmadik Birodalom szolgálatába állt. A gyártás során a Pz. 38(t) különböző változataiból mintegy 1400 darab készült. A kép kiválóan szemlélteti a Pz. 38(t) egyik legkritikusabb tulajdonságát, a gyenge páncélzatot. A torony frontpáncélja eltört, a homlokgéppuska háza beszakadt a találatok következtében.

After the occupation of Czechoslovakia on 15. March 1939, the entire country's industry served the Third Reich. 1400 of the Pz 38(t)'s different variants were built during its production. This photograph illustrates one of the Pz. 38(t)'s most critical flaws, the weak armour. The turret's front armour plate has broken and the machine gun mount shifted inwards due to the hits.

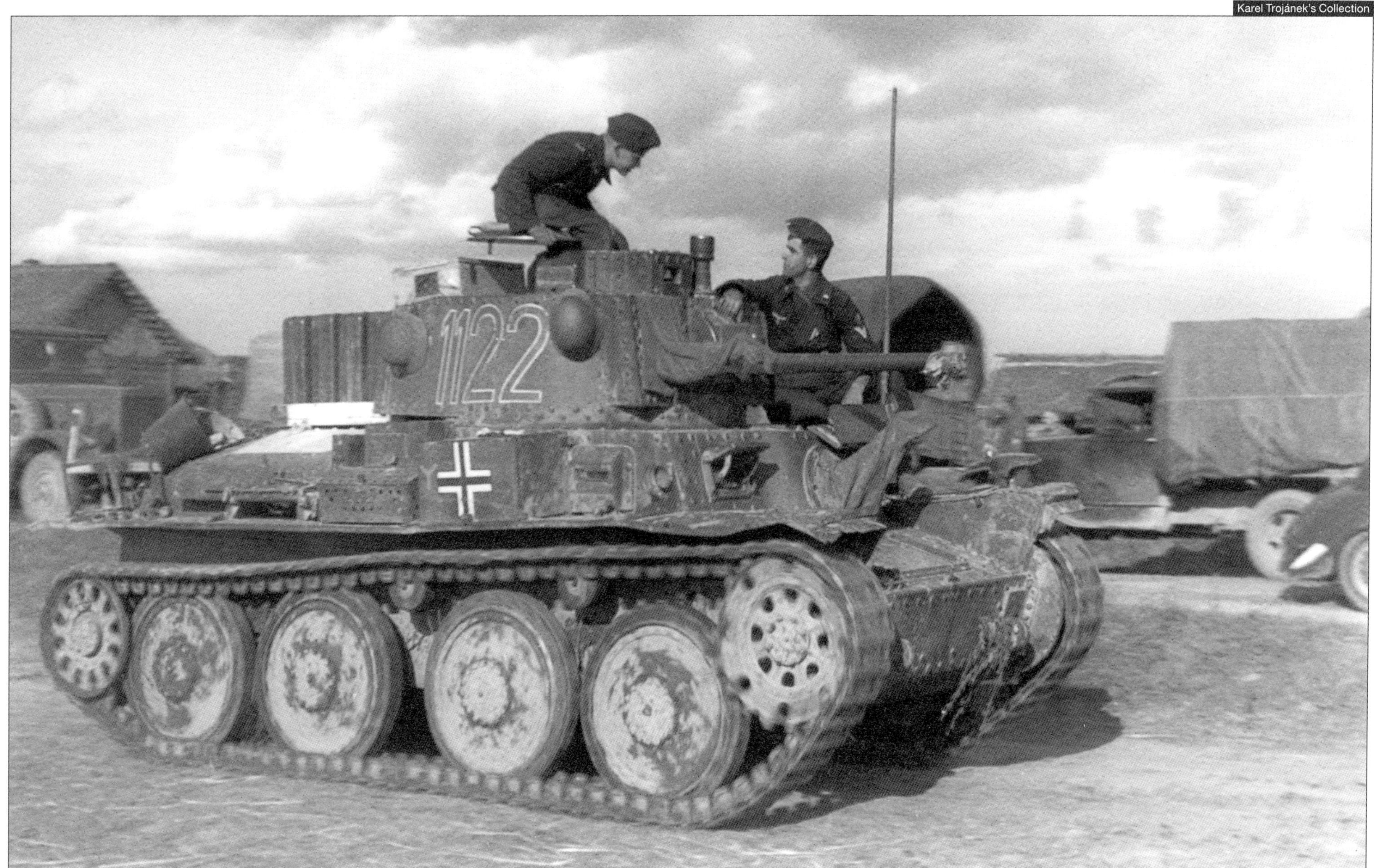

A német 7. páncéloshadosztály Pz. 38(t)-je a keleti fronton. A hadszíntérre jellemző hatalmas távolságok kényszer-szülte megoldásokat eredményeztek. A páncélosok hatósugarát növelendő, a harckocsik személyzete a lehető legtöbb üzemanyagot igyekezett magával vinni. Erre a célra különböző tároló és rögzítő megoldásokat találtak ki. Jelen esetben a motortérre szerkesztettek egy tárolót a kannák számára.

A 7. Panzer-Division Pz. 38(t) on the Eastern front. The vast distances in this theatre of operation created constraint-based solutions. The crews stocked up as much fuel as possible to increase the range of their tanks. Because of this they created different holders, in this case it is mounted on the engine's deck.

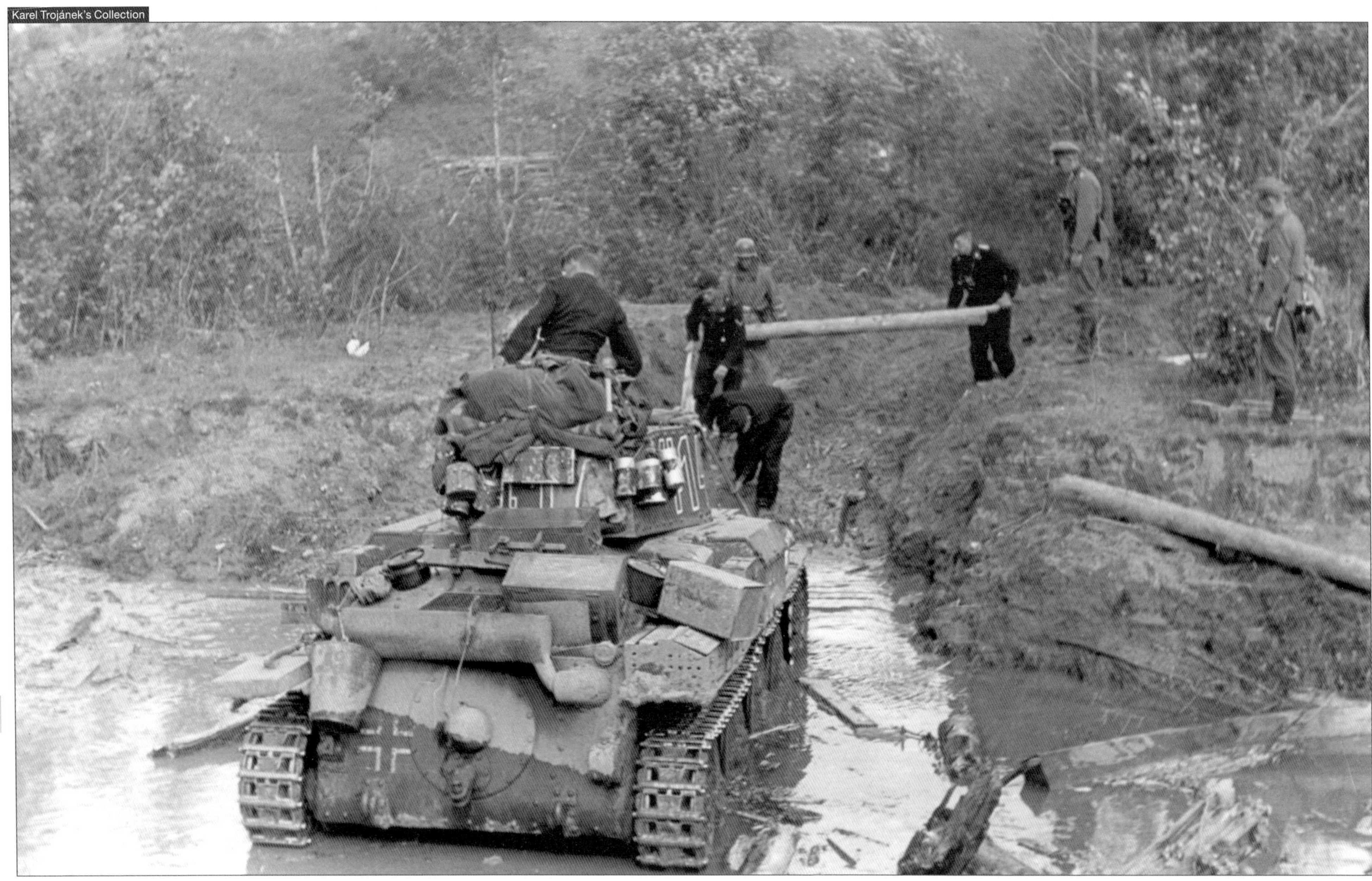

Bár a lánctalpas harckocsi az emberek többségének képzeletében egy mindenféle akadályon könnyedén átgázoló monstrumként jelenik meg, a valóságban a páncélosok számára számtalan, a mozgásukat megnehezítő tényező létezik. Ilyenek többek között a puha, iszapos medrű patakok, folyók, amelyeket a képen a jármű elé keresztbe fektetett rönkökkel igyekeznek járhatóvá tenni.

While majority of the people may think of the tanks as monstrous vehicles that can easily cross any obstacles, in fact there are a lot of situations which make their movement difficult. For example soft muddy creek or river beds, which in this case they tried to make passable with logs laid in front of the vehicle.

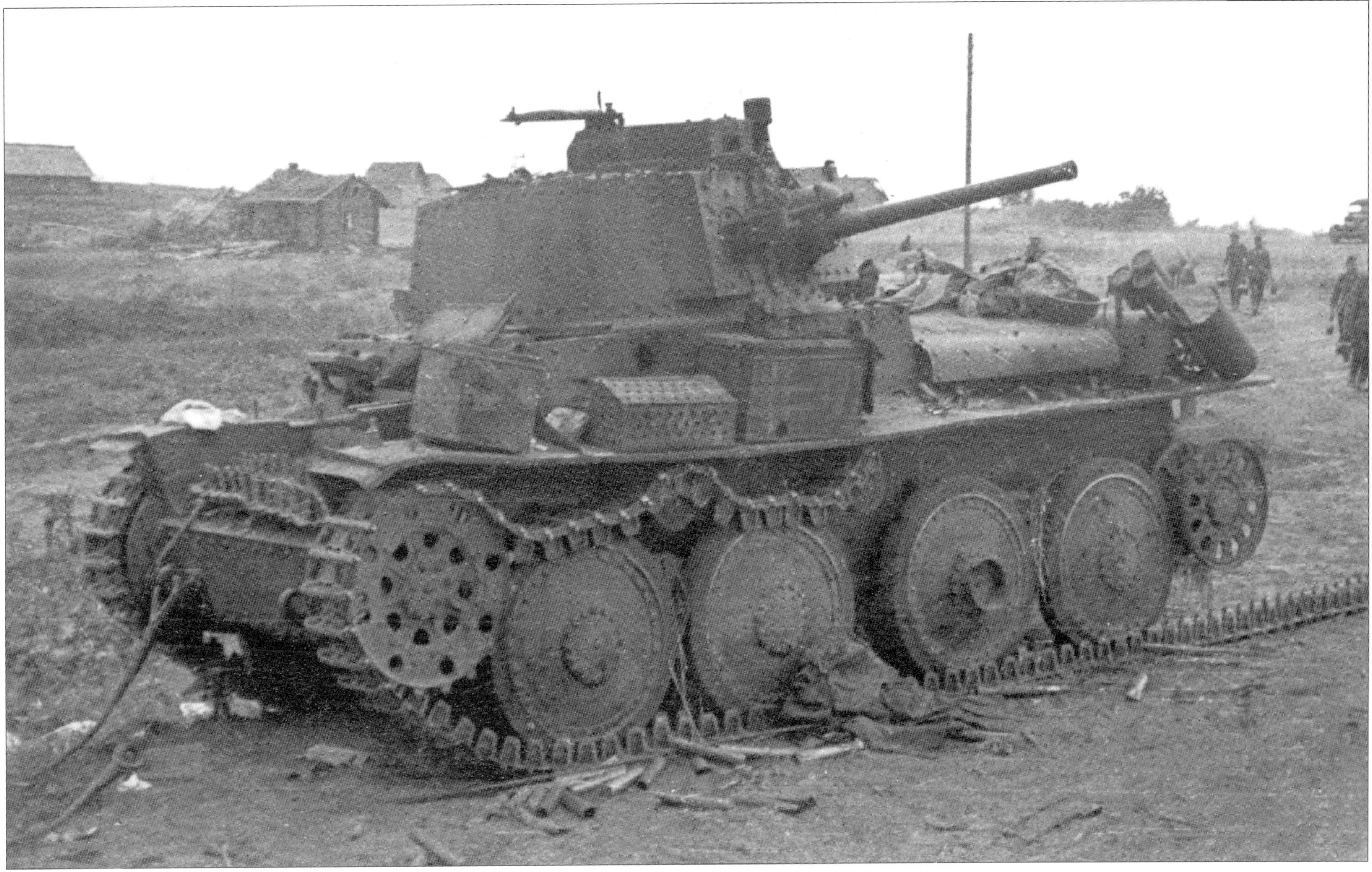

Vontatásra előkészített Pz. 38(t). A nagy űrméretű páncéltörő gránát feltehetően teljesen szétrombolta a vezető- és küzdőteret, így a javítás elhúzódása miatt a járművet hátra kellett hagyni. A második tároló dobozon alig lehet észrevenni a hasábkeresztet és a harcászati azonosítószámot. A harckocsi mellett heverő számtalan hüvely heves tűzharcra utal.

Pz. 38(t) prepared for towing. The armour-piercing shell most likely destroyed the fighting compartment, therefore the vehicle was left behind because of the more difficult repair. The German cross and the tactical number are barely visible on the second tool box. Numerous shells beside the tank refer to a heavy firefight.

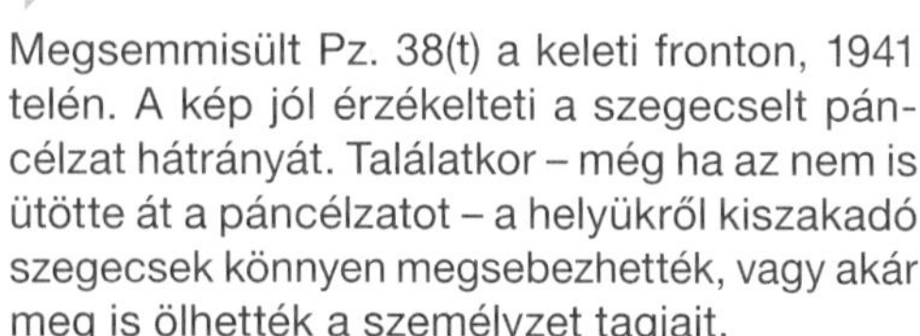

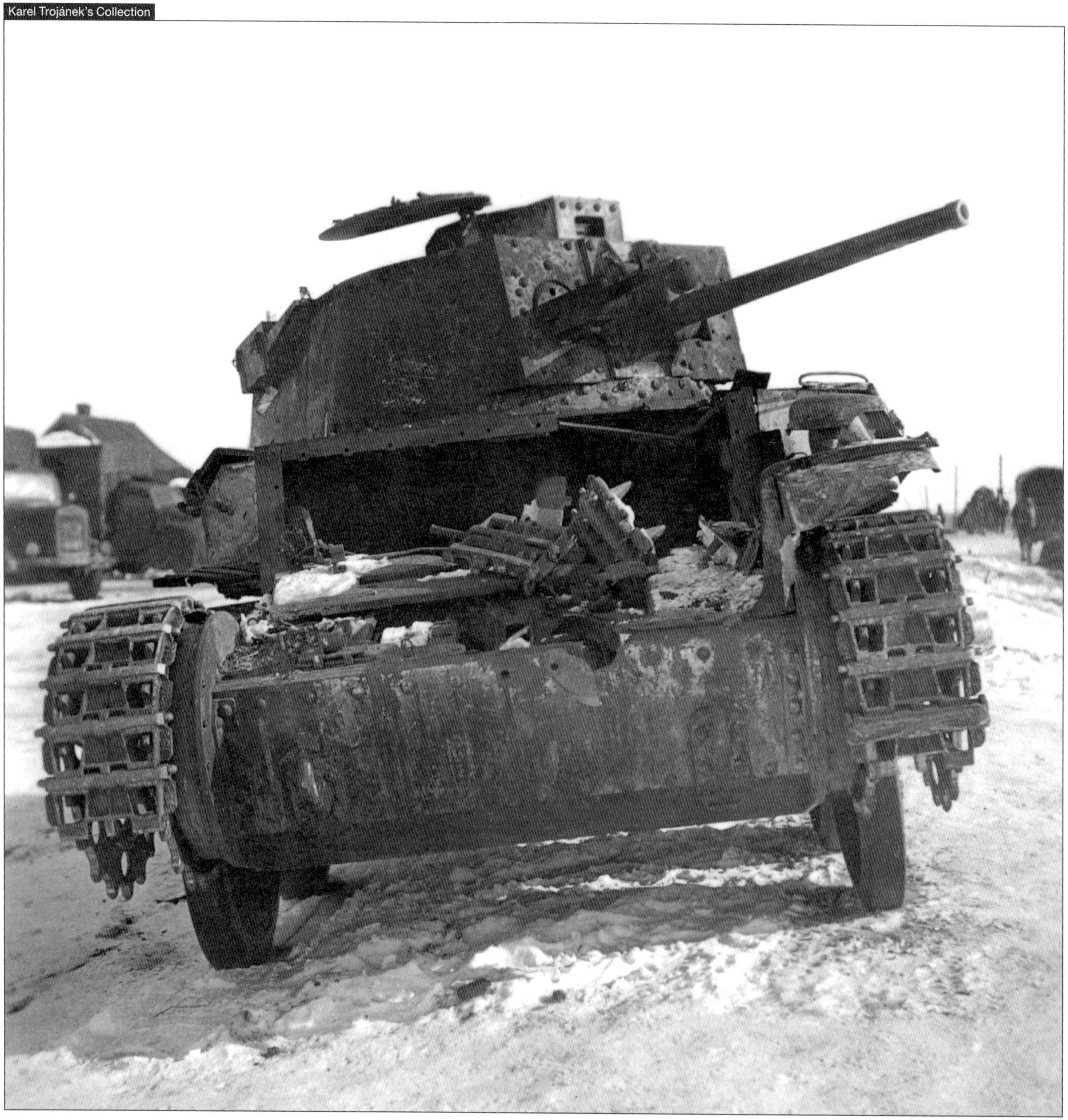

Megsemmisült Pz. 38(t) a keleti fronton, 1941 telén. A kép jól érzékelteti a szegecselt páncélzat hátrányát. Találatkor – még ha az nem is ütötte át a páncélzatot – a helyükről kiszakadó szegecsek könnyen megsebezhették, vagy akár meg is ölhették a személyzet tagjait.

A destroyed Pz. 38(t) on the Eastern front in the winter of 1941. The photo shows the disadvantage of the riveted armour; in the event of a hit, even if it didn't penetrated the armour, the rivets tearing out could easily wound or kill the crew.

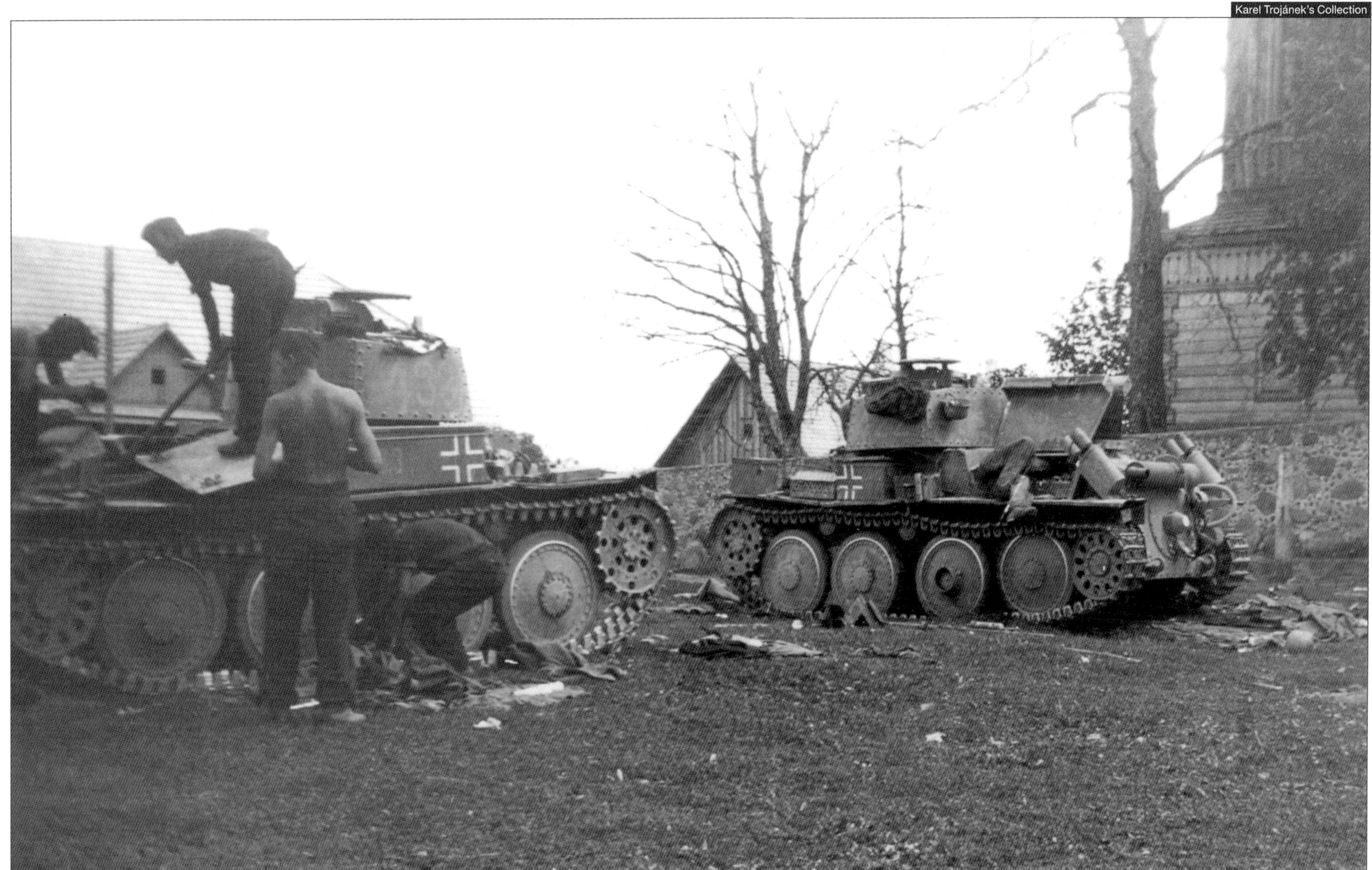

Pz. 38(t)-k karbantartása. A harcászati azonosító számok alig észlelhetőek a páncélosokon, valószínűleg piros színnel festették fel őket. A jobb oldalon álló harckocsi sárvédő lemezeinek hátuljára ködvetőket szereltek. A könnyen javítható meghibásodásokat általában a páncélos személyzete végezte el.

Maintenance of Pz. 38(t)s. The tactical numbers are scarcely visible on the tanks and they were presumably painted in red. Smoke grenades were mounted on the rear mudguard of the right hand tank. The crew usually repaired minor defects themselves.

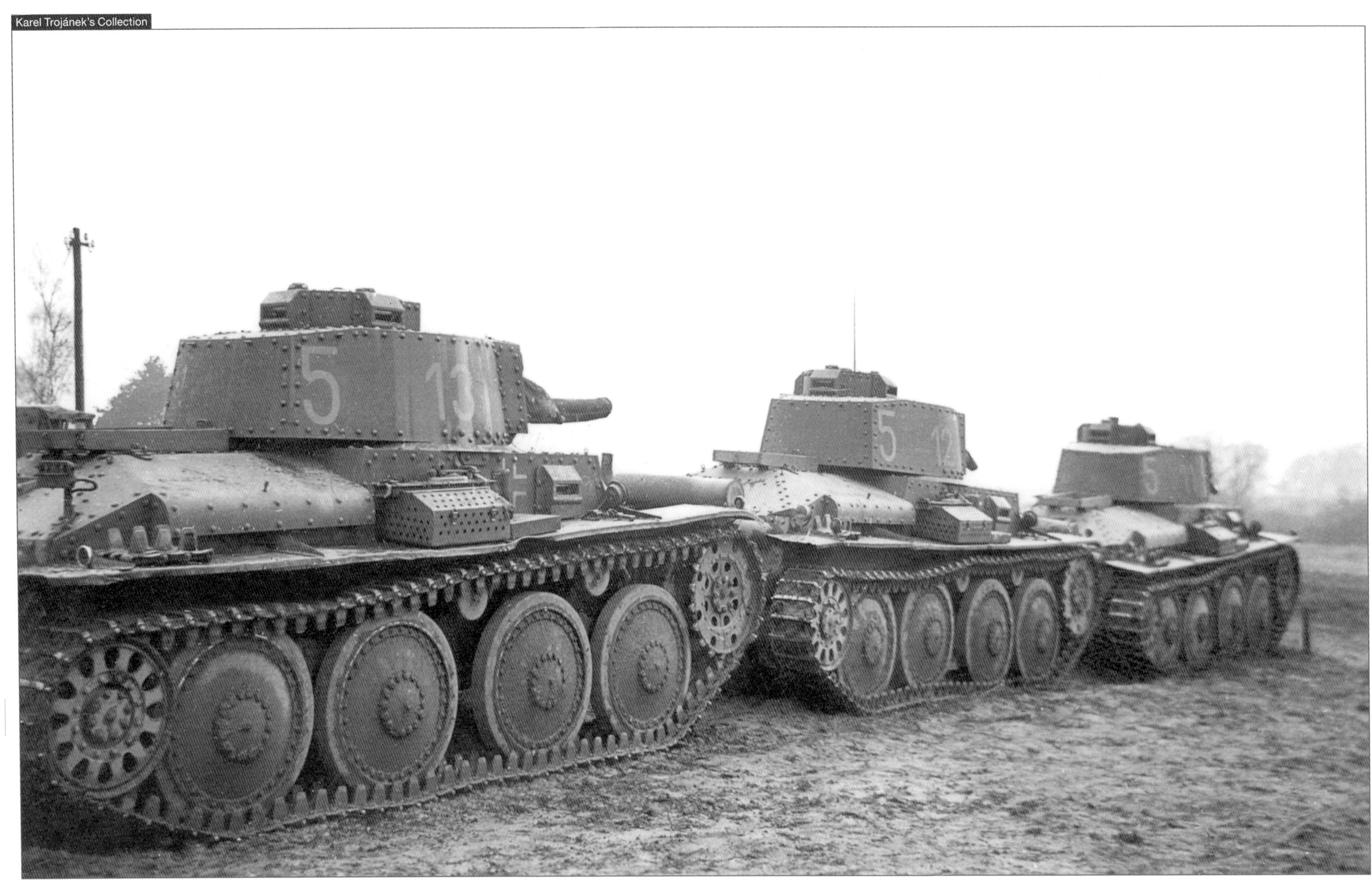

22

Érdekes számozású Pz. 38(t)-k a keleti fronton. A századot jelző első számjegyet a többitől elkülönítve festették fel. Miután a típus a német csapatokhoz került, számos kiegészítéssel látták el: a képen jól látható például a motortérre szerelt Bosch-lámpa, illetve a jobb oldalon ülő vezető kitekintő nyílása mellé elhelyezett kürt.

Interestingly numbered Pz. 38(t)s on the Eastern front. The company number was painted separate from the others. After the Wehrmacht received the Pz. 38(t), it equipped the tanks with various fittings. For example, as in the above picture the Bosch light mounted on the engine deck and the horn placed beside the driver's visor.

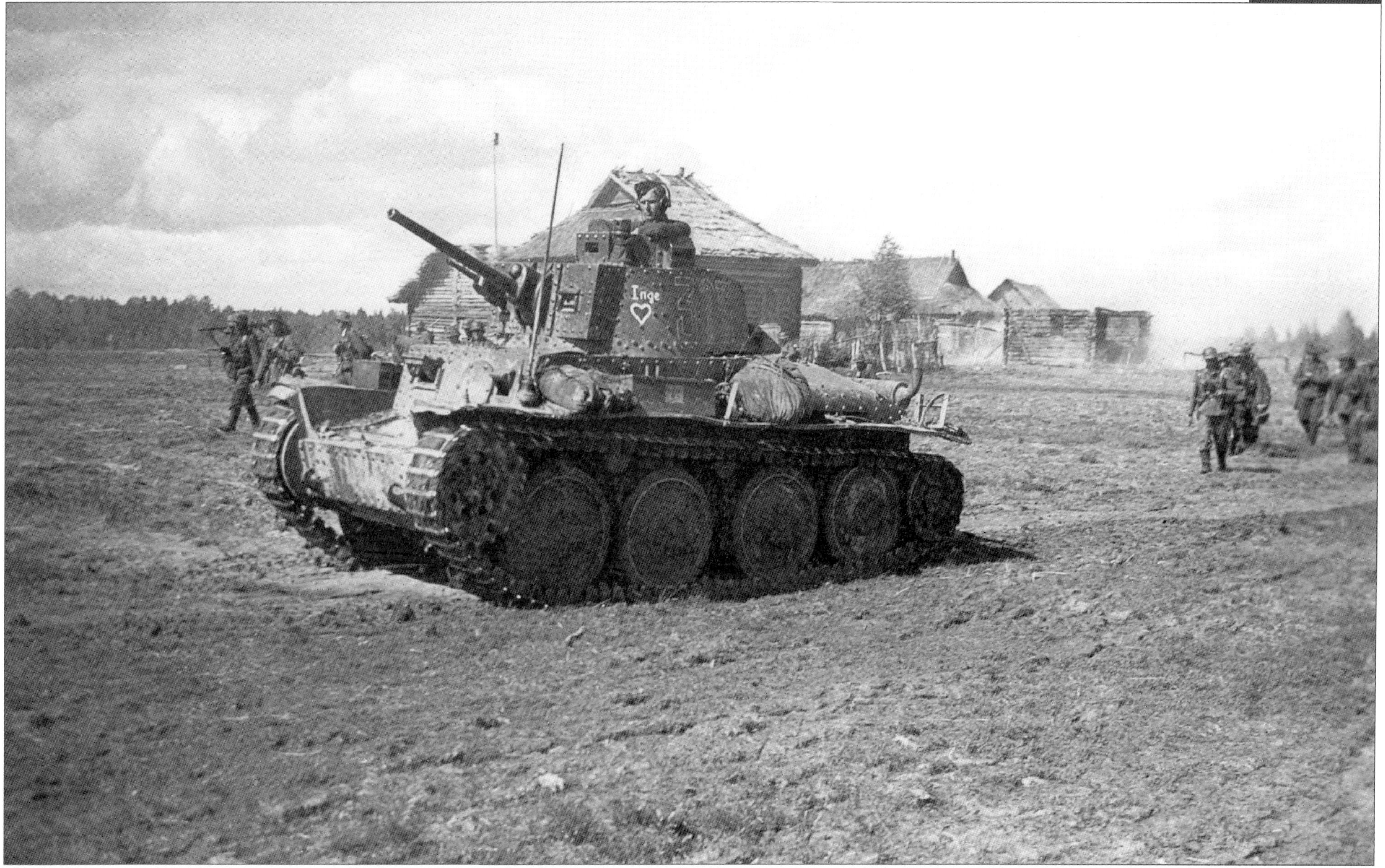

A német 7. vagy 8. páncéloshadosztály páncélosa egy géppuskás rajt kísér. Sajnos a teljes jelzés nem azonosítható a homlokpáncélzaton, de a számozás stílusa az utóbbi alakulatot valószínűsíti. Vajon a személyzet melyik tagjának a barátnője lett a harckocsi kabalája, s vajon meddig hozott szerencsét számukra?

A German Pz. 38(t) tank belonging to the 7. or 8. Panzer-Division accompanying a machine gun squad. Unfortunately the entire tactical marking cannot be identified, but based on the number style the latter unit is more probable. I wonder which crew member's girlfriend became the tank's mascot, and how long did she bring them luck?

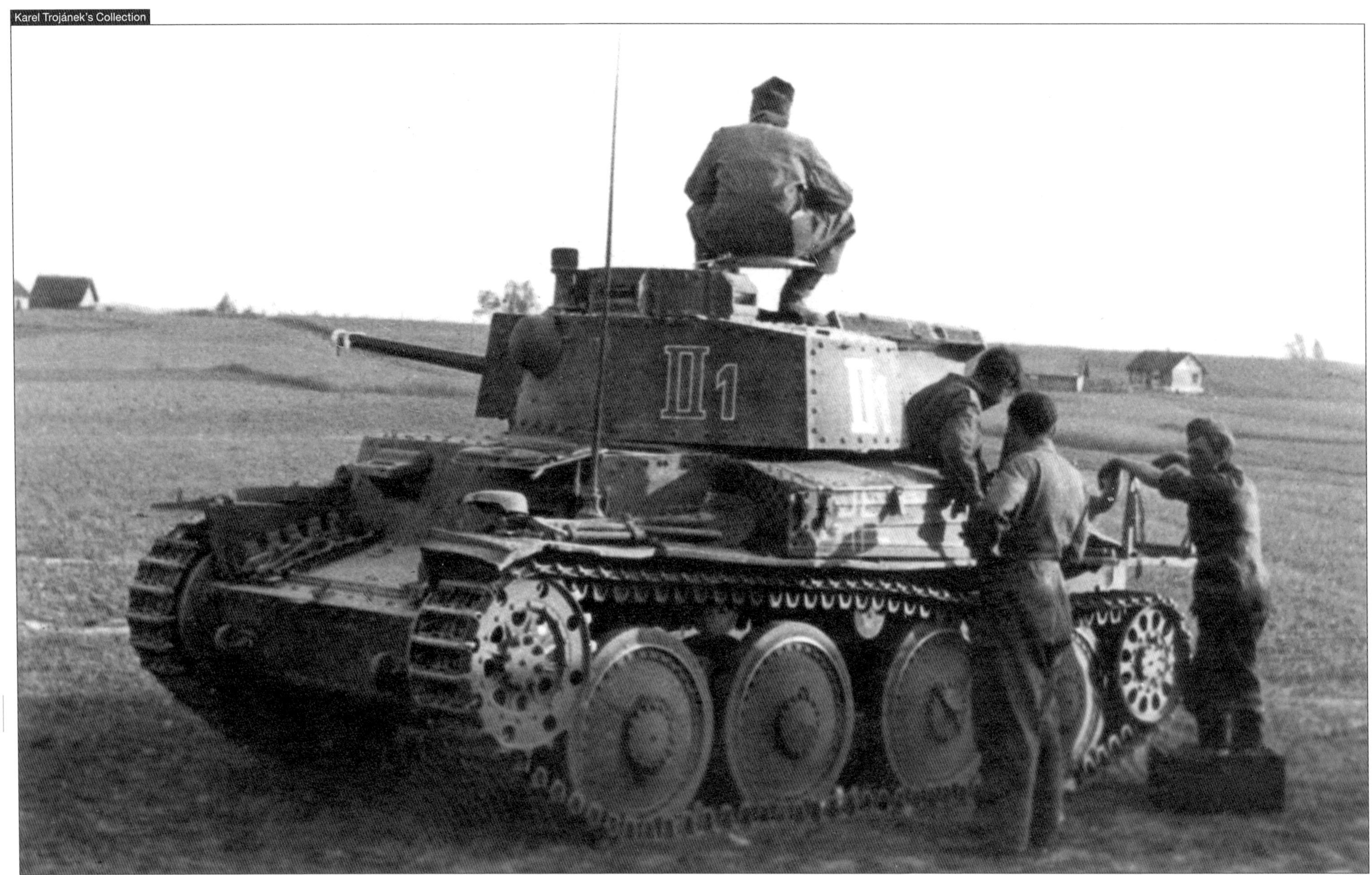

Egy német páncélosezred II. páncélososztályának osztályparancsnoki Pz. 38(t)-je. A háború kezdeti szakaszában a parancsnoki járművek könnyen beazonosíthatóak voltak jelzéseik alapján, így jó célpontként szolgáltak az ellenség számára. A későbbiekben ezért inkább nehezebben felismerhető jelekkel azonosították a parancsnoki páncélosokat – lásd 99. oldal.

The II. Abteilung's command Pz. 38(t) of a Panzer-Regiment. In the beginning of the war the German command tanks were recognisable by their identification numbers which made them easy prey. For this reason they were renumbered with signs much harder to discern, see also page 99.

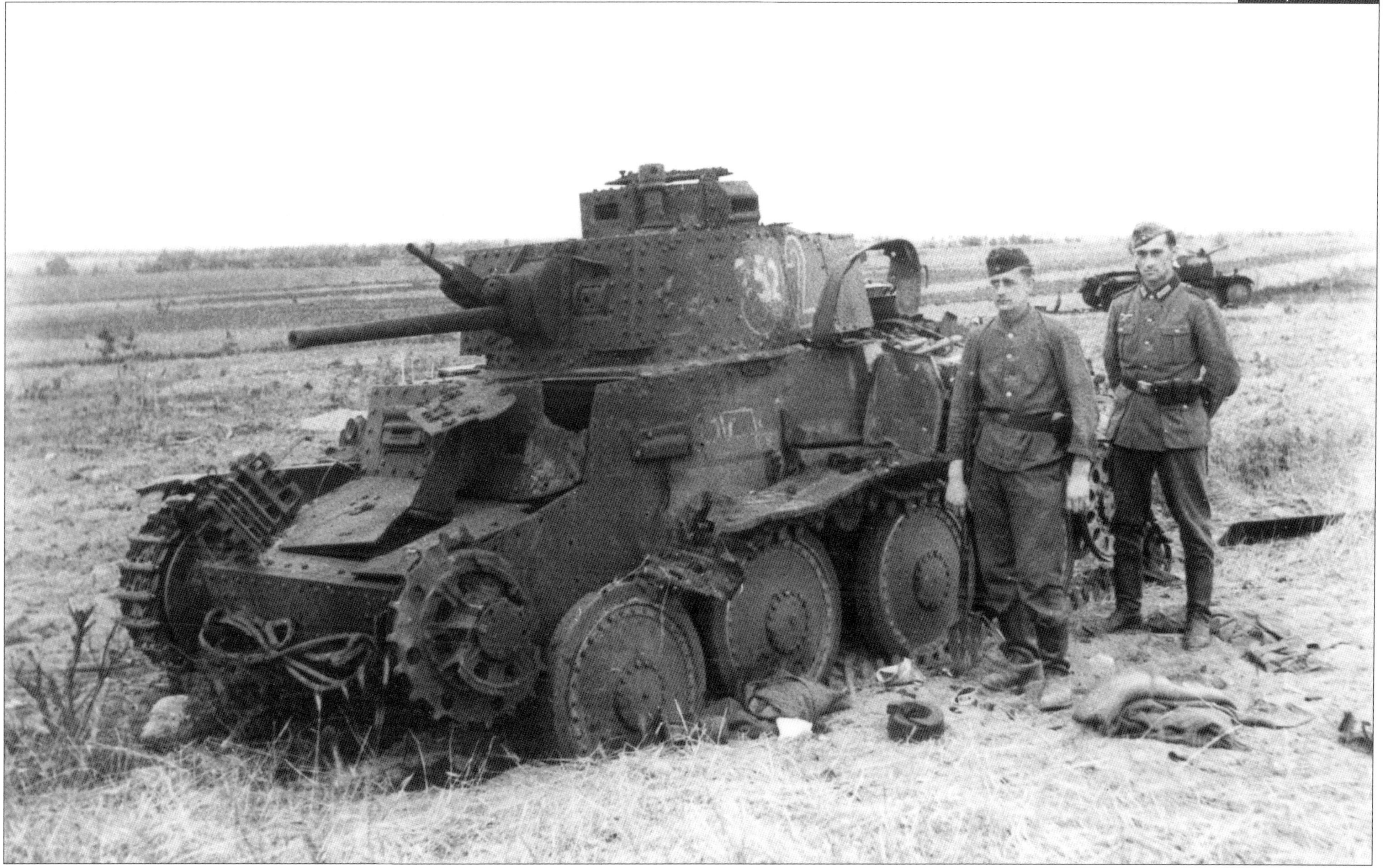

A futóművet és a homlokpáncélzatot ért találatok miatt kiégett páncélos. Érdekes az átszámozás nyoma a tornyon, amely valószínűleg egy alakulatok közötti átadás-átvétel eredménye. A háttérben egy szintén kilőtt, vélhetőleg végleges veszteségként leírt Pz. II látható.

This tank burnt out due to the direct hits on its running gear and front armour. The trace of renumbering on the turret is interesting, which is probably the result of a handover between units. There is one more knocked out Pz. II which could be a total write-off.

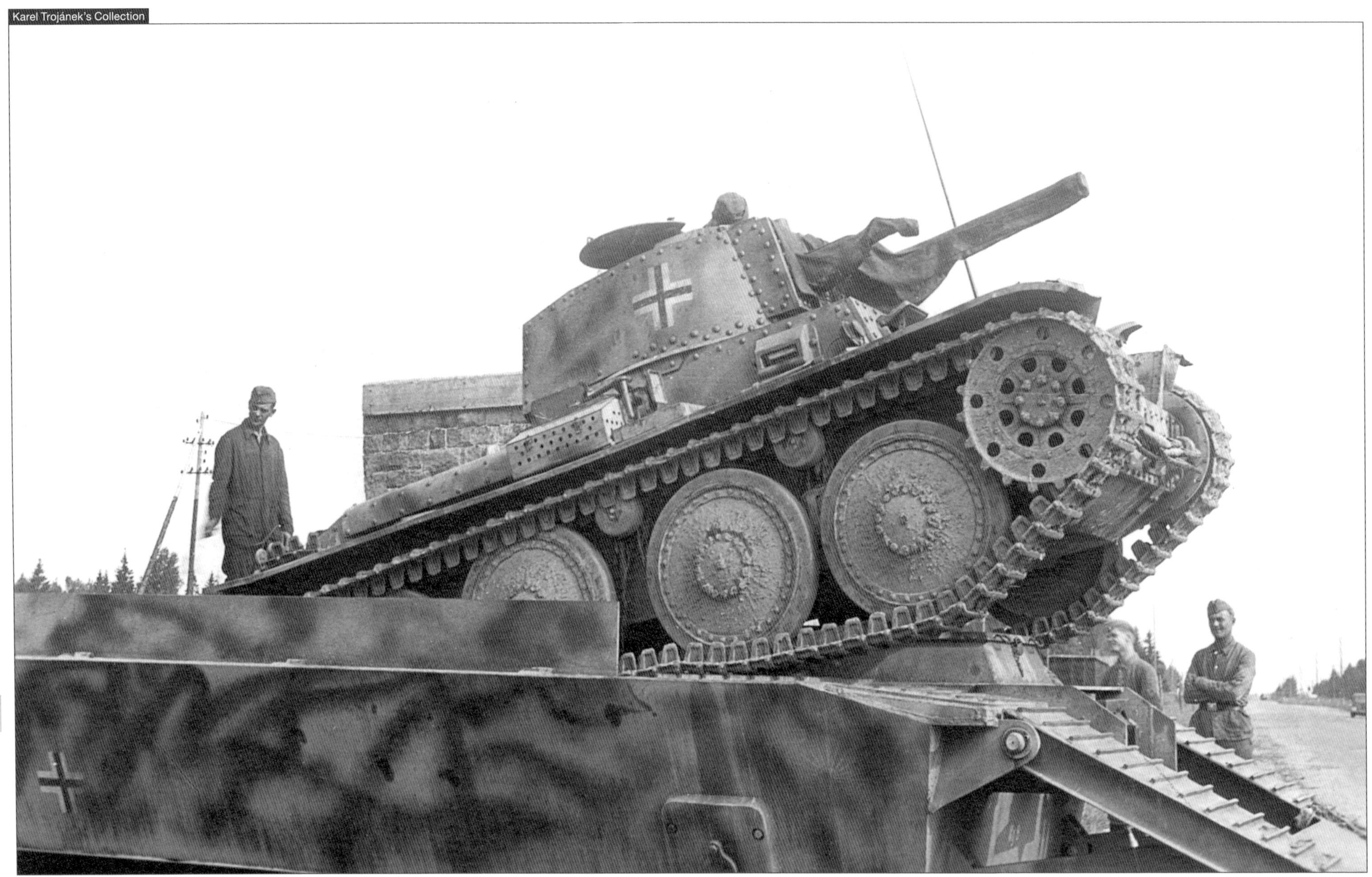

A háború közepére a Pz. 38(t) harcászati-haditechnikai szempontból menthetetlenül elavult, mint harckocsi, de kiválóan megfelelt más feladatokra. Kiképzésre, felderítésre, biztosításra, illetve páncélvonatok állományában – mint mozgékony felderítő harcjármű – a háború végéig alkalmazták.

The Pz. 38(t) reached its tactical and technical limit in the mid-war years, but proved to be very useful in other ways. It remained in service for training, reconnaissance and supporting roles and as a mobile scout vehicle for armoured trains until the end of the war.

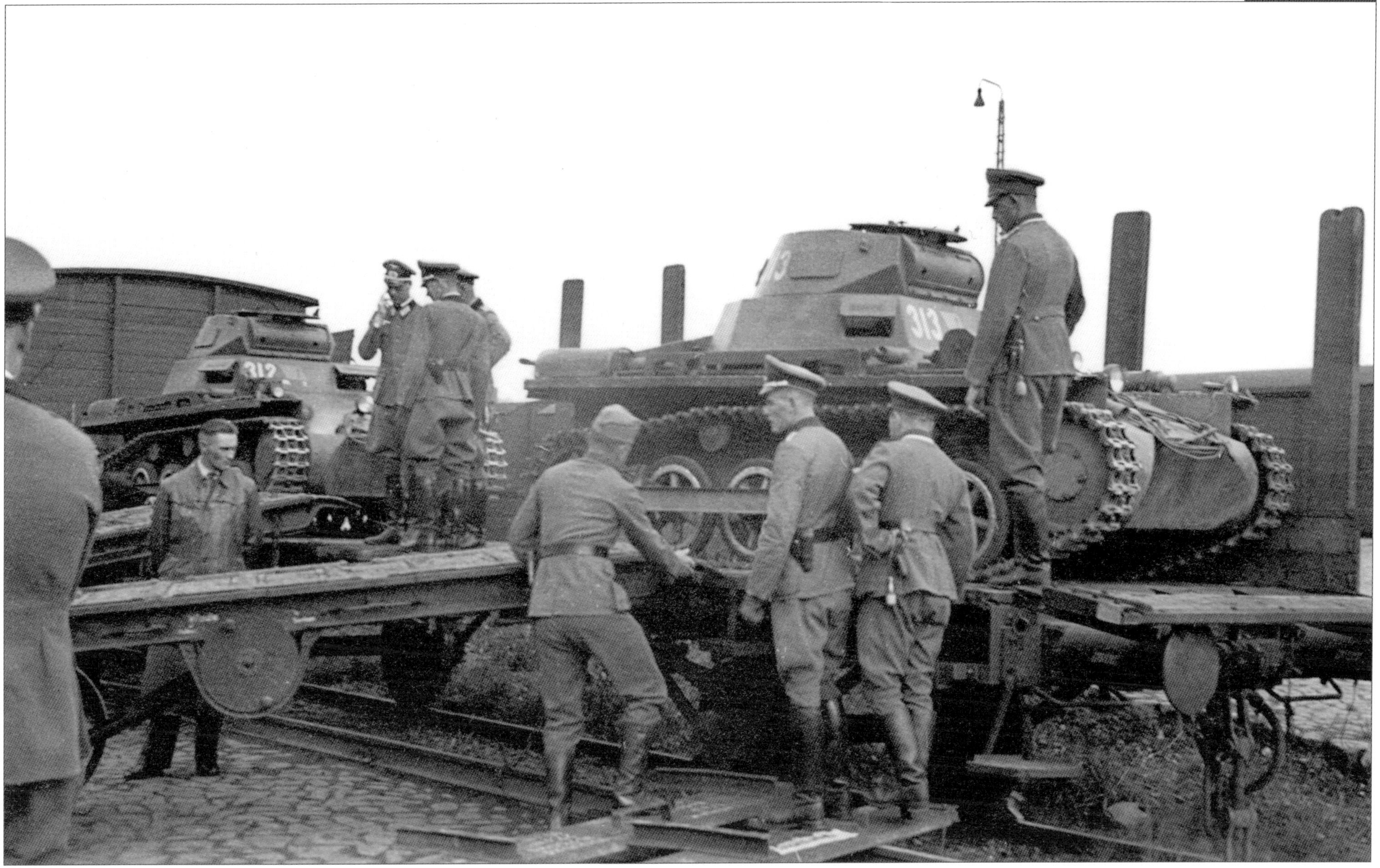

Kiszerelt fegyverzetű Pz. I Ausf. A-k bevagonírozása. Kis méretének köszönhetően akár két könnyűpáncélos is kényelmesen elfért egy kéttengelyes pőrekocsin. Az üzemanyagtakarékosság és a járművek megkímélése mellett a harcászati elgondolások érdekében hosszabb távra a vasúti szállítás volt a legjobb megoldás.

Loading of Pz. I Ausf. As with removed armament. Its small size meant that two of them could fit onto a two-axle flat car. In most cases the rail transportation was the best solution in order to save fuel and to spare the vehicle's condition.

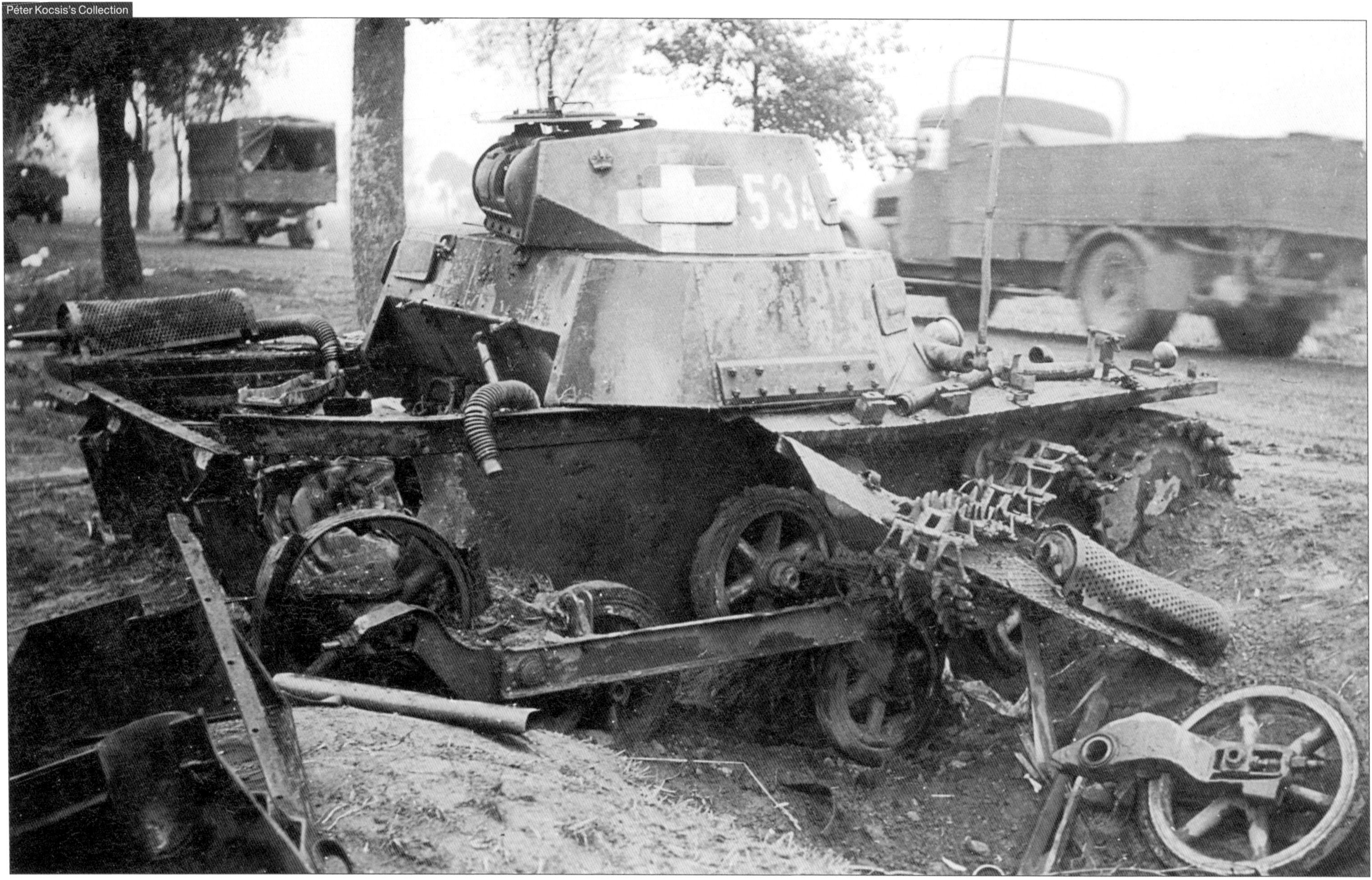

Megsemmisült Pz. I Ausf. A Lengyelországban. Mivel eredetileg kiképző járműnek tervezték, a Pz. I széria sosem képviselt valós harcértéket. Vékony, 8-13 mm-es páncélzata, és két 7,92 mm űrméretű géppuskája csak könnyű támogató feladatra tette alkalmassá.

A destroyed Pz. I Ausf. A in Poland. As this tank was originally designed to be a training vehicle the Pz. I series never had any real combat value. Based on its 8-13 mm thin armour and two 7.92 mm machine guns it was only suited for supporting roles.

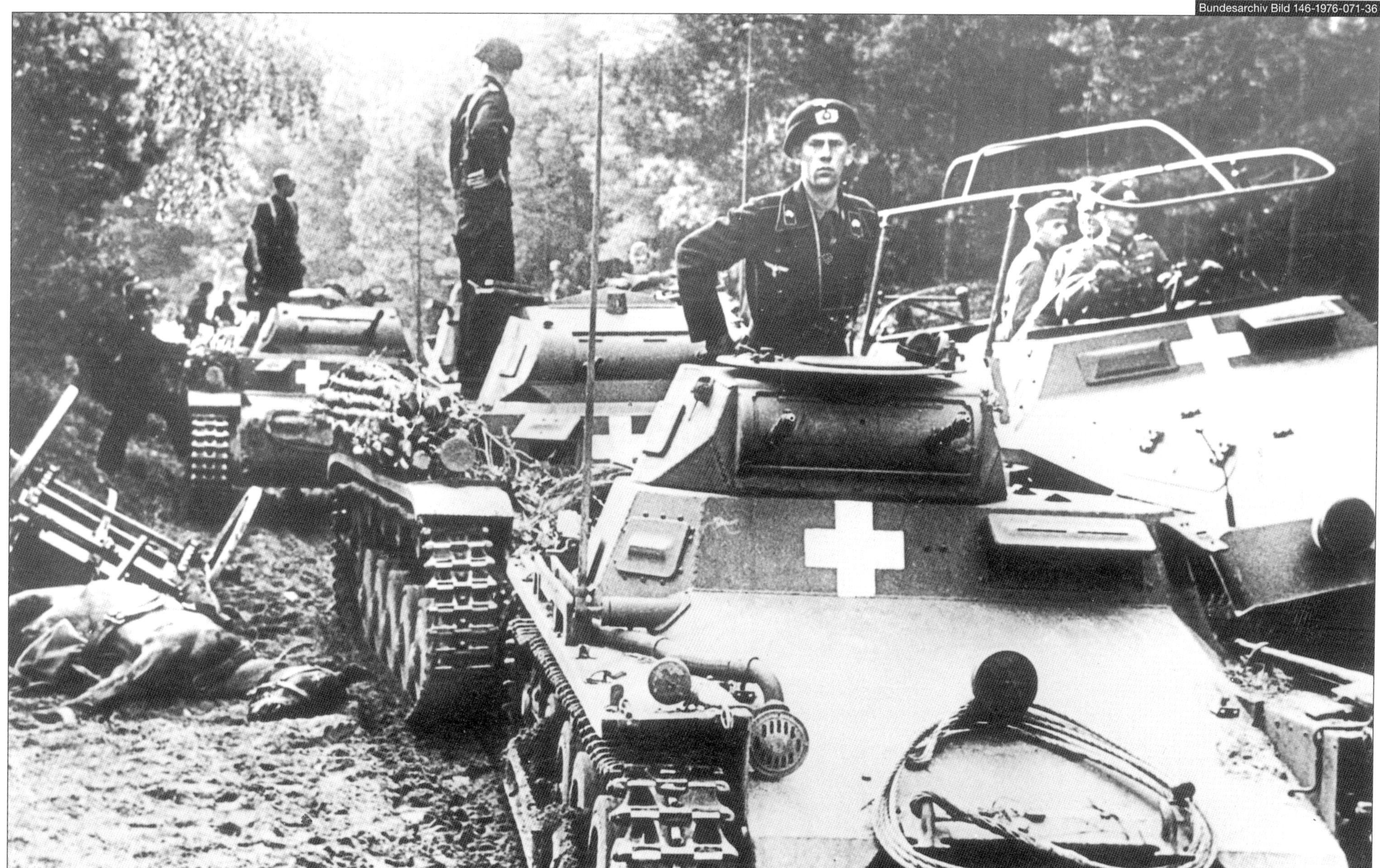

Pz. I Ausf. B egy harckocsi-oszlop élén, 1939 szeptemberében, Lengyelországban. Jól láthatóak a homlokpáncélra festett fehér keresztek, amely rendkívül kiváló célponttá tették a német járműveket. Hamarosan többféle keresztet is kipróbáltak, amelyek már kevésbé hívták fel magukra az ellenséges páncéltörő fegyverek kezelőinek figyelmét.

Pz I Ausf. B is leading a tank column in September 1939, in Poland. The white crosses on the frontal armour are visible, which made the German vehicles an easily identifiable target to the enemy. Soon numerous variations of German crosses were tested, which drew less the attention from the anti-tank guns' crews.

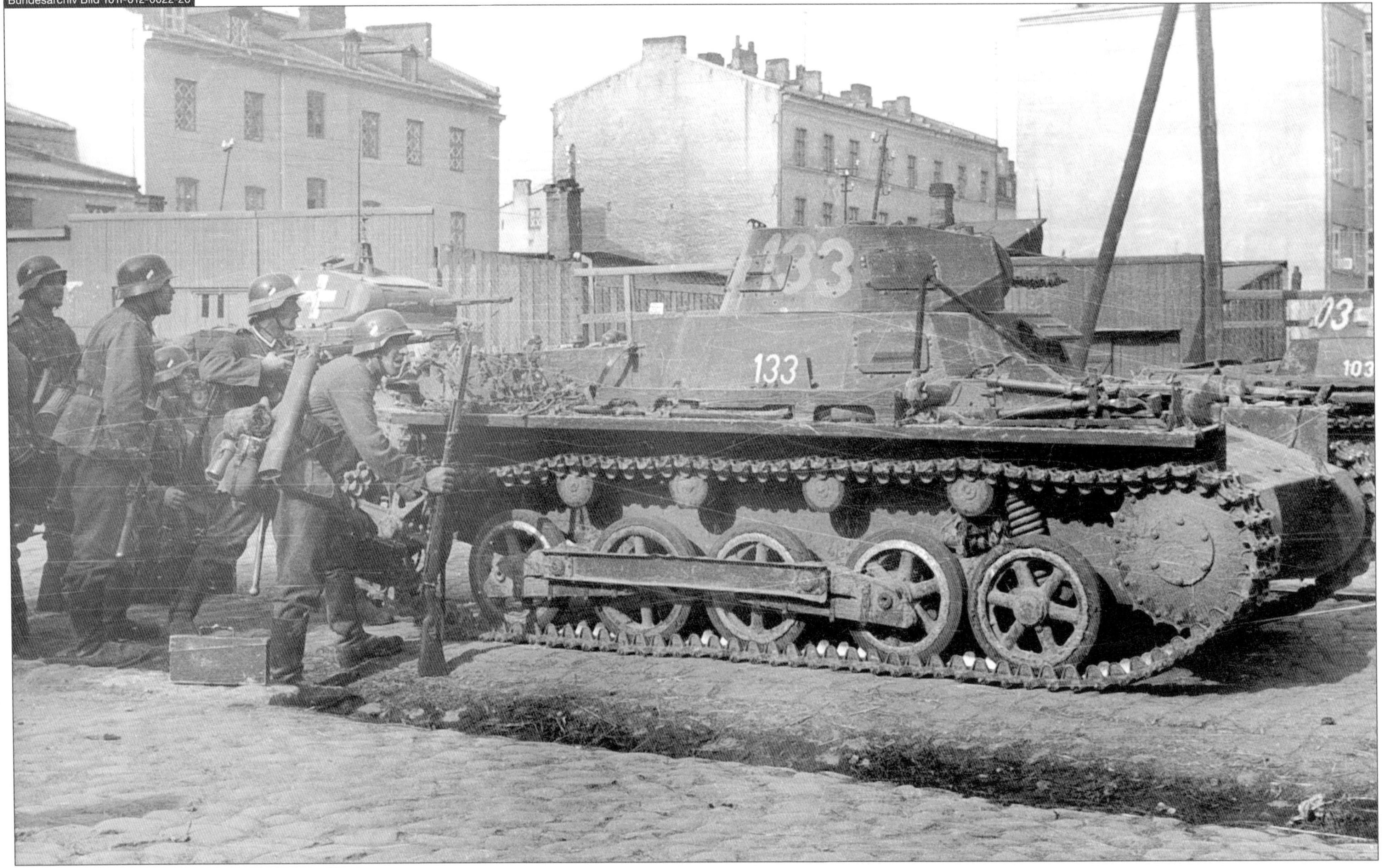

Német gyalogosok egy Pz. I Ausf. B fedezékében, a lengyelországi hadszíntéren 1939 szeptemberében. A B változatot legkönnyebben a további egy futógörgőről lehet felismerni, ezen kívül azonban számos apró változtatást is végrehajtottak a gyártás során. Mind a testre, mind a toronyra emelőkampókat rögzítettek, amelyek jól láthatóak a toronytető hátsó részén.

German infantry soldiers in the cover of a Pz. I Ausf. B in the Polish theatre of operations in September 1939. The B version can be easily identified by the additional road wheel but besides this numerous small modifications were also introduced during production. Lifting hooks were mounted on both the superstructure and turret which are clearly visible on the rear part of the turret roof.

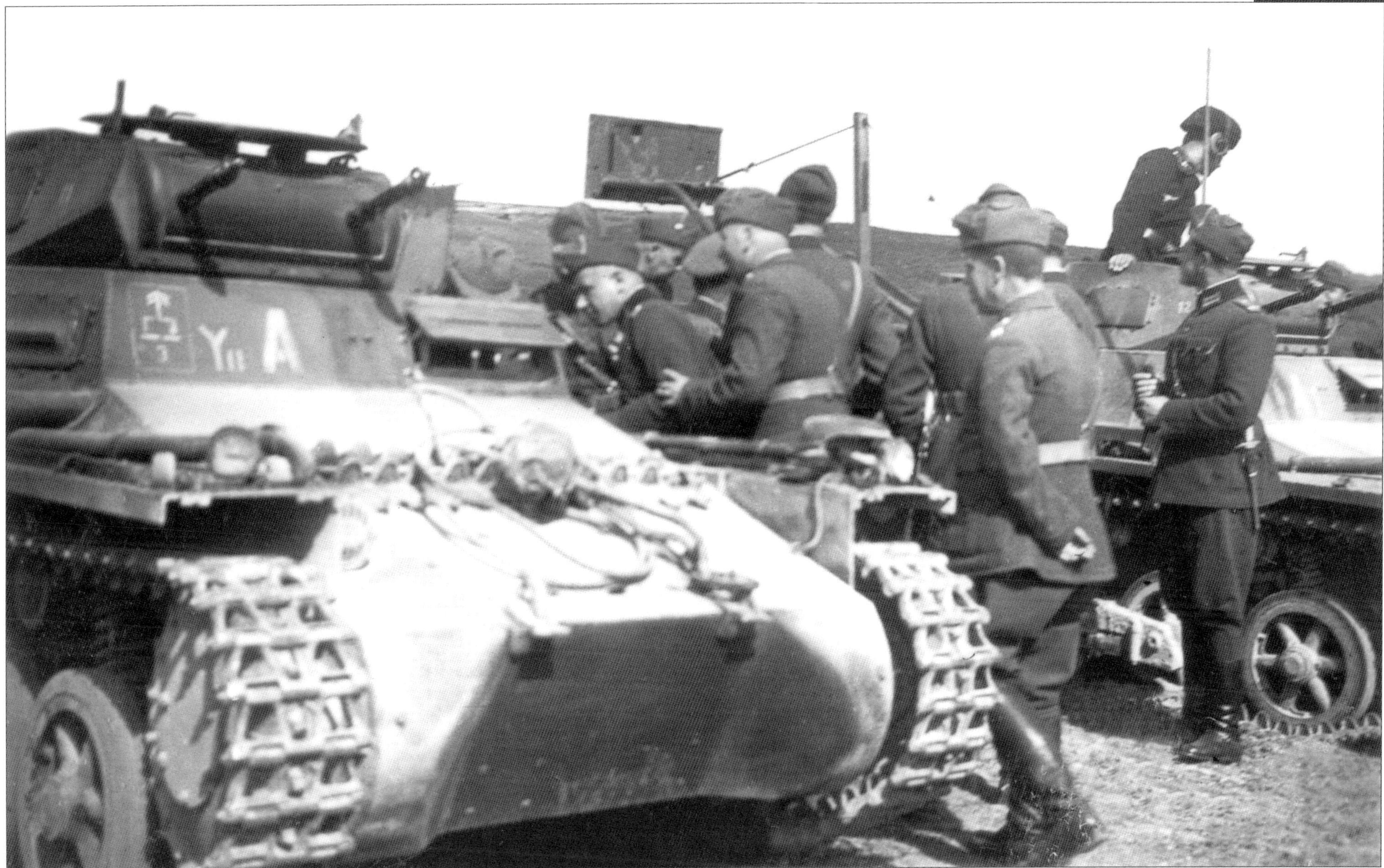

Pz. I Ausf B-k a német 9. páncéloshadosztály utászzászlóaljának 3. századában. A harcászati jelzéseket fehérrel vagy sárgával festették fel a sötétszürke járművekre. A torony oldalán nagyon kis méretben került felfestésre a páncélos 11-es harcászati azonosítószáma. A német harckocsizók olasz fegyvertársaiknak mutatják be felszerelésüket.

Pz. I Ausf. Bs belonging to the Pionieer Battalion's 3rd company of the 9. Panzer-Division. The tactical markings were painted in white or yellow on the dark grey vehicles. The small-sized identical number 11 is located on the turret side. The German crews are showing their vehicles to the Italian brothers-in-arms.

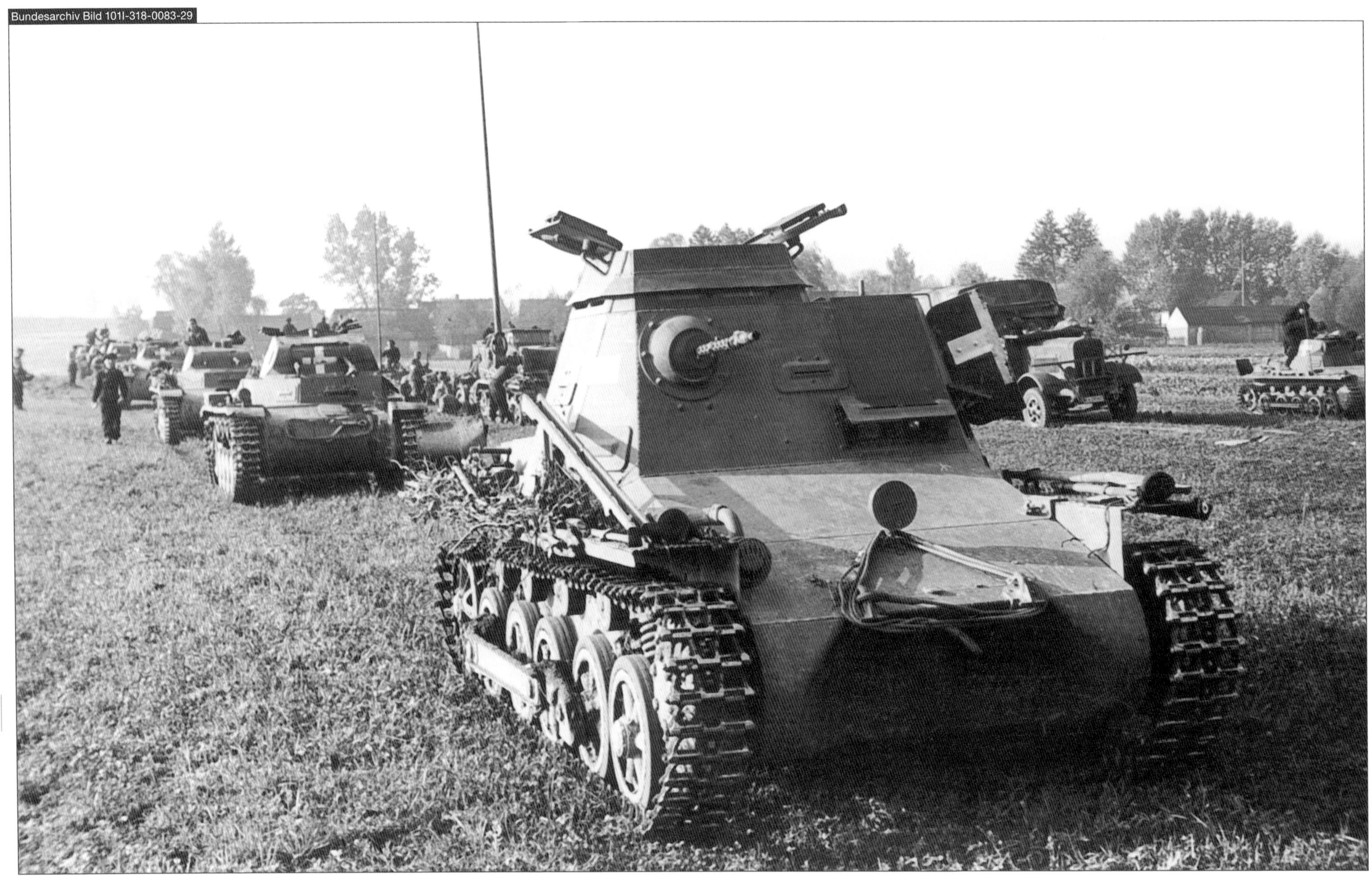

Egy kleines *Pz.Bef.Wg.*, szó szerinti fordításban „kis páncélozott parancsnoki kocsi". A több rádiókészülékkel felszerelt parancsnoki páncélosok az egyik legfontosabb tényezői voltak a *Panzerwaffe* sikerének. A gyors híradás tette lehetővé az azonnali helyzethez való alkalmazkodást és reagálást.

A kleines *Pz.Bef.Wg.*, translated as "small armoured command vehicle". One of the most important factors in the *Panzerwaffe's* success was the command tanks, equipped with more radios. The fast information exchange made the immediate reaction possible.

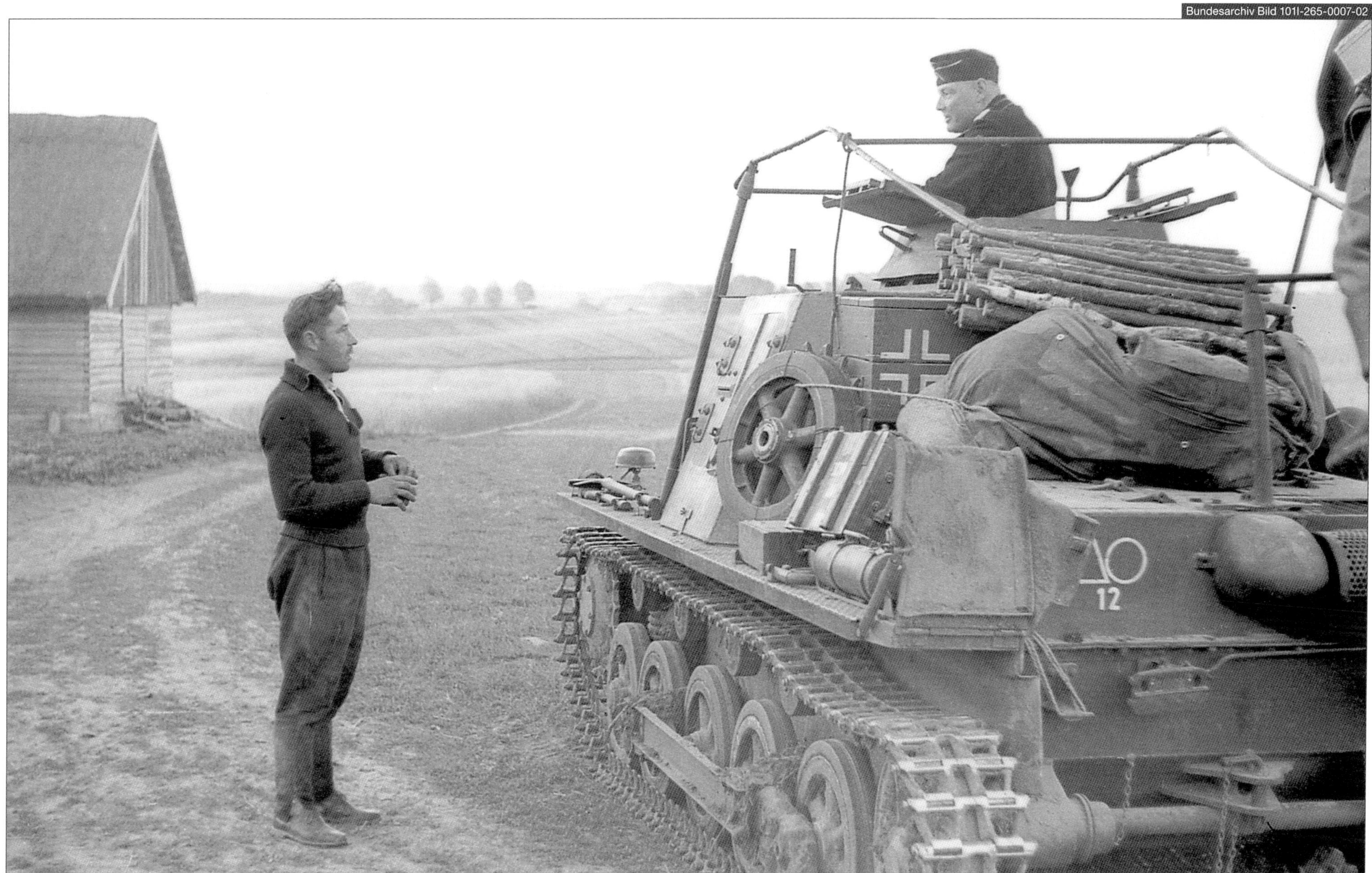

Keretantennával felszerelt kleines *Pz.Bef.Wg.* a Szovjetunióban 1941 júliusa körül. A parancsnoki járművek, vezetési pontok mindig kiemelt célpontnak számítanak, s így gyakorlatilag mágnesként vonzzák az ellenséges páncéltörő tüzet. A messziről is jól látható keretantennát a későbbiekben a kevésbé feltűnő botantennával váltották fel.

Kleines *Pz.Bef.Wg.* equipped with frame antenna in the Soviet Union in July 1941. The command vehicles and positions were always considered priority targets and attracted enemy anti-tank fire like a magnet. The frame antenna visible from afar was later changed to a less obvious stick antenna.

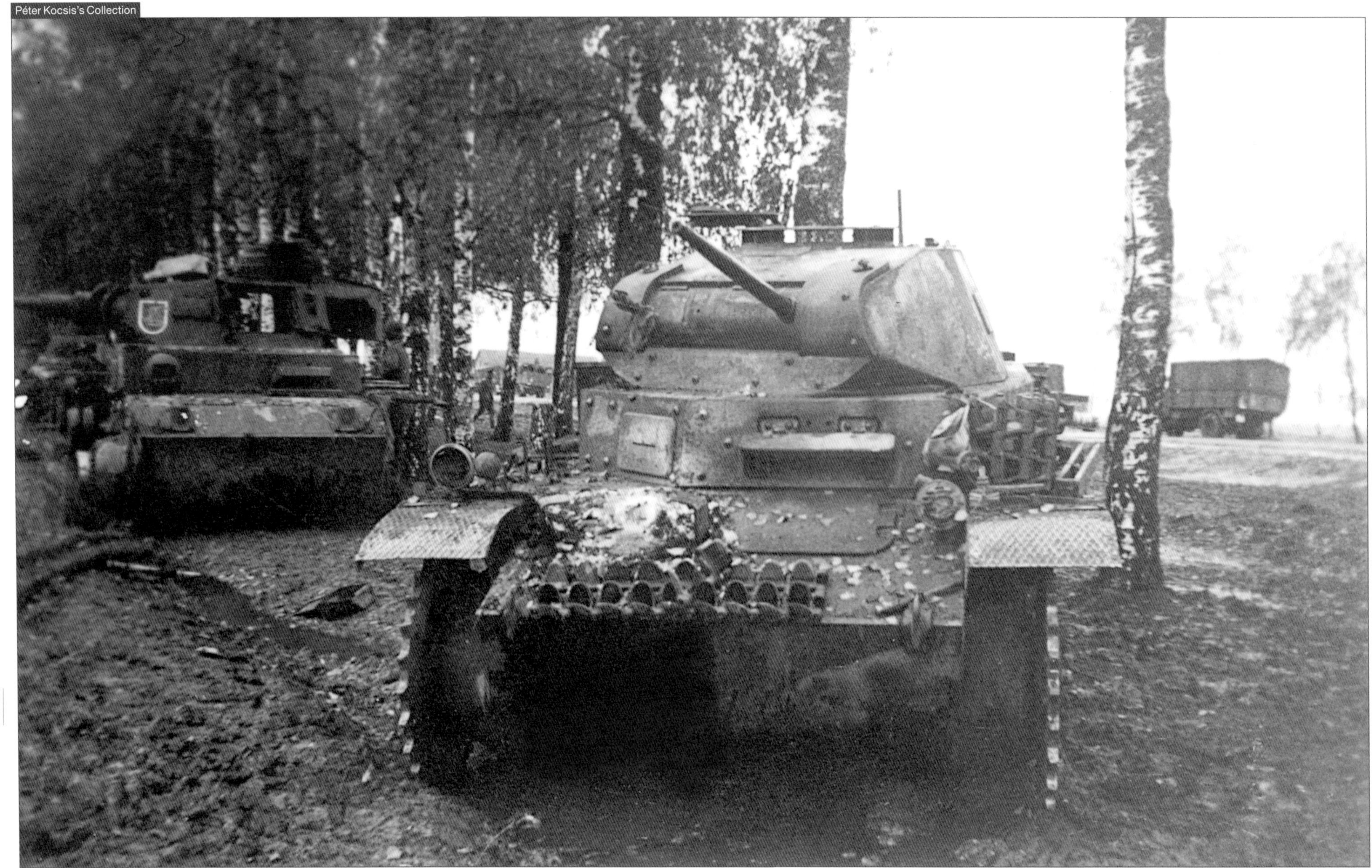

Pz. II Ausf. C 1942-ben, a Szovjetunió-beli Vjazmánál (lásd 60. kép). A páncélvédelem növelése érdekében a személyzet pótlánctagokat helyezett a páncéltest oldalára, illetve a teknő orr-részére. A képen látható páncélosok valószínűleg végleges veszteségek, mivel a Pz. II láthatóan kiégett.

A Pz. II Ausf. C in the area of Vyazma during 1942. (see page 60.) To increasing the armour protection the crew placed spare track links on the side of the superstructure and hull nose. The tanks visible on this photograph are most likely total write-offs because the Pz. II apparently burned out.

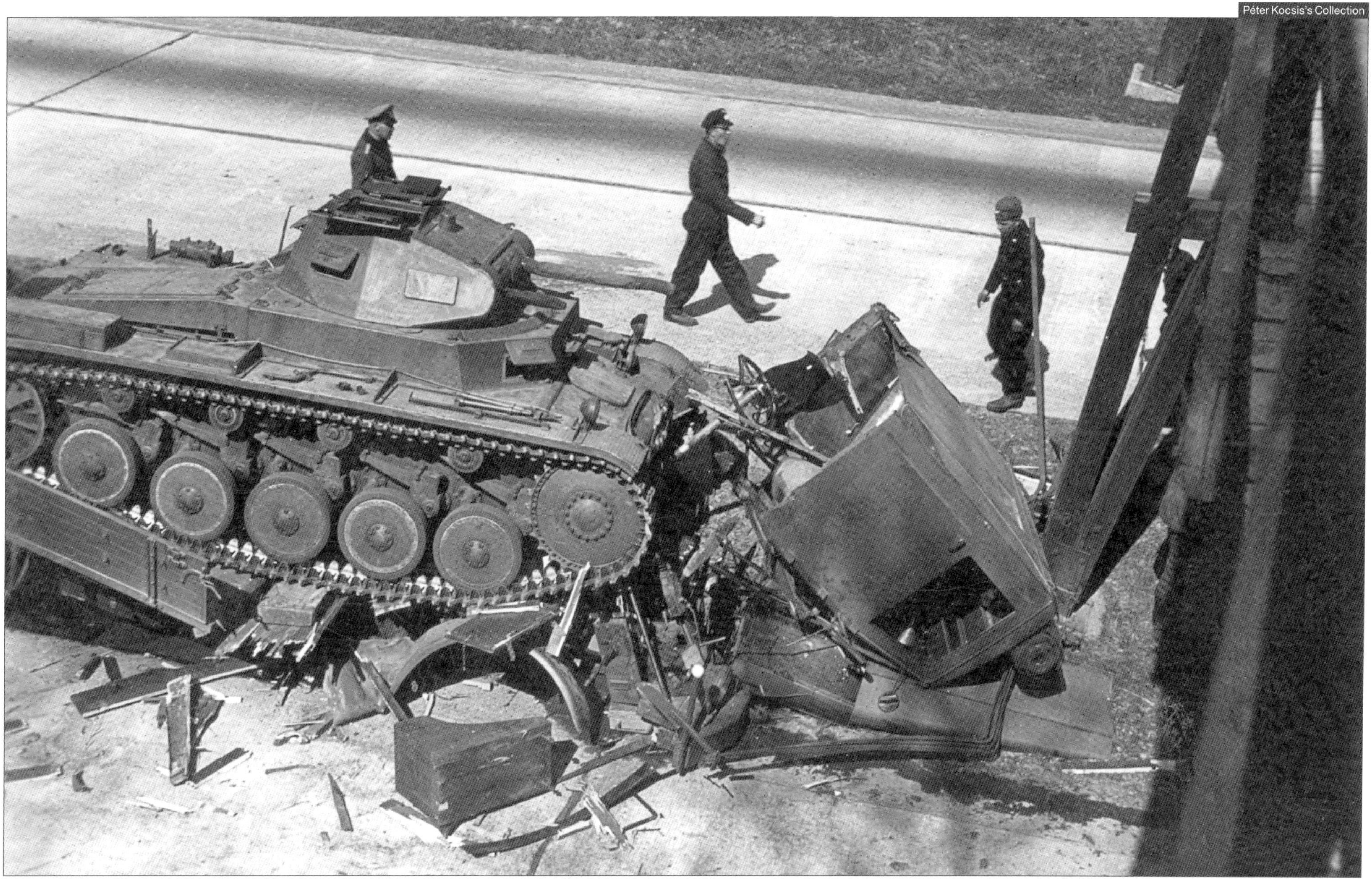

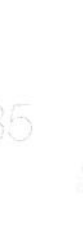

Végzetesnek tűnő balesetet okozott az elégtelen, hanyag rögzítés miatt ez a Pz. II c, letarolva az őt szállító teherautó teljes vezetőfülkéjét. A páncéltest eleje még a lekerített változat, nem került rá kiegészítő páncélzat. Az üzemanyagtöltő nyílások a páncéltest tetőlemezén vannak, ami a c, A és B, illetve későbbi verziók ismertetőjegye, de a sárvédő tartólemeze még a korábbi, a és b változatokon alkalmazott megoldás.

Note this fatal accident during transportation in the above photograph. Due to the Pz. II c being poorly loaded the truck cab was destroyed. The hull nose is still the rounded version, no additional armour plate was fitted. The fuel tank openings were placed on the hull roof plate, which was a characteristic of the c, A, B and later variants, but the fender support was still the solution they used on the earlier a and b versions.

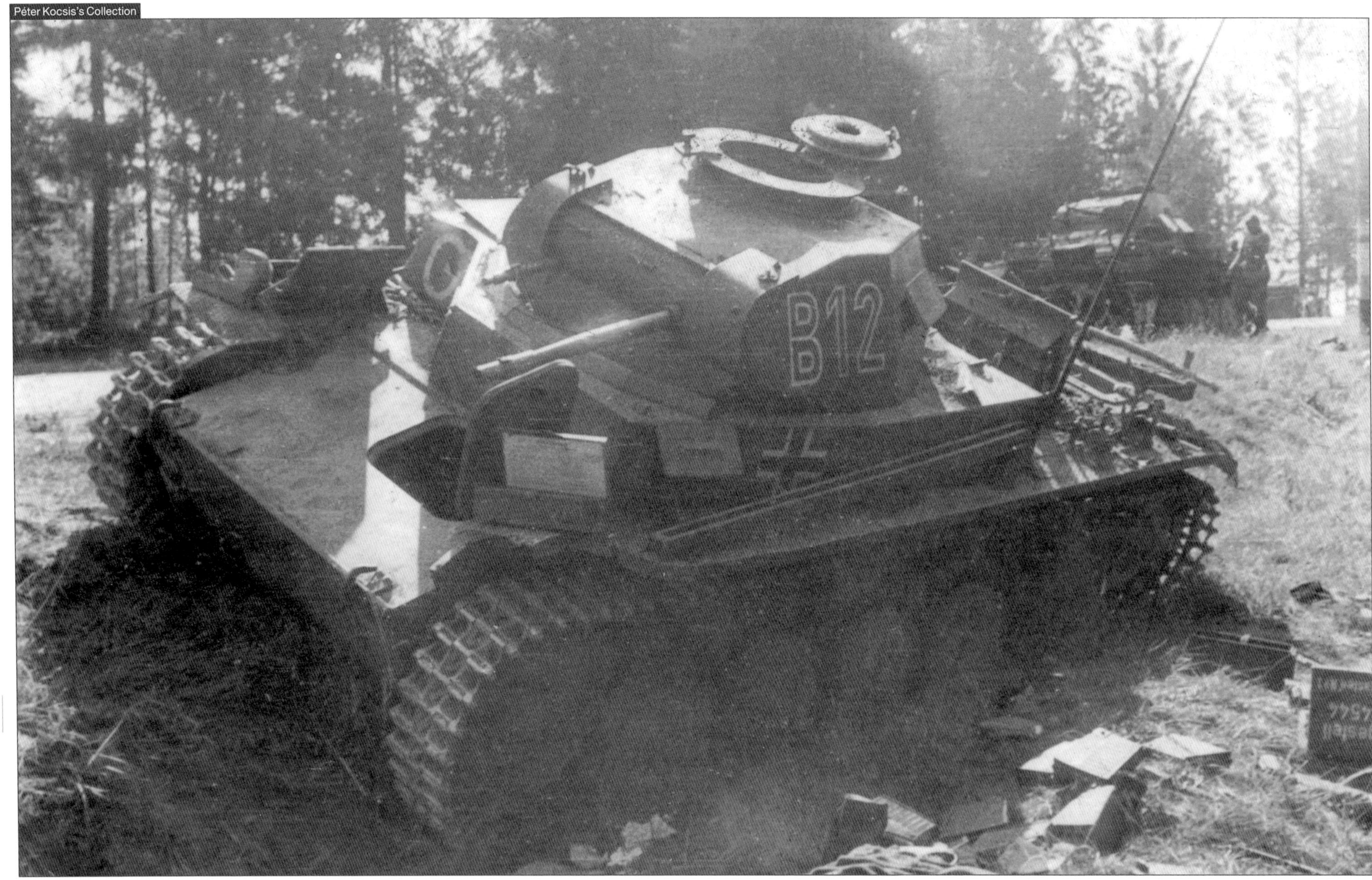

Ismeretlen alakulat átépített Pz. II Ausf. C könnyű harckocsija. Jól látható az új parancsnoki kupola, amely a korábbi, egyszerű búvónyílást váltotta fel. A kupolába épített figyelőprizmáknak köszönhetően a jármű parancsnoka nagyobb biztonsággal, anélkül figyelhette meg a környező terepet, hogy a fejét ki kellett volna emelnie a nyílásból.

A Pz. II Ausf. C from an unknown unit. The new commander's cupola is clearly visible, and replaced the earlier hatch. Due to the periscopes built into the cupola, the commander could observe his surroundings with the hatch closed.

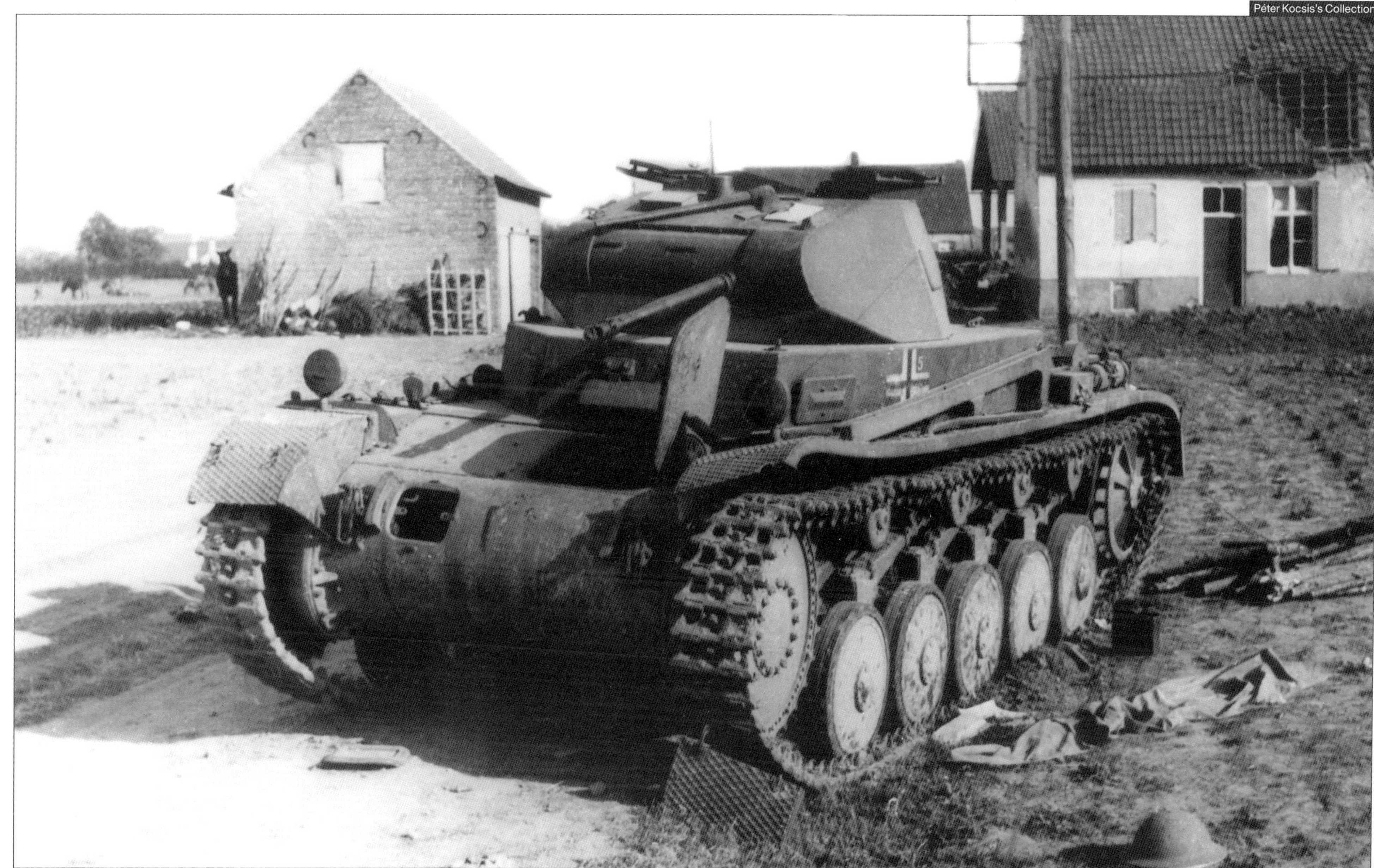

Pz. II Ausf. c a nyugati fronton, 1940-ben. A képen jól látható a lekerekített orrpáncél és a már kevésbé feltűnő hasábkereszt. Érdekes, hogy ezen kívül semmiféle azonosító jel nem található a páncéloson, amelynek valószínűleg váltómű problémája akadt. Legalábbis erre utal a két nyitott szerelőnyílás.

A Pz. II Ausf. c on the Western front in 1940. In this picture the rounded hull nose and the less obvious German cross are visible. It is interesting that besides this no other tactical signs were painted on it. This Pz. II has problems with its gearbox, at least this is what the opened maintenance hatches elude to.

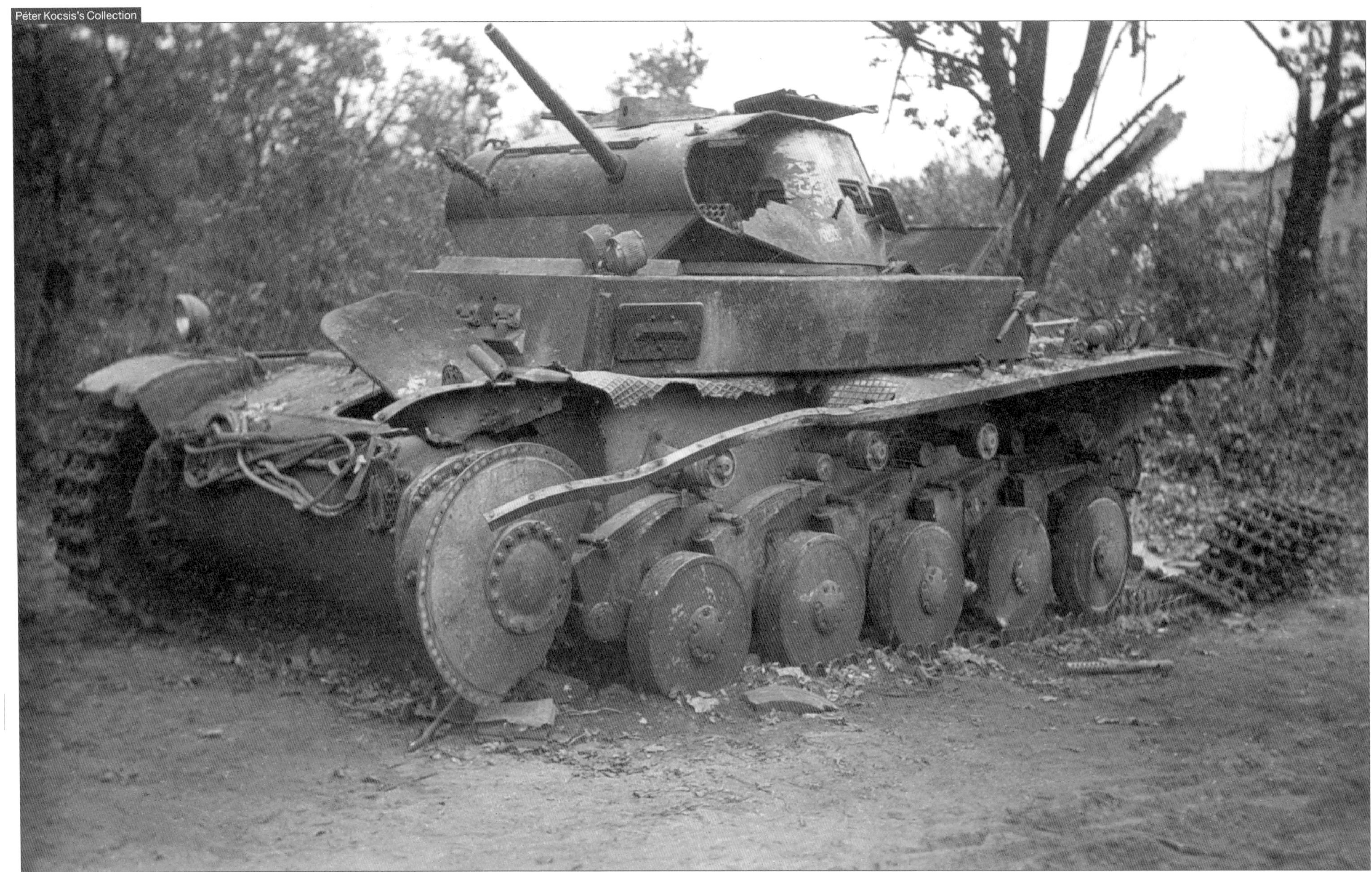

Kilőtt, kiégett Pz. II Ausf. c, még a korai, íves homlokpáncéllal. A kiégett járművek mindig végleges veszteséget jelentenek, mivel a hőhatás miatt a páncélzat anyagának megváltozik a szerkezete, s teljesen használhatatlanná válik.

Knocked and burnt out Pz. II Ausf. c, with an early, rounded hull nose. The burnt out vehicles are always total write-offs, as the steel plate's structure alters because of the effect of heat, and becomes completely inefficient.

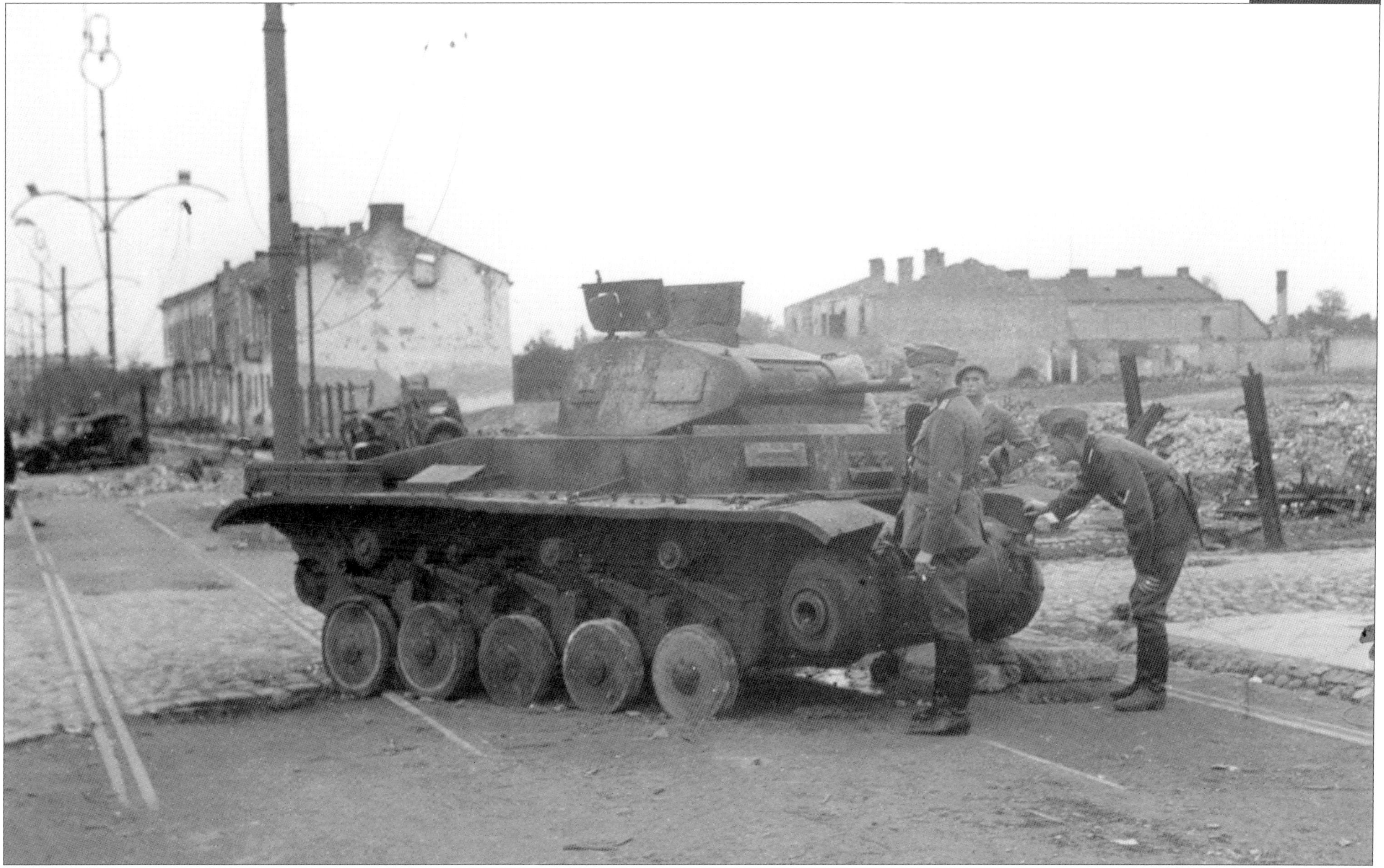

Pz. II Ausf. A vagy B. A páncélos első három futógörgőjéről leégett a gumi, a homlokpáncélon még halványan kivehető a hasábkereszt. A korai páncélosokra jellemző, két irányba nyíló parancsnoki kibúvó nem bizonyult megfelelőnek, ezért később egy védettebb kilátást biztosító kupolával egészítették ki.

Pz. II Ausf. A or B. The rubber burned off the first three road wheels, the German cross is barely discernible on the front armour. The double commander's hatch, which was characteristic of these early tanks, proved to be inadequate. Due to this, it was fitted with a commander's cupola that offered protected observation.

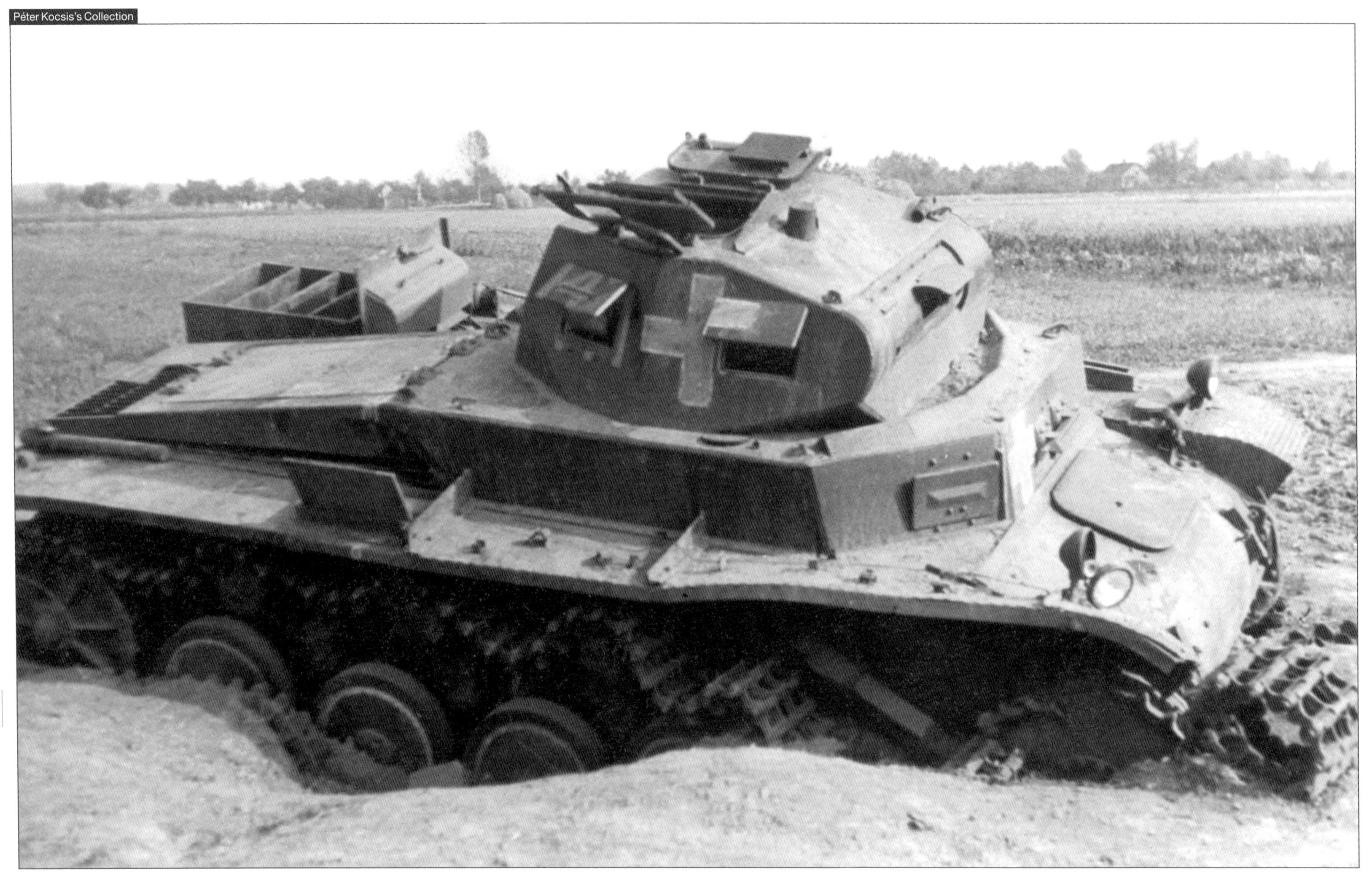

Valószínűleg aknára futott Pz. II Ausf. A vagy B, a lengyelországi hadjáratban. A személyzet, mielőtt elhagyta a páncélost, kiszerelte belőle a fegyverzetet, bár később – mivel más sérülés nem látszik rajta – elképzelhető, hogy a karbantartó alakulatok újra bevethető állapotba hozták ezt a harckocsit.

This Pz. II Ausf. A or B probably ran over an anti-tank mine during the Polish campaign. Before abandoning the tank, the crew removed the armament, though it is possible that this vehicle was brought into operational condition because no other damage can be seen.

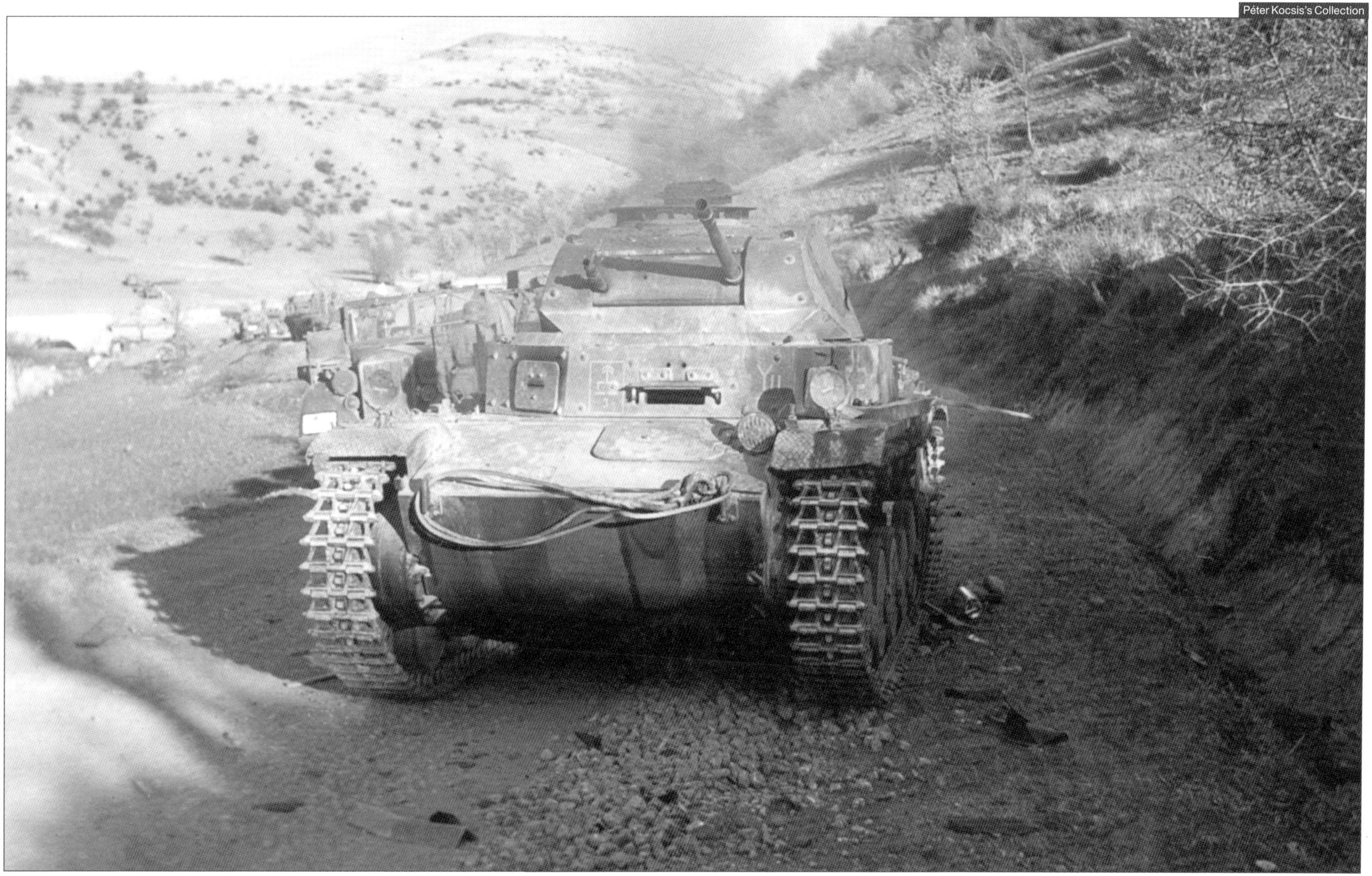

Pz. II Ausf. C. A vezető kitekintő nyílásától balra a német 9. páncéloshadosztály jelzése, jobbra az utászzászlóalj 3. századának harcászati azonosító jele látható. A kép a görögországi harcok során készült.

Pz. II Ausf. C. To the left of the driver's visor the insignia of the 9. Panzer Division, and from its right the tactical sign of the 3rd Company of the Pioneer Battalion is visible. This photo was taken during the combat in Greece.

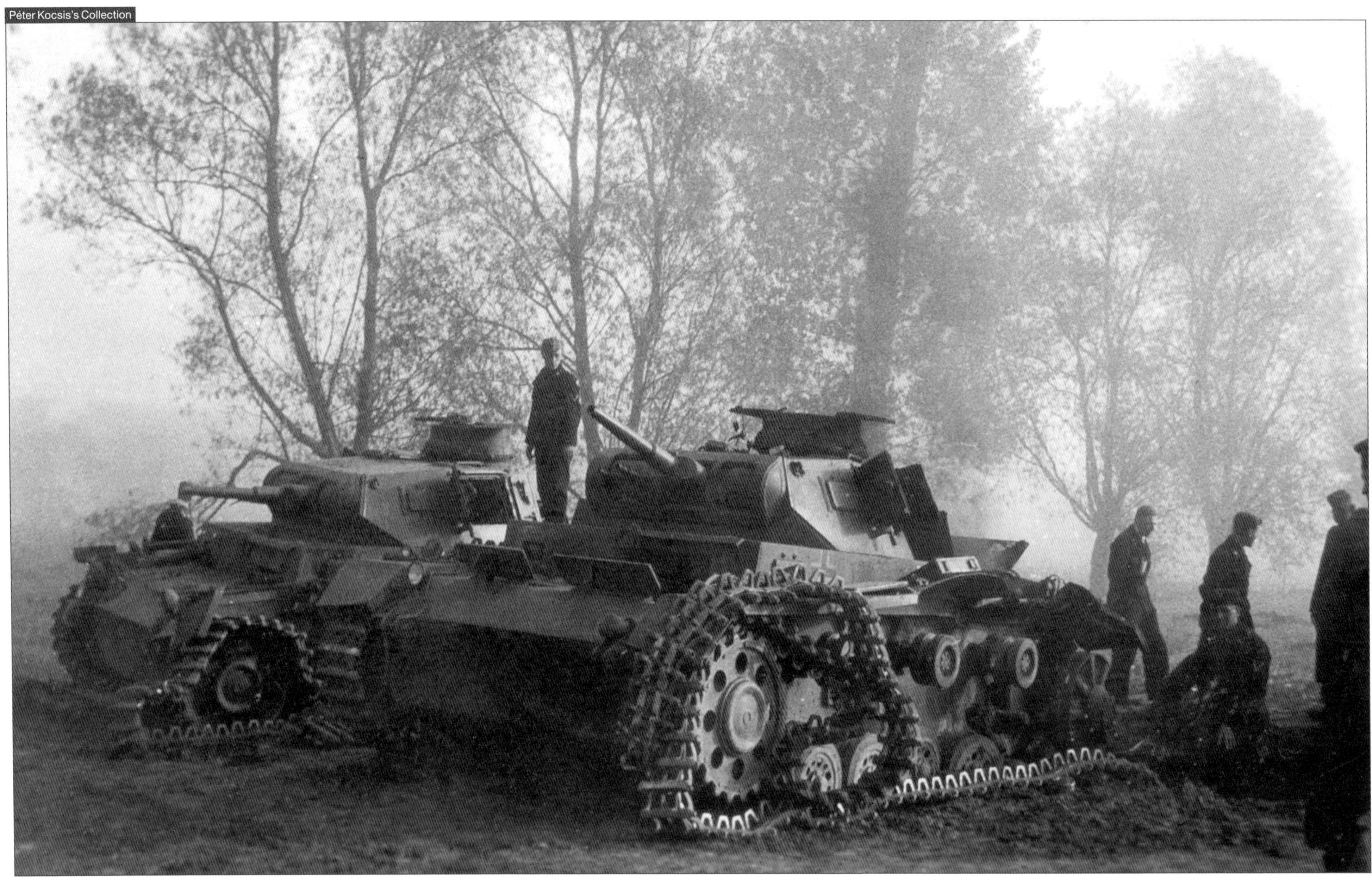

Két, aknára futott Pz. III Ausf. E. A fehér hasábkeresztek hiánya valószínűsíti, hogy a kép a keleti fronton készült 1941-ben. Az elöl álló páncélos lánctalpát egészen képtelen helyzetbe vetette fel a robbanás, még a bal oldali lámpát is kimozdította a helyéről. Bár a sárvédő sérülése látványos, minden bizonnyal mégis könnyebben javítható, mint az ötödik és hatodik futógörgő, és azok lengőkarjai. Az E változatból 1938 és 1940 között összesen 96 darab épült.

Two Pz. III Ausf. Es drove over a mine. The lack of white German crosses makes it probable that the photograph was taken on the Eastern front in 1941. The explosion put the front tank's track into an impossible position and it even dislodged the left headlight. Although the mudguard's damage is impressive, it still can be fixed more easily than the fifth and sixth running wheels, and their swing arms. 96 units of the E version were produced between 1938 and 1940.

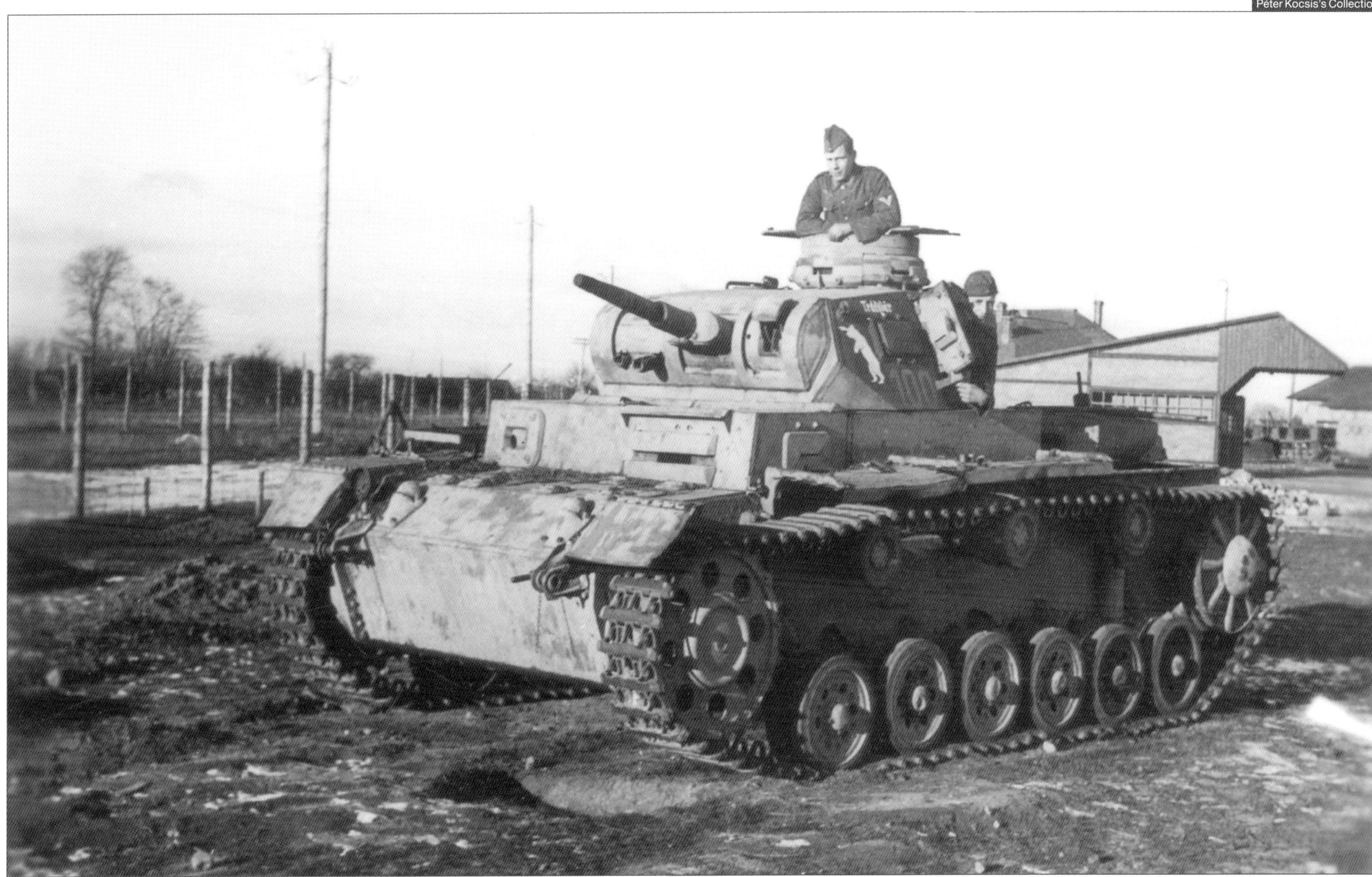

A német 35. páncélosezred 1. századának parancsnoki Pz. III Ausf. F páncélosa. A járműből valamely oknál fogva kivették a géppuskákat, s egy korábbi – talán akna okozta – sérülés miatt hiányzik a bal oldali sárvédő második és utolsó része is. A hadosztály jelzését és a „Teddybär" nevet fehérrel, míg a harcászati azonosítószámot sárgával festették fel a páncélos tornyára. 1938-40 között 435 darab ilyen F változat készült a DB, MAN és Henschel üzemeiben.

The company commander's Pz. III Ausf. F of the 1./Pz.Rgt. 35. For some reason the machine guns were removed from the vehicle. The left mudguard's second and last parts are missing because of earlier damage, most probably caused by a mine. While the unit insignia and the "Teddybär" were painted white, the turret number was painted yellow. 435 units of the F version were produced by DB, MAN and Henschel.

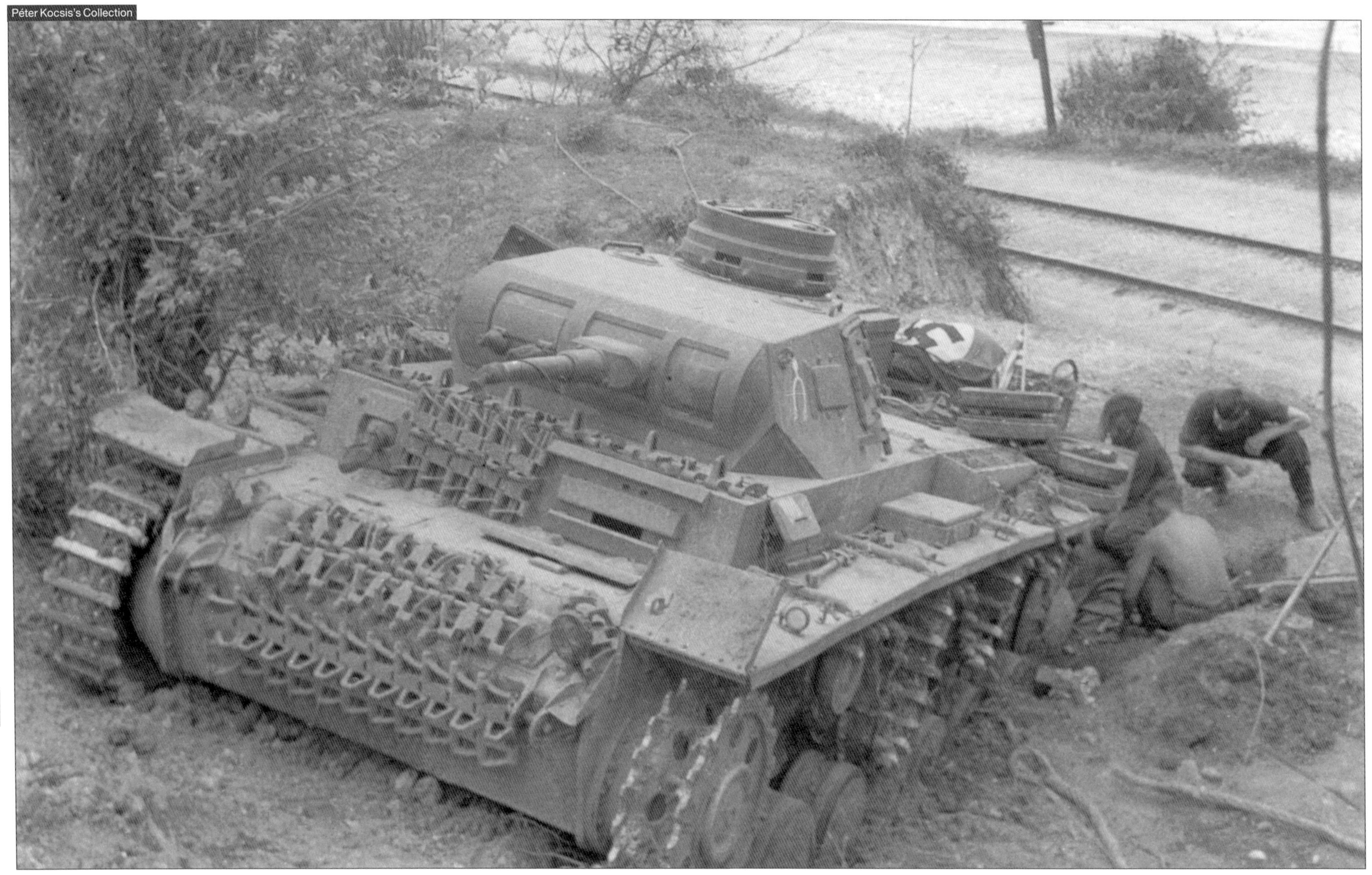

Futóművén sérült Pz. III Ausf F. Mivel a 3,7 cm-es lövegen és a géppuskákon is rajta van a védőhuzat, így a páncélos feltételezhetően nem harc közben sérült meg, bár a személyzete szinte biztos, hogy részt vett már ütközetben. Ezt bizonyítják a felhalmozott pótlánctagok, amelyekből még a küzdőtér tetejére is jutott. A kép jobb sarkában a mentéshez már odakészített vontatókábelt láthatjuk.

Pz. III Ausf F with damaged running gear. As the 3,7 cm gun and machine guns still have the covers on them, it doesn't seem likely that the tank was damaged in a battle. On the other hand, in sight of the accumulated spare track links (even on the fighting compartment's roof), it almost certain that the crew has already had combat experience. In the right corner of the picture we can see the towing cable prepared for recovery.

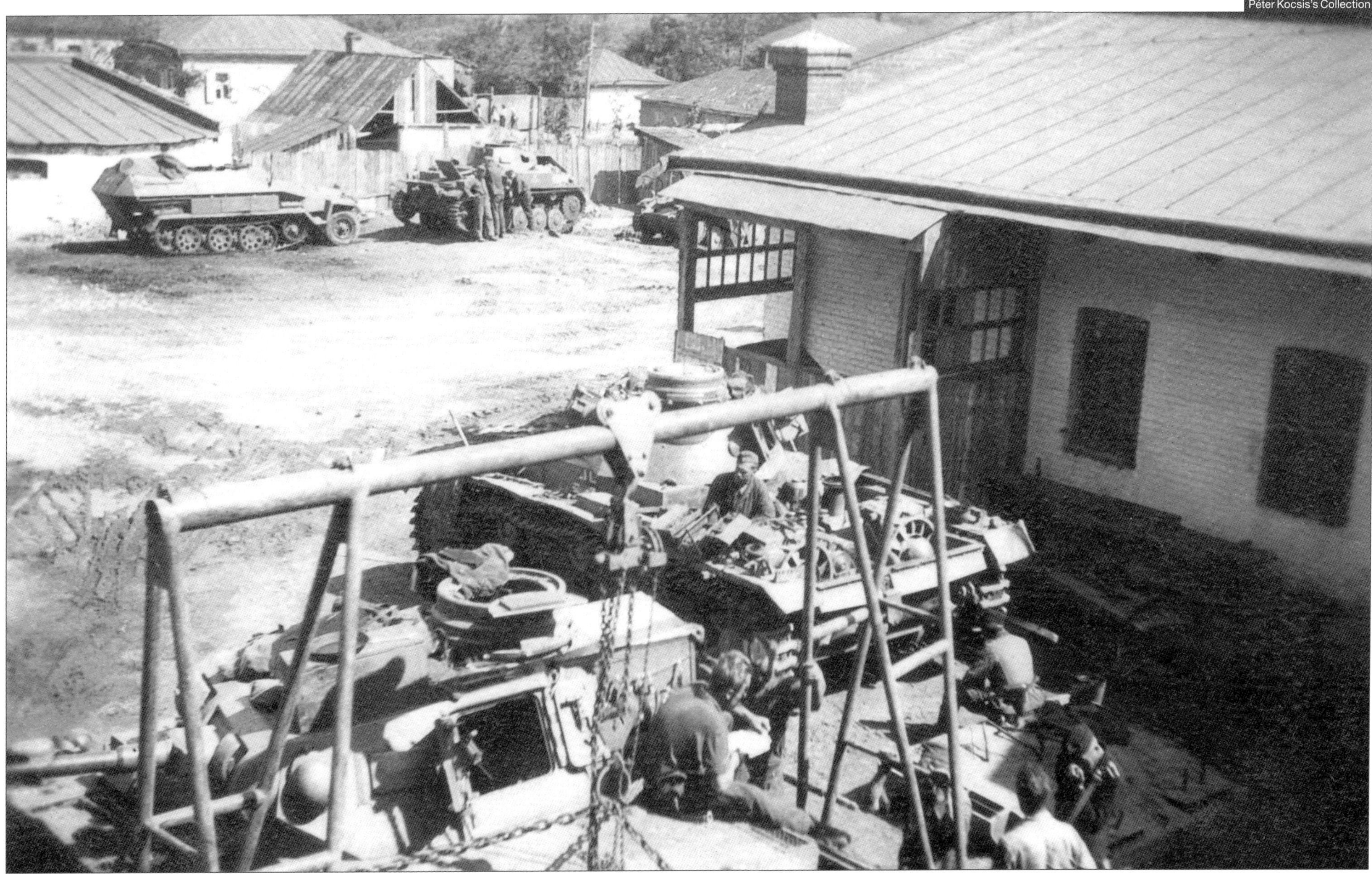

Motorikus meghibásodás miatt javítás alatt álló Pz. III Ausf. G vagy H, mögötte pedig egy Ausf. F. A háttérben egy közepes lövészpáncélos és két Pz. II könnyűharckocsi látható. Bár a német javító és karbantartó szolgálatok szervezettségüknek köszönhetően kiválóan működtek, később a háborús hadszínterek kiterjedése egyre nehezebb feladatok elé állította a műszaki állományt.

Pz. III Ausf. G or H undergoing repairs due to engine failure, with an Ausf. F behind it. In the background a Sd.Kfz. 251 and two Pz. II light tanks can be seen. Although the German repair and maintenance units did a great job, due to their well organised system, later the growing operational area created bigger problems.

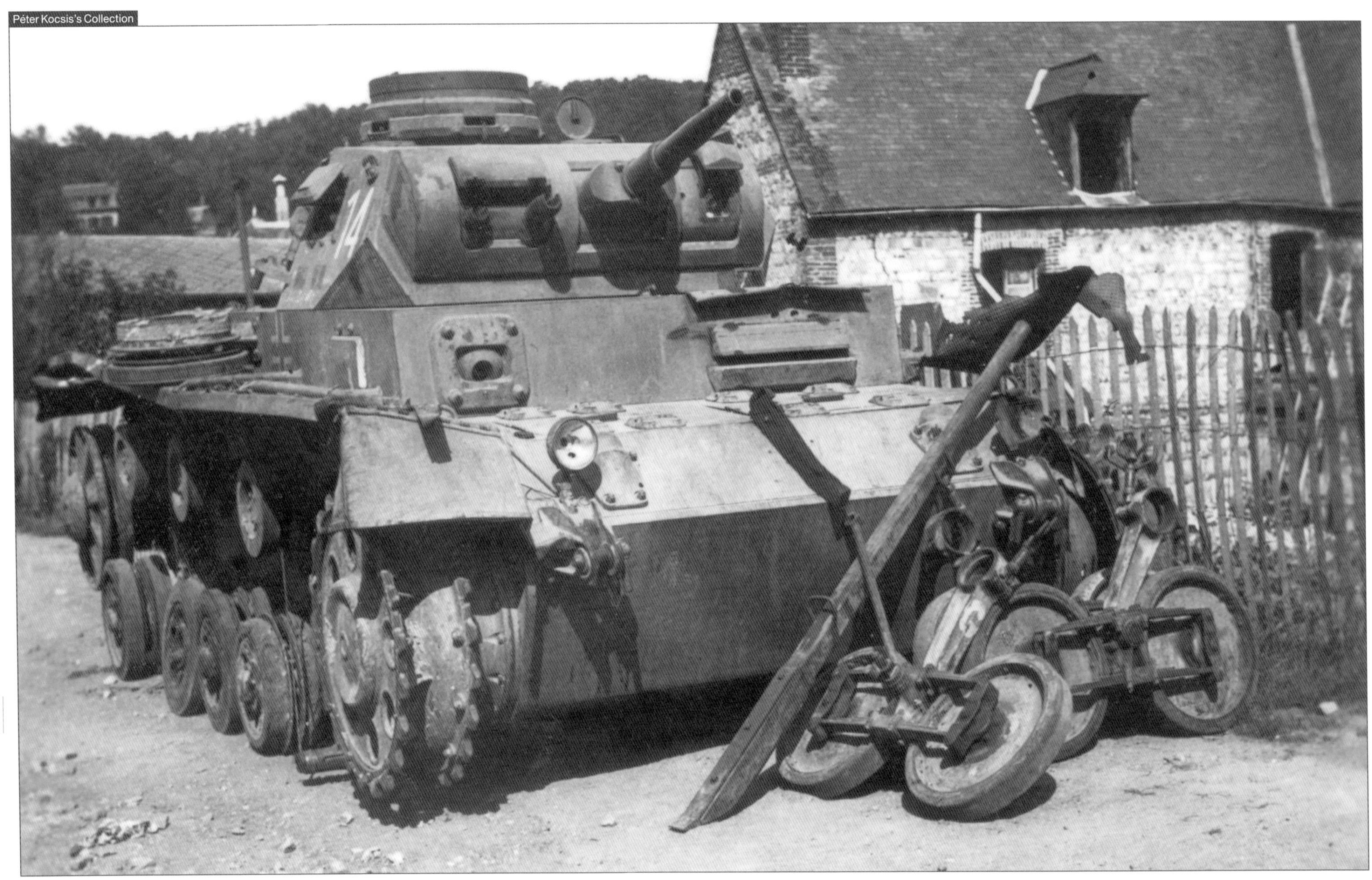

Elhagyott Pz. III Ausf. F. Bal oldali sárvédője szétroncsolódott, és a jobb oldali futómű is erősen sérült: két görgője hiányzik (az egyik minden bizonnyal az, amelyiket sérülten a sárvédőre helyezték), az első párról pedig valami módon eltűnt a gumi. A harcjárműből az összes MG 34-es géppuskát eltávolították.

An abandoned Pz. III Ausf. F. Its left mudguard was destroyed, and the running gear on the right side was also badly damaged: two of its running wheels are missing (one of them seen on the mudguard), and the rubber has gone from the first pair. All MG 34 machine guns were removed from the tank.

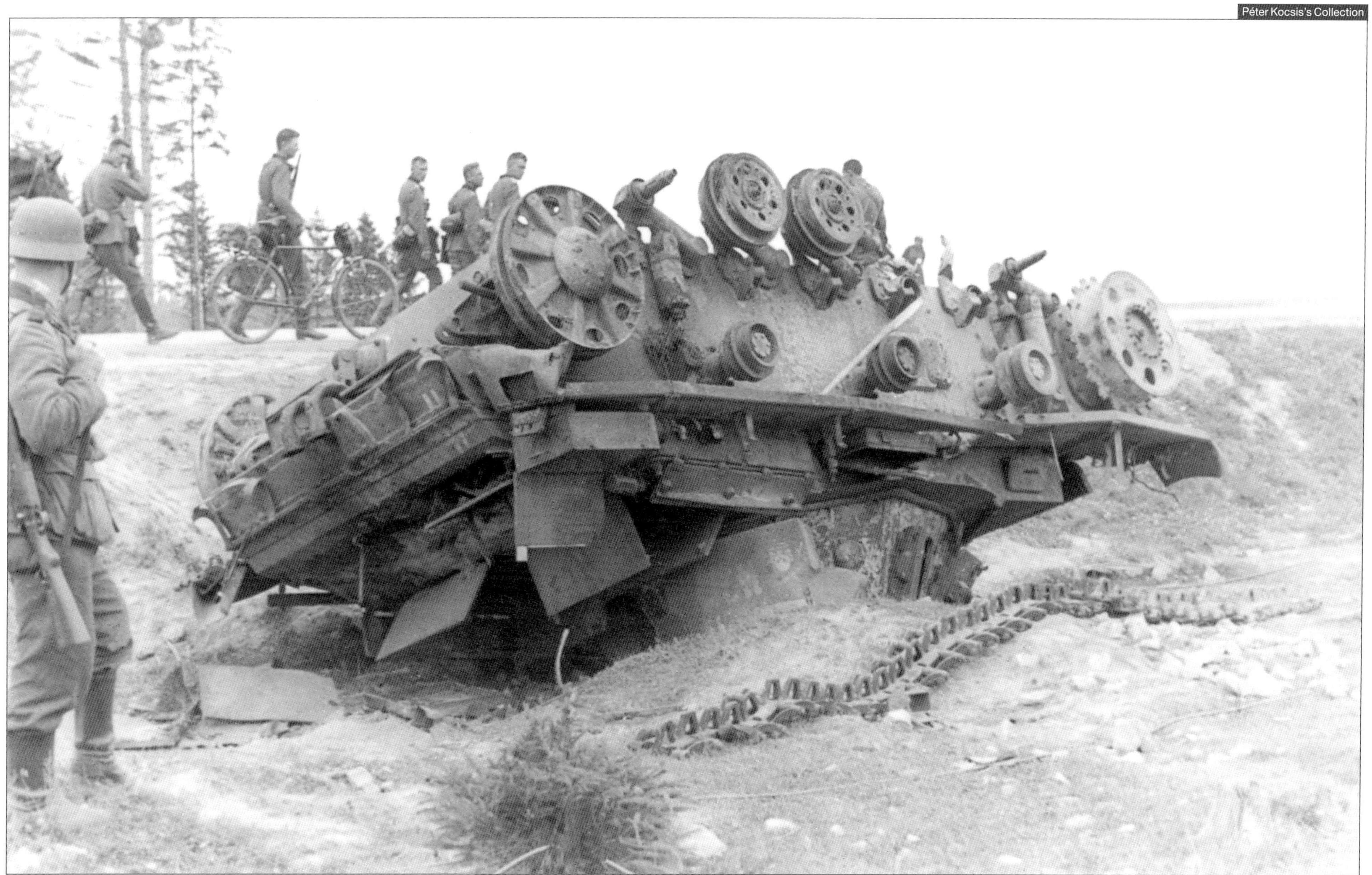

Kiégett korai Pz. III Ausf. G a német 18. páncéloshadosztály állományából. A torony hátulján a harcászati azonosítószám mellett kivehető a hadosztály-jelzés. A futómű korai meghajtó és láncfeszítő kereke még az F változatra utal, de a páncéltest farán az indítókar nyílásának fedőlemeze és a középen található szerelőnyílás már a G változat jellemzője. Jól látható a helyéről kiszakadt kipufogó bekötőcsonkja.

A burnt out, early Pz. III Ausf. G that belonged to the 18. Panzer-Division. The divisional insignia can be seen next to the tactical number on the back of the turret. The early sprocket and idler wheels refer back to the F version, but the crank starter cap and the maintenance hatch are already characteristics of the G version. The broken muffler's joint is visible.

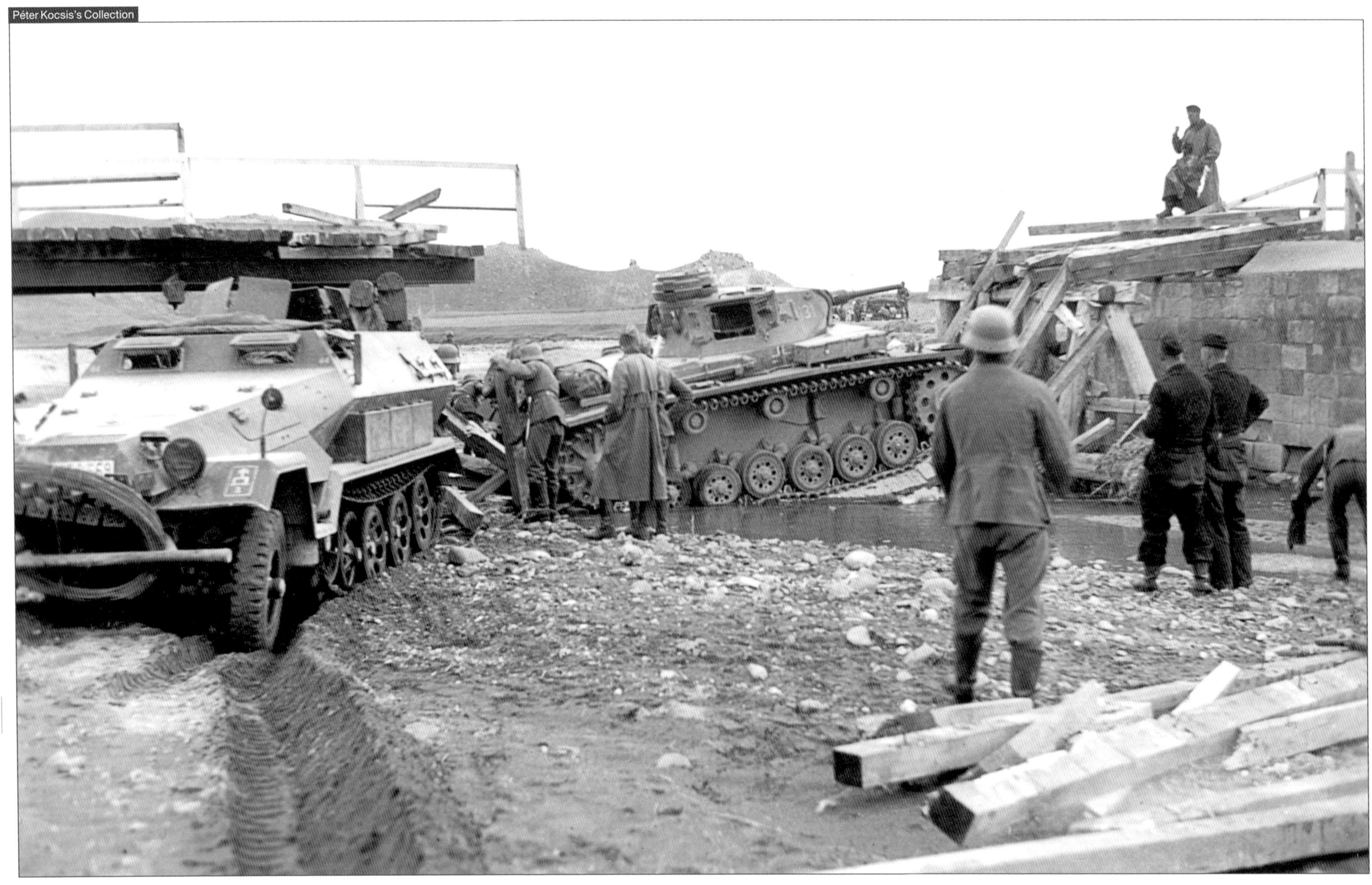

Soknak bizonyult a Pz. III Ausf. F 19 tonnás tömege e fahídnak valahol Görögországban. Úgy tűnik, hogy mind a személyzet, mind a harckocsi szerencsésen megúszta a zuhanást. A mentést már megkezdte egy utászzászlóalj 2. százada, aminek katonái egy Sd.Kfz. 251 Ausf. B közepes lövészpáncélossal érkeztek a helyszínre. Figyeljük meg a harcászati jelzést a jármű bal sárvédőjén! Érdekes, hogy a féllánctalpason hátul is fel van szerelve egy géppuskapajzs.

The 19 ton weight of the Pz. III Ausf. F proved to be too heavy for this wooden bridge, somewhere in Greece. It seems that both the crew and the tank survived the fall. The troops of the Armoured Engineer Battalion's 2nd company have started the recovery right after their arrival with a Sd.Kfz. 251 Ausf. B. Note the tactical symbol on the vehicle's left mudguard. An interesting feature is the machine gun shield mounted on the back of the vehicle.

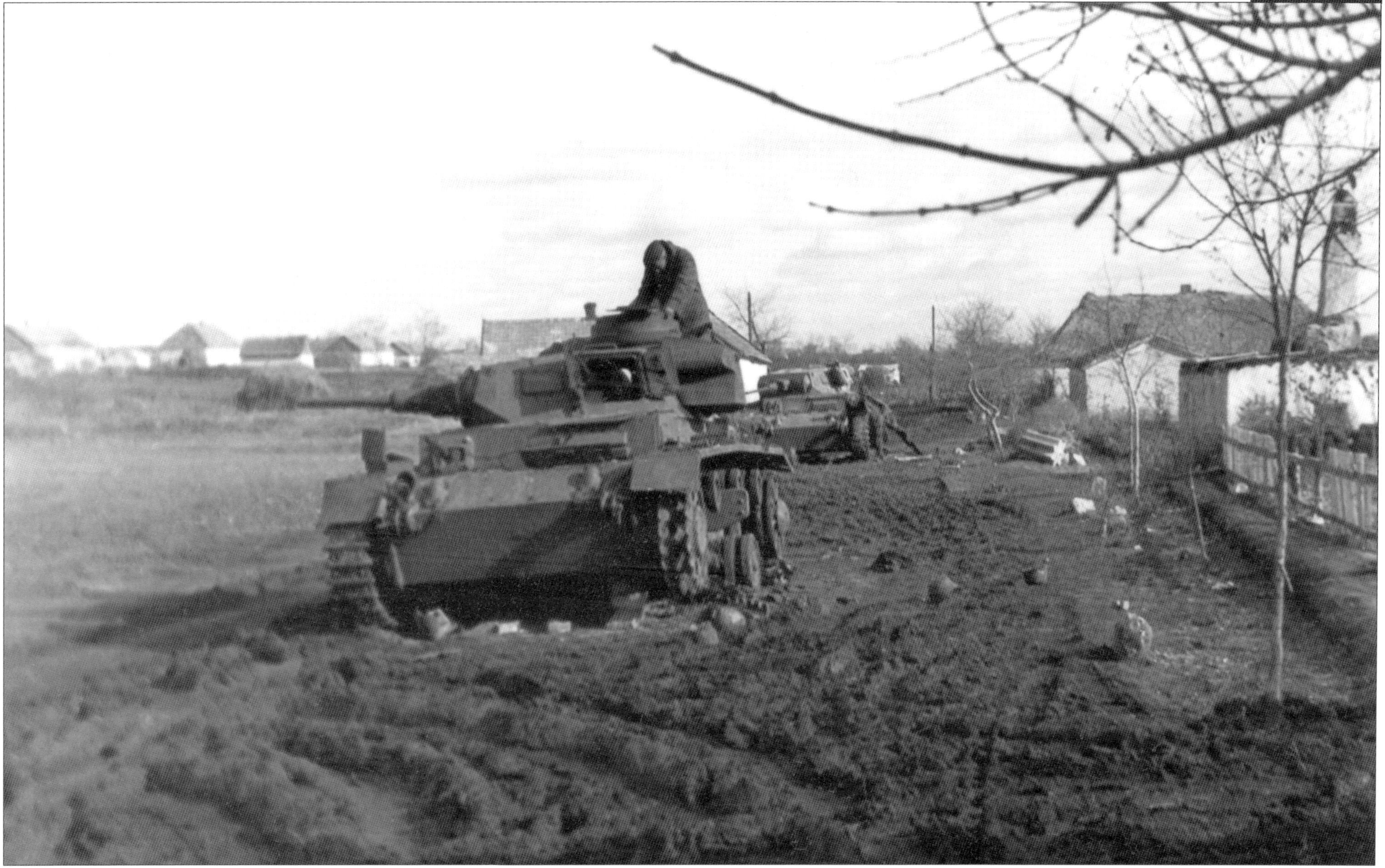

A vezető kitekintő nyílásából és a homlokgéppuska kivitelezéséből megállapítható, hogy ezek a páncélosok F változatok, amelyeket már 5 cm-es, L/42 űrméret hosszúságú harckocsiágyúval szereltek fel. Az elöl álló harckocsi komoly futómű problémával küzdhet, legalábbis erre utal az a tény, hogy a hatból öt futógörgője nincs a helyén. Jól látható, hogy a torony oldalán található ajtók belsejét a jármű alapszínével megegyezőre festették, eltérően a páncélos belsejétől.

Due to the driver's visor and the design of the radio operator's machine gun, these tanks are F versions, armed with a 5 cm, L/42 calibre gun. The first tank is suffering serious running gear problems, not least because five out of six wheels are missing. The turret side hatches are the same colour as the exterior of the vehicle.

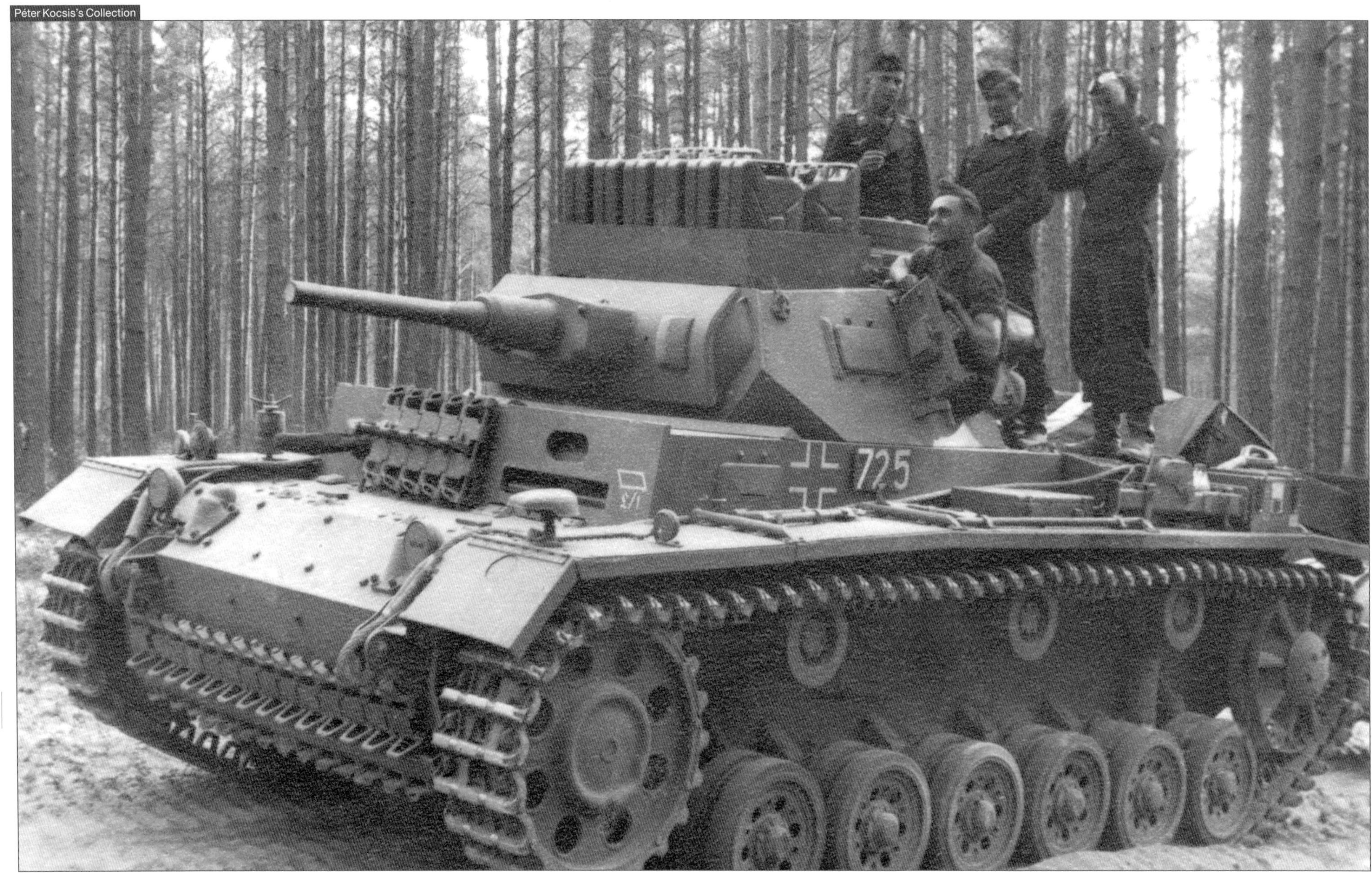

50

Átépített Pz. III Ausf. F. A korábbi 3,7 cm-es harckocsiágyút az erősebb 5 cm-es L/42 űrméret hosszúságú lövegre cserélték. A homlokpáncélon, a vezető kitekintő nyílása mellett felfestett harcászati jelzés alapján (L/1) ez a páncélos egy hadosztály páncélosezredének egyik kiképző (Lehr) századához tartozott. Elképzelhető, hogy az ezred 7. és 8. századát (lásd a következő képen) kiképzésre alkalmazták.

An early 3,7 cm Pz. III Ausf. F being rearmed with the more powerful 5 cm L/42 gun. Based on the L/1 tactical sign besides the driver's visor, this tank belonged to one of the training (Lehr) companies of a Panzer-Regiment. It is likely that both of the 7th and 8th Companies were used for training (see the next picture).

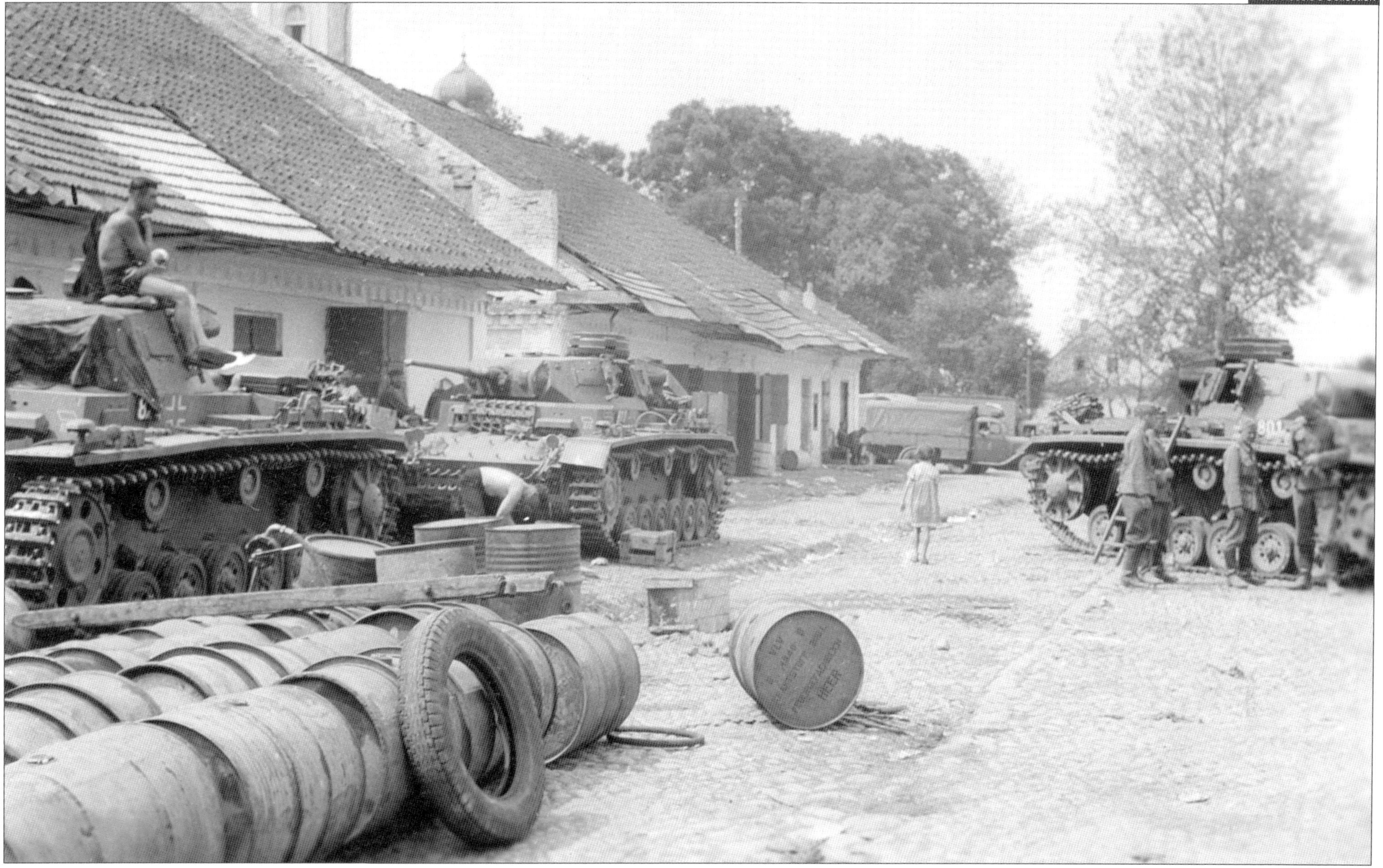

Korai Pz. III Ausf. G-k ugyanannak az alakulatnak a 8. páncélosszázadából. A homlok-páncélzatra festett harcászati-jelzés alatti L/2 a század kiképző jellegére utal. Mindhárom harckocsin a korábbi változatokra jellemző meghajtó- és láncfeszítő kerék van. A harcá-szati azonosítószámokat kis táblákra festették fel. A kép jobb szélén a századparancsnoki harckocsi látható.

Early Pz. III Ausf. G from the 8th Company of the same unit. The L/2 sign painted under the tactical symbol on the front armor, refers to a training company. All three tanks have earlier sprocket and idler wheels. The tactical numbers were painted on small plates. The company commander's tank is on the right side of the photograph.

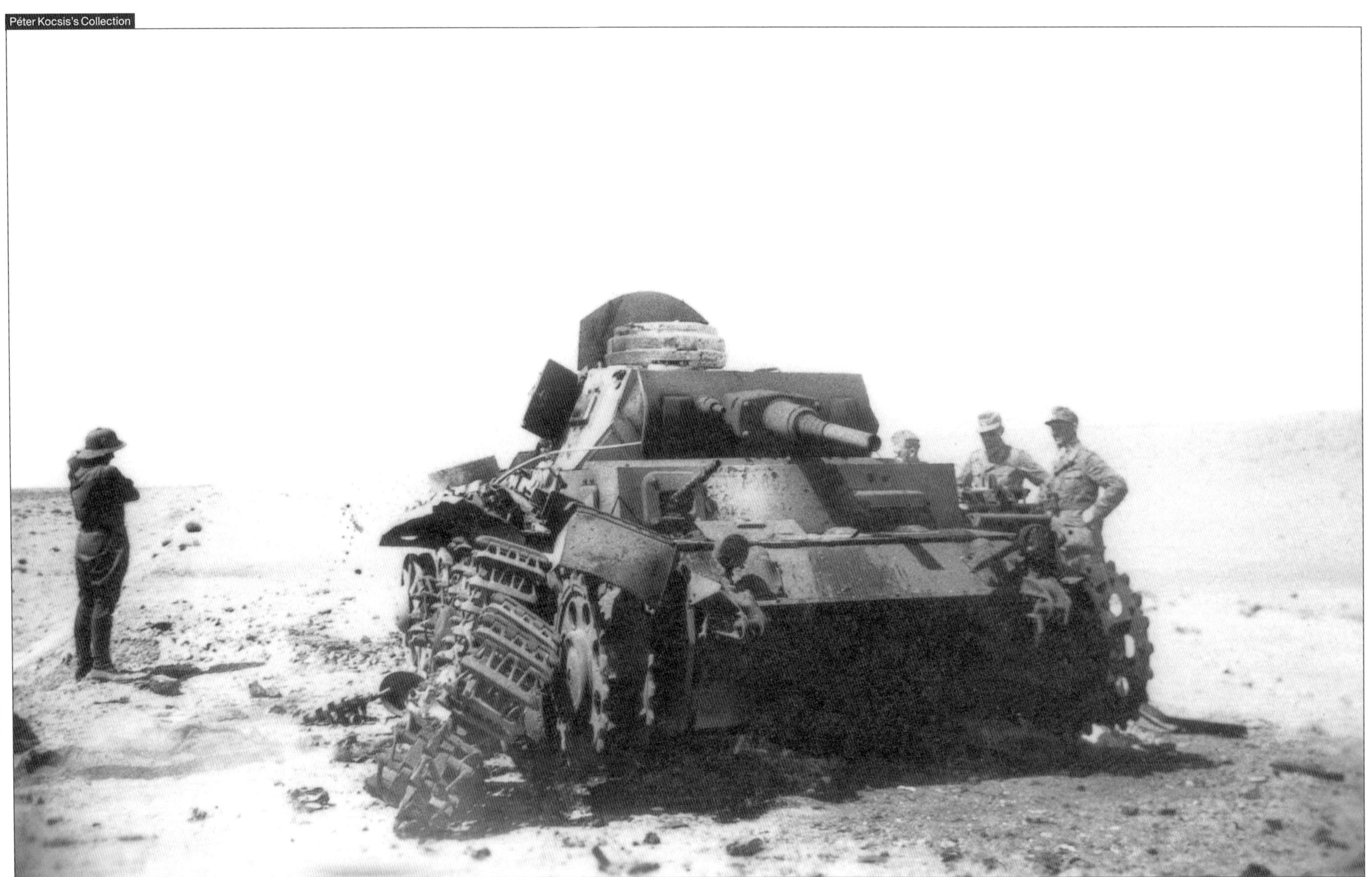

Teljesen kiégett, német terminológia szerint *Totalausfall* (teljes veszteség) Pz. III Ausf. G az észak-afrikai sivatagban. A Pz. III Ausf. G-k far részén a korábban 21 mm vastag páncéllemezt már 30 mm-esre cserélték. 1940-41-ben körülbelül 600 darab ilyen verzió épült, ezek közül számosat légszűrővel és erősebb hűtővel (valószínűleg a kép is ilyet ábrázol) szereltek fel a sivatagi hadviselésre. Ezek jelzése G(Tp) lett.

Completely burnt out (*Totalausfall* in German terminology) Pz. III Ausf. G in the North- African desert. The thickness of the rear armoured plate of the Pz. III Ausf. G was increased from 21 mm to 30 mm thick. Approximately 600 Gs were produced between 1940-1941, most were built with air cleaners and more effective air cooling for tropical warfare (most likely the picture depicts this version) – these were the G(Tp).

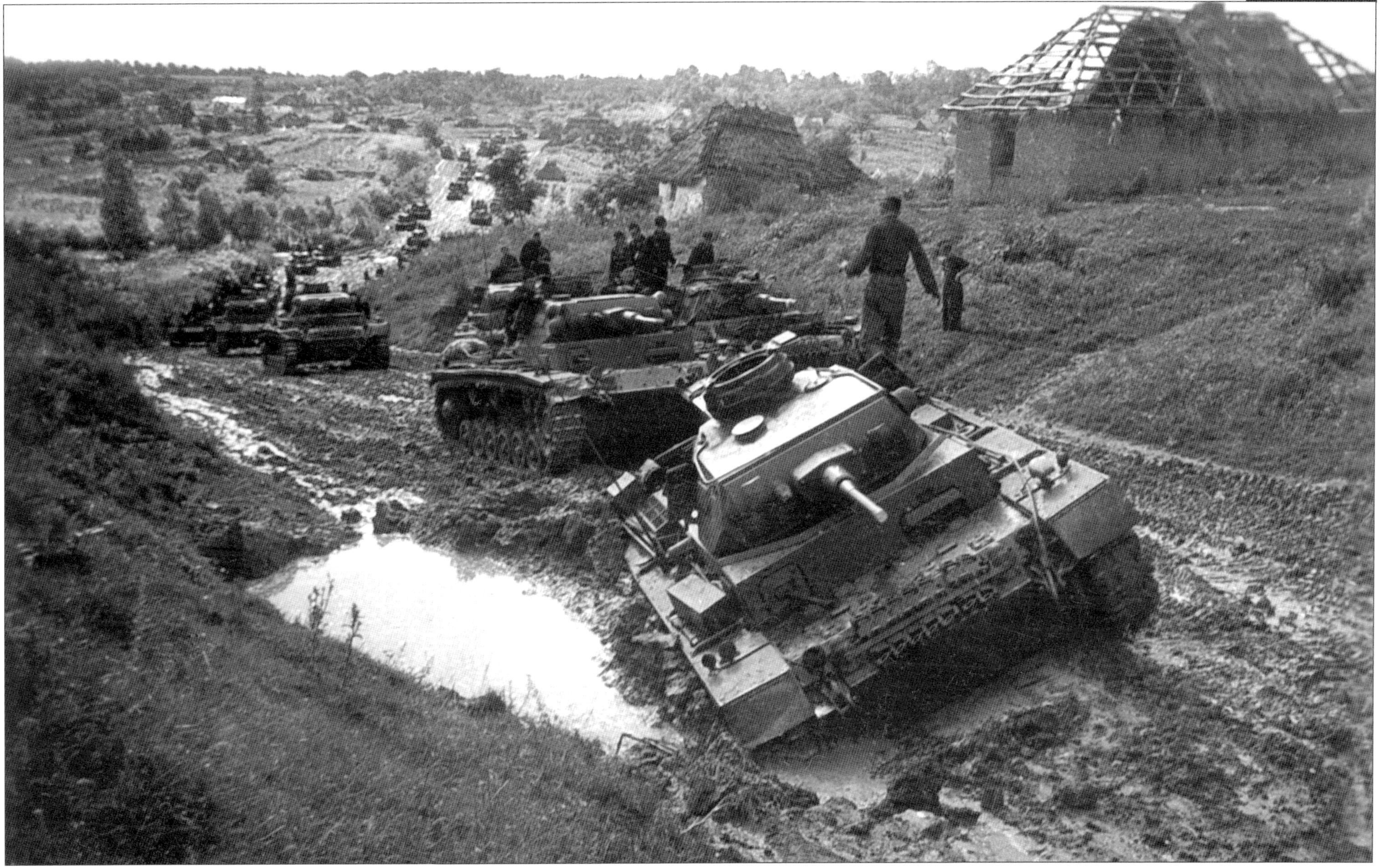

Jól látható az Ausf. G-k új parancsnoki kupolája és a kupolától balra elhelyezett kör alakú nyílás, amelyen keresztül a jelzésre szolgáló rakétapisztolyt működtethették. A képen körülbelül egy századnyi páncélos fedezhető fel. A folyamatosan változó előírásoknak köszönhetően többféle szervezettel is találkozhatunk. Voltak 17 és 22 kocsis páncélosszázadok is, ám ez egészen a háború végéig, alakulatokként folyamatosan változhatott.

The new commander's cupola and the rounded openings of the signal port of the Ausf. Gs can clearly be seen. A complete company is visible in this photograph. Thanks to the constantly changing rules, there were various order of battles. There were companies with 17 and also with 22 tanks, but this number was changing constantly until the end of the war.

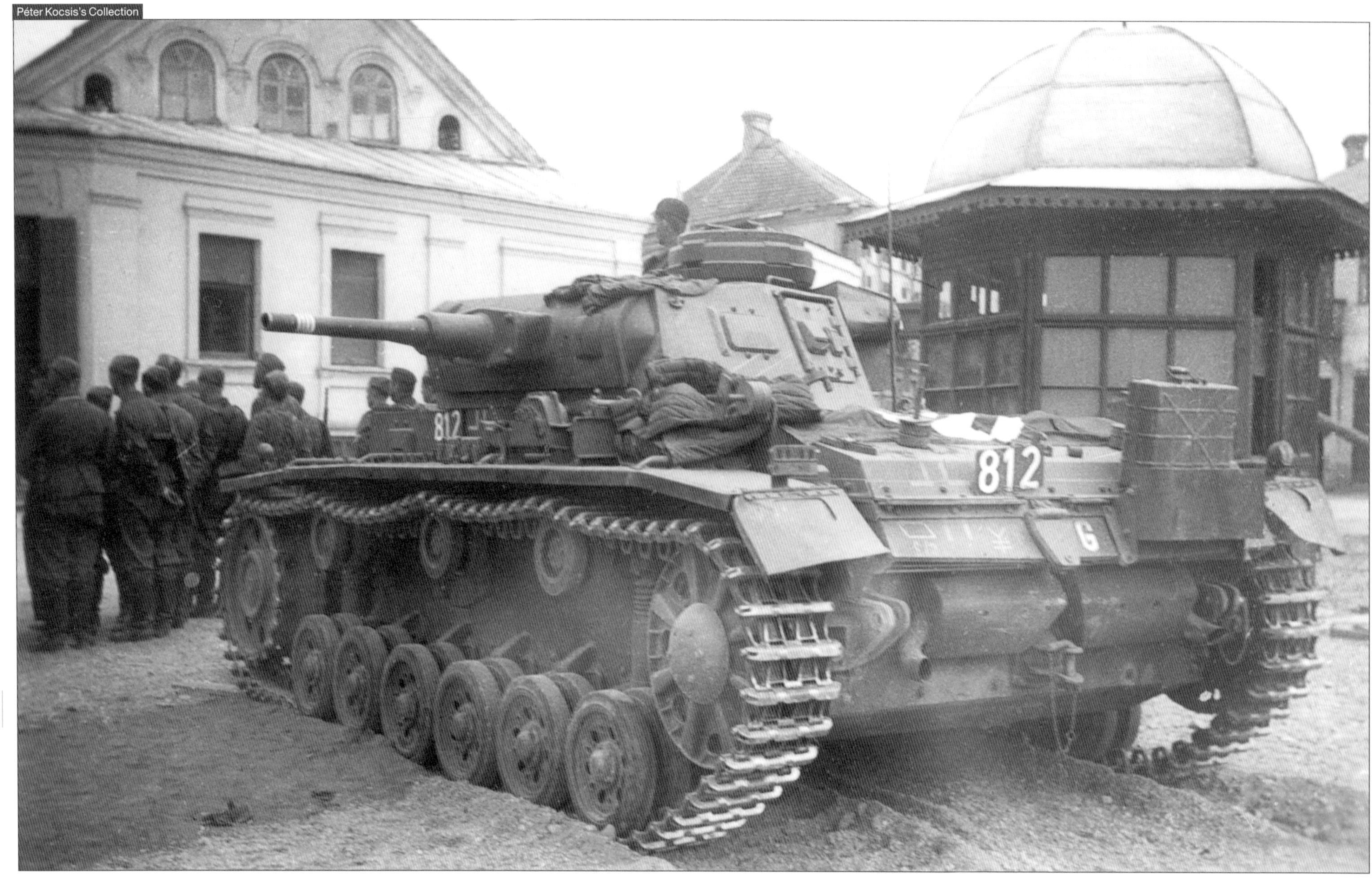

A 2. páncéloscsoport alárendeltségében harcoló német 17. páncéloshadosztály korai Pz. III Ausf. G-je. A kép a Szovjetunióban, Slonimnál készült 1941-ben. A motorteret beborítja a légi azonosításra szolgáló hadilobogó, mivel ekkor még a németek uralták a légteret. A farpáncélon található ködgránátvetők védőlemeze mögött egy kézigránátláda, a páncélos 5 cm-es lövegén pedig a négy ellenséges harckocsi felett aratott győzelmet jelző gyűrűk láthatóak.

Pz. III Ausf. G of the 17. Panzer-Division, subordinated to the Panzergruppe 2. The picture was taken in Slonim, Soviet Union in 1941. The air-recognition flag completely covered the engine deck because the Germans still had air-superiority at this time. A hand grenade case can be found behind the smoke grenade launcher's cover. Four killmarks refer to the crew's successes.

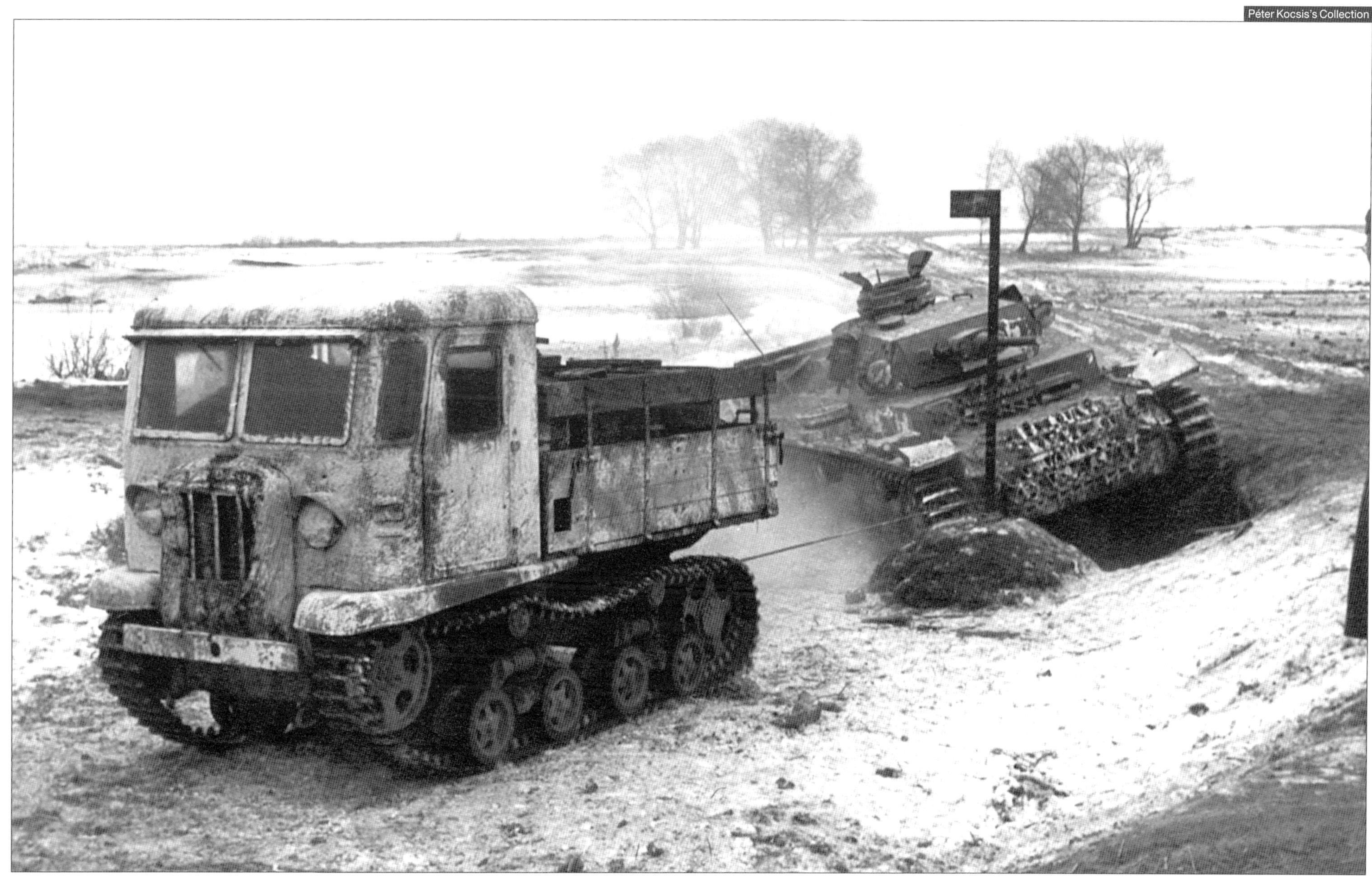

Ez a roppant érdekes felvétel egy elakadt Pz. III Ausf. G-ről készült Volokolamszknál, Moszkvától 129 km-re északnyugatra. Míg a szovjet eredetű, zsákmányolt STZ–5 vontató tisztességesen le van meszelve, addig a harckocsi csak hellyel-közzel kapott téli álcázást. A vontatandó páncélost egy stabilan rögzített rúdon átvetett kábellel próbálják meg kihúzni a slamasztikából.

This immensely interesting shot is of a bogged down Pz. III Ausf. G near Volokolamsk, 129 km northwest from Moscow. While the captured STZ–5 tractor was whitewashed accurately, the tank received a winter camouflage only partially. The STZ–5 tries to release the tank with a cable thrown around a firmly fixed rod, used as an anchor.

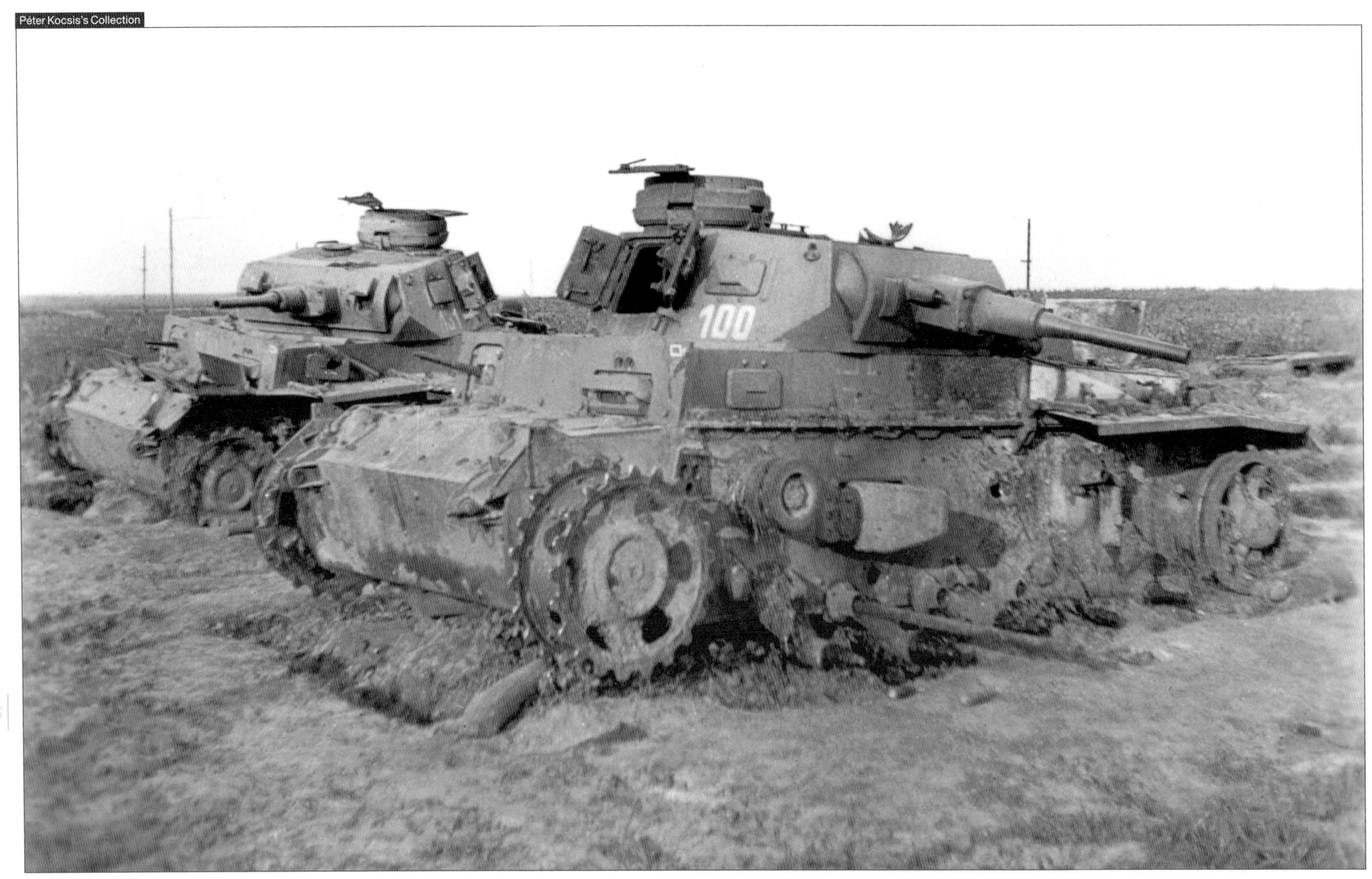

56

Ismeretlen alakulat 1. páncélosszázadának kilőtt Pz. III Ausf. H változatú harckocsijai. Jól láthatóak a páncélosszázadot jelző harcászati jelzések a harckocsik homlokpáncéljának bal felső sarkában. A századparancsnoki gép többek között pont itt kapott találatot, továbbá a teknő oldalán, a második és negyedik görgő lengőkarjánál találunk bemeneti nyílásokat. A másik páncélos pedig az oldalsó kitekintő nyílásánál sérült.

Wrecks of two Pz. III Ausf. Hs, which belonged to the 1. company of an unidentified unit. The company's tactical symbols are visible on the upper left corner of the frontal armour plate. The company commander's vehicle was hit exactly on that sign. Further penetrations can be found on the hull side, near the second and fourth road wheel swing arms. The other tank was damaged near the side visor.

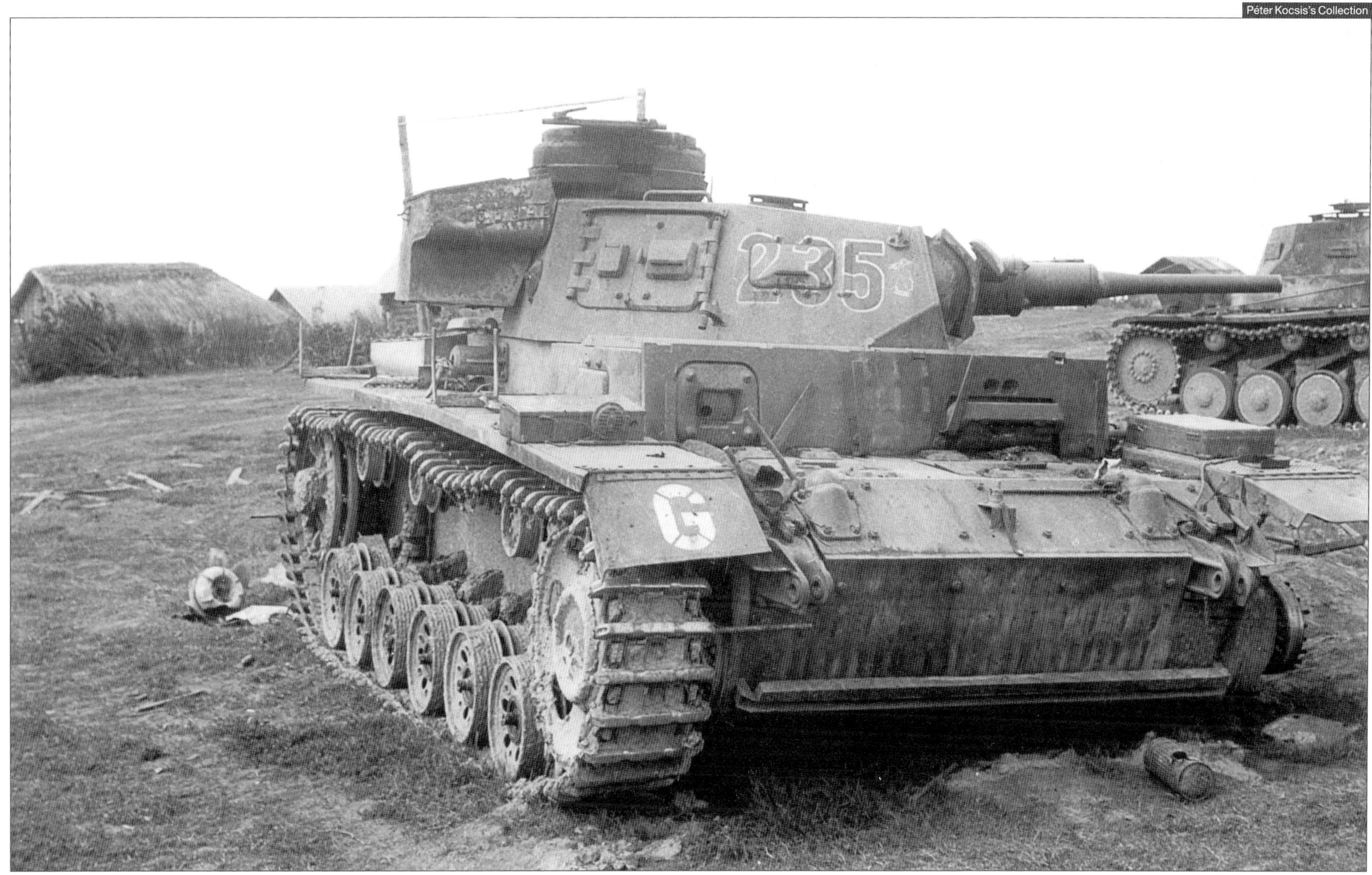

A német 26. páncéloshadosztály Pz. III Ausf. H páncélosa. A hadosztály-jelzés, egy gránátos katona fejének sziluettje kivehető a harcászati azonosítószám előtt a torony oldalán. A H változat tulajdonképpen csak a G megerősítése volt. Egy 30 mm-es páncéllemezt kapott a frontpáncélzatára, s az ebből adódó plusz súly miatt már 40 cm-re szélesített lánctalpú futóművet szerkesztettek hozzá.

Pz. III Ausf. H of the 26. Panzer-Division. The divisional insignia, the silhouette of a grenadier's head can barely be seen in front of the turret number. Actually the Ausf. H was a strengthened version of the Ausf. G: an additional 30 mm thick armour plate was added to the hull front and new, 40 cm wide track was introduced because of the extra weight.

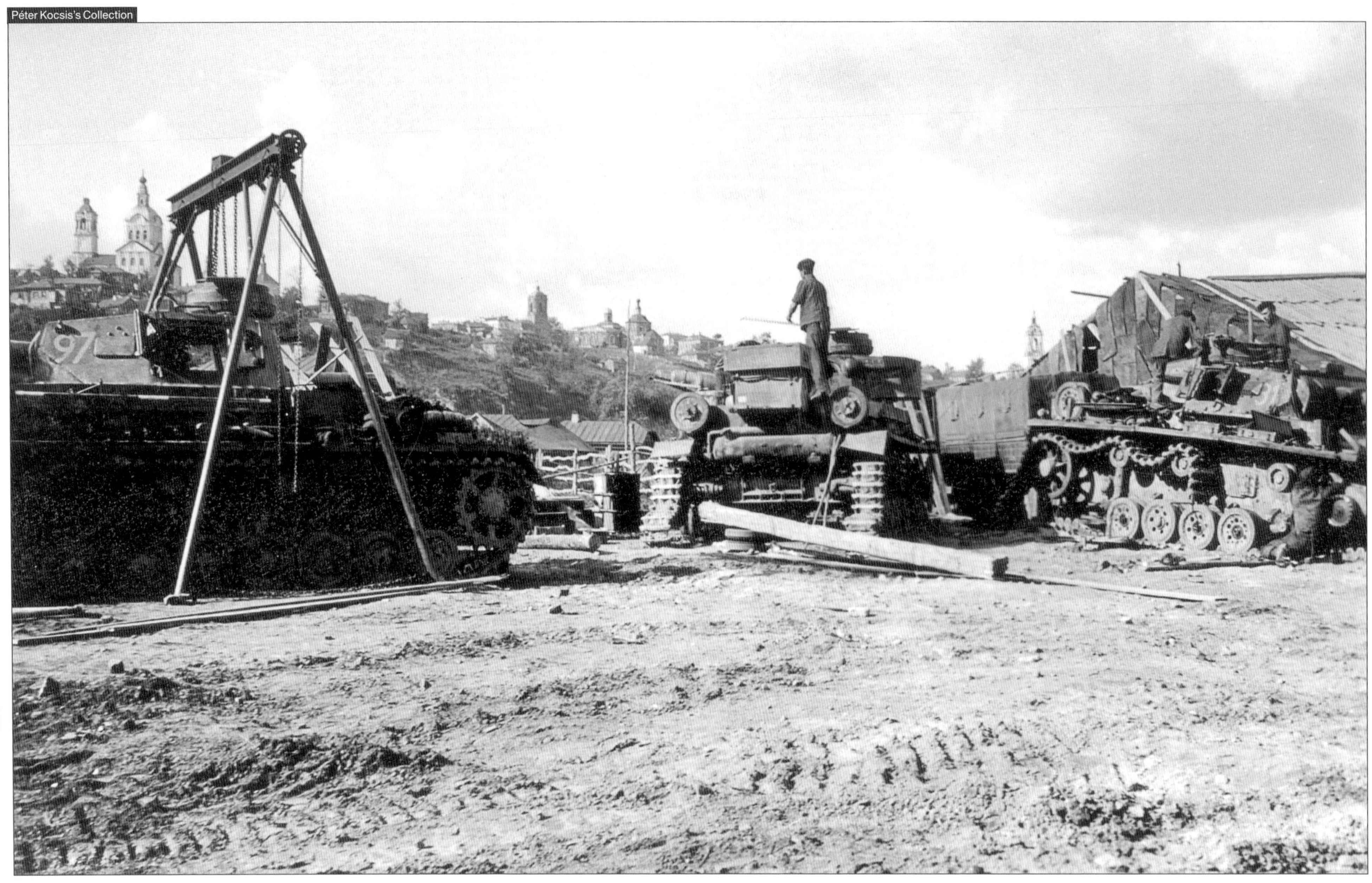

Annak ellenére, hogy nem az 1942 augusztusában készült kép főszereplője, mégis a jobb oldalon látható Pz. III Ausf. H teszi izgalmassá azt: egy nem túl gyakori, ún. *Tauchpanzer* (merülő páncélos), amelyet vízi átkeléshez alakítottak át. A parancsnoki kupolát, a búvónyílásokat és a fegyverzeteket gumiszigeteléssel látták el, jól látható – s erről ismerhető fel – a torony homlokpáncélja körüli megerősítő lemez, amely a szigetelését rögzítette.

Although it is not the main subject of this photograph, taken in August 1942, the Pz. III Ausf. H on the right makes it even more interesting: this is a rare, so-called *Tauchpanzer* (submersible tank), which was constructed for underwater crossing. The commander's cupola, the hatches and the armament were covered with rubber sheeting. The device on the mantlet that kept the rubber in place is visible.

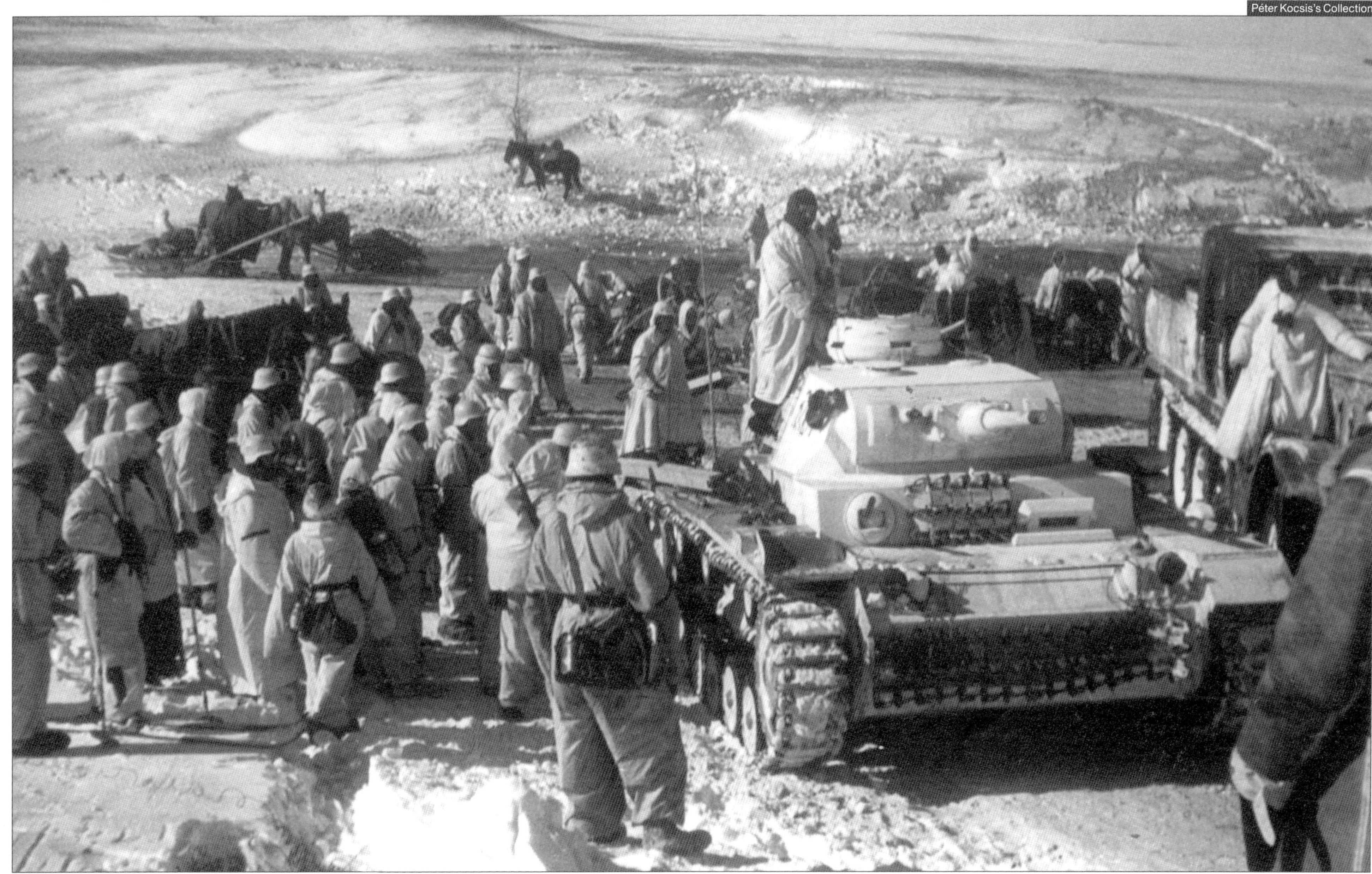

A Pz. III Ausf. J változatot már 50 mm-es frontpáncélzattal gyártották. Ennek a változatnak ez az egyik legjellemzőbb ismertetőjegye, továbbá az új típusú vonószem is, amelyet a páncélteknő oldallemezéből alakítottak ki, ellentétben a korábbi, csavarozott változattal. A képen egy korai változat látható, amelynek 5 cm-es, de még L/24-es lövege van. A harckocsi mellett egy Sd.Kfz. 9 féllánctalpas vontató áll. 1941 elejétől 1942 közepéig 2616 darab J változat épült.

The Pz. III Ausf. J was already produced with 50 mm front armour, which was the most typical feature of this version, besides the new type of towing eye cut from the extended hull side. This is an early version with the shorter 5 cm L/24 gun. Next to the tank there is a Sd.Kfz. 9 heavy prime mover. From the beginning of 1941 to the middle of 1942, 2616 units of the J version were produced altogether.

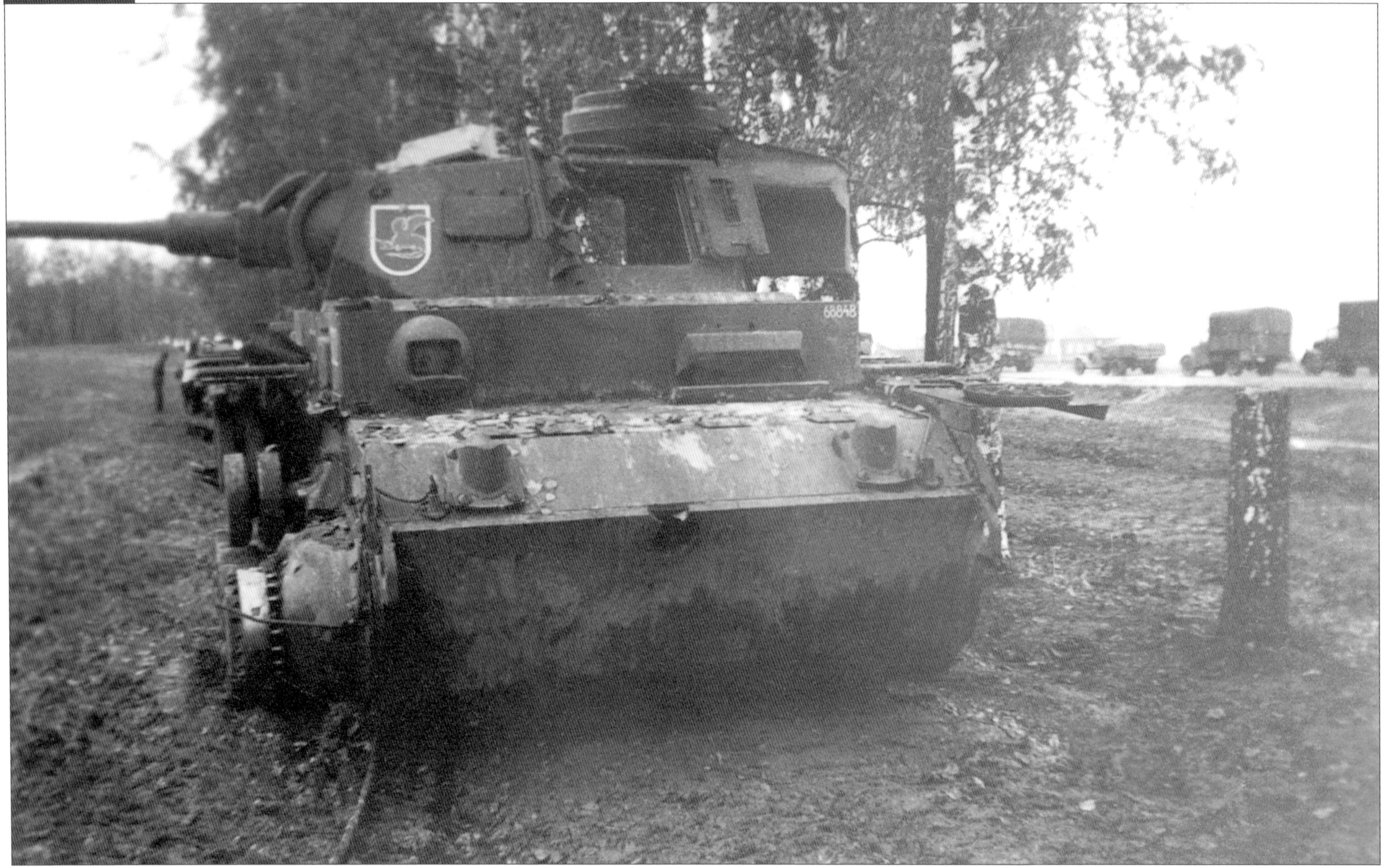

A német 2. páncéloshadosztály 3. páncélosezredének elhagyott Pz. III Ausf. J korai gyártású harckocsija 1942-ben Vjazmánál. Ennél a változatnál már nem a korábbi, csavarozott vonóhorgokat alkalmazták, mivel azok a tapasztalatok alapján könnyen sérültek, törtek. A J verziótól kezdték el alkalmazni az ún. *Kugelblendét*, a homlokgéppuska újfajta házát.

An abandoned, early Pz. III Ausf. J of the Panzer-Regiment 3., 2. Panzer-Division at Vyasma, in 1942. Based upon experience, they did not use the earlier, bolted towing eyes because they were easily damaged and broken. From the Ausf. J onwards, a new mount for the radio-operator's machine gun, the *Kugelblende*, was fitted.

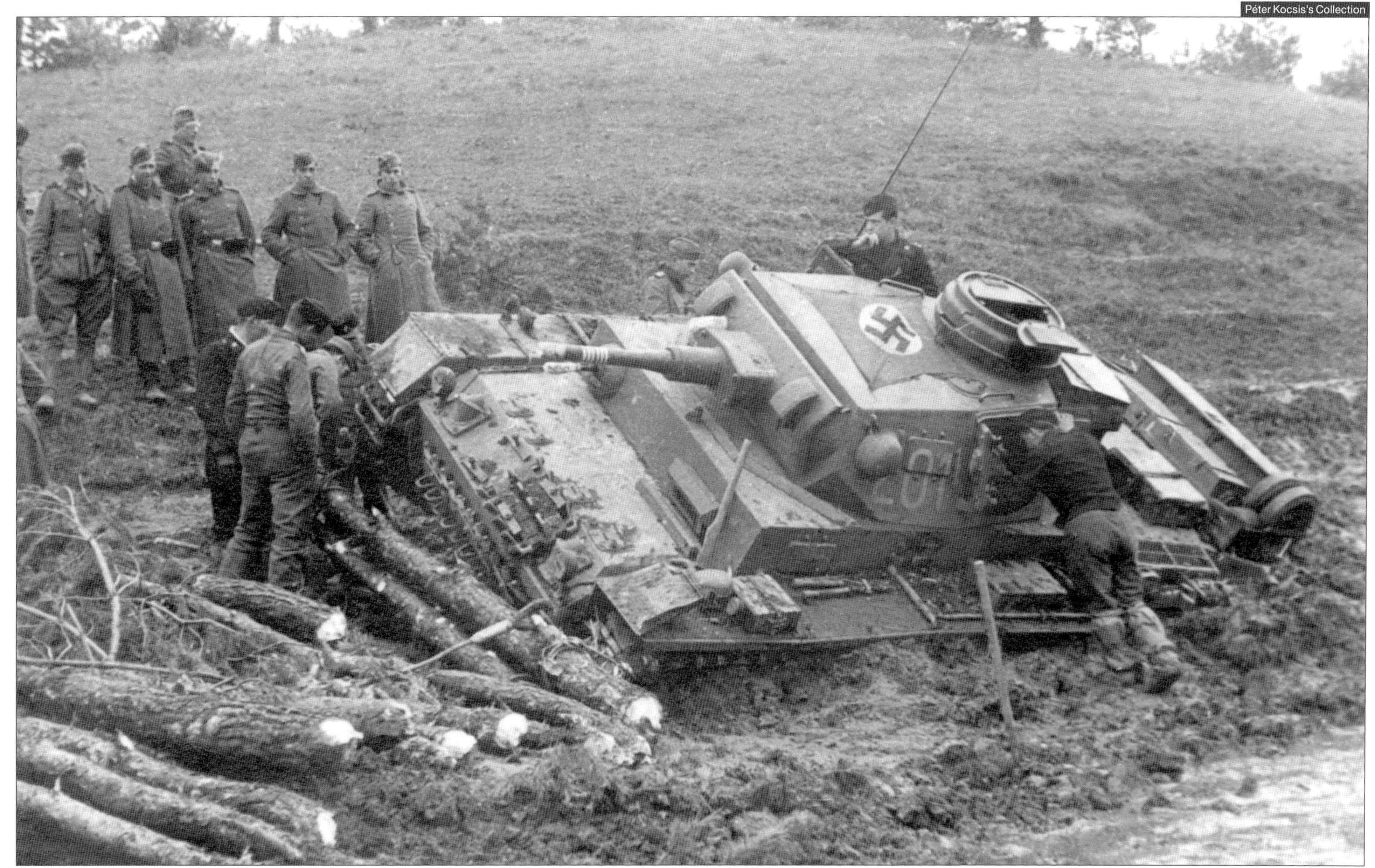

Sajnos a kép minősége miatt nem lehet eldönteni, hogy ez a Pz. III Ausf. J a német 17. vagy 18. páncéloshadosztályhoz tartozott-e. Mindkét alakulat jele egy „Y" volt, előbbi kettő, utóbbi három vízszintes áthúzással. Ez a harckocsin a homlokgéppuskától balra látható, de pontosan nem azonosítható. A jobb sárvédőn a Guderian vezette 2. páncéloscsoport jele, a lövegcsövön hat győzelmi gyűrű, a tornyon pedig a légi azonosításra kifeszített lobogó látható.

It is difficult to determine whether this Pz. III Ausf. J belonged to the 17. or the 18. Panzer-Division. While both units' symbol were a "Y", the former had two and the latter had three horizontal bars crossing it. This can be seen on the left of the radio-operator's machine gun, however it is difficult to identify exactly. The insignia of Guderian's Panzergruppe 2 can be seen on the right mudguard. There are six killmarks on the barrel, and the air-recognition flag is fixed onto the top of the roof.

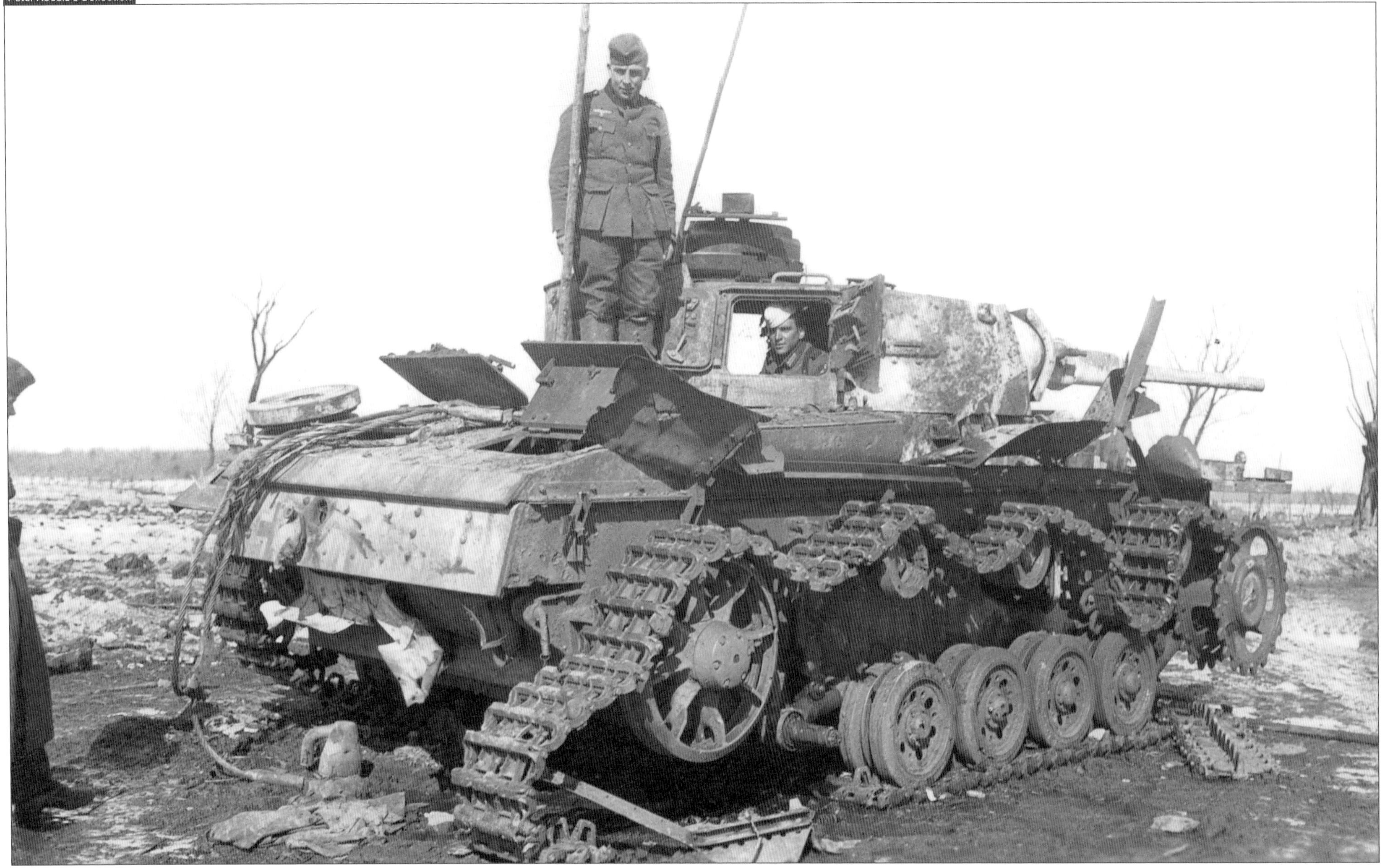

Ezen a két képen egy kilőtt, elhagyott Pz. III Ausf. J látható. A változat könnyen beazonosítható az indítókar behelyezésére szolgáló új nyílásról a páncéltest hátulján, illetve a lemezről, amely a port térítette el a motor levegőrendszerétől, amelynek jobb oldala jelen esetben erősen deformálódott. Nem igazán látható különbség a korábbi változatokhoz képest a kipufogó mögötti és alatti lemezek megvastagítására használt 50 és 30 mm-es páncéllemez.

The same, knocked out and abandoned Pz. III Ausf. J can be seen in both of these photos. This version can easily be identified by the new style of starter crank cover and the bent metal sheet to divert the dust from the engine's air cooling system. However the difference is not really visible, but on this version they used 50 and 30 mm additional armour plates behind and under the exhaust pipes.

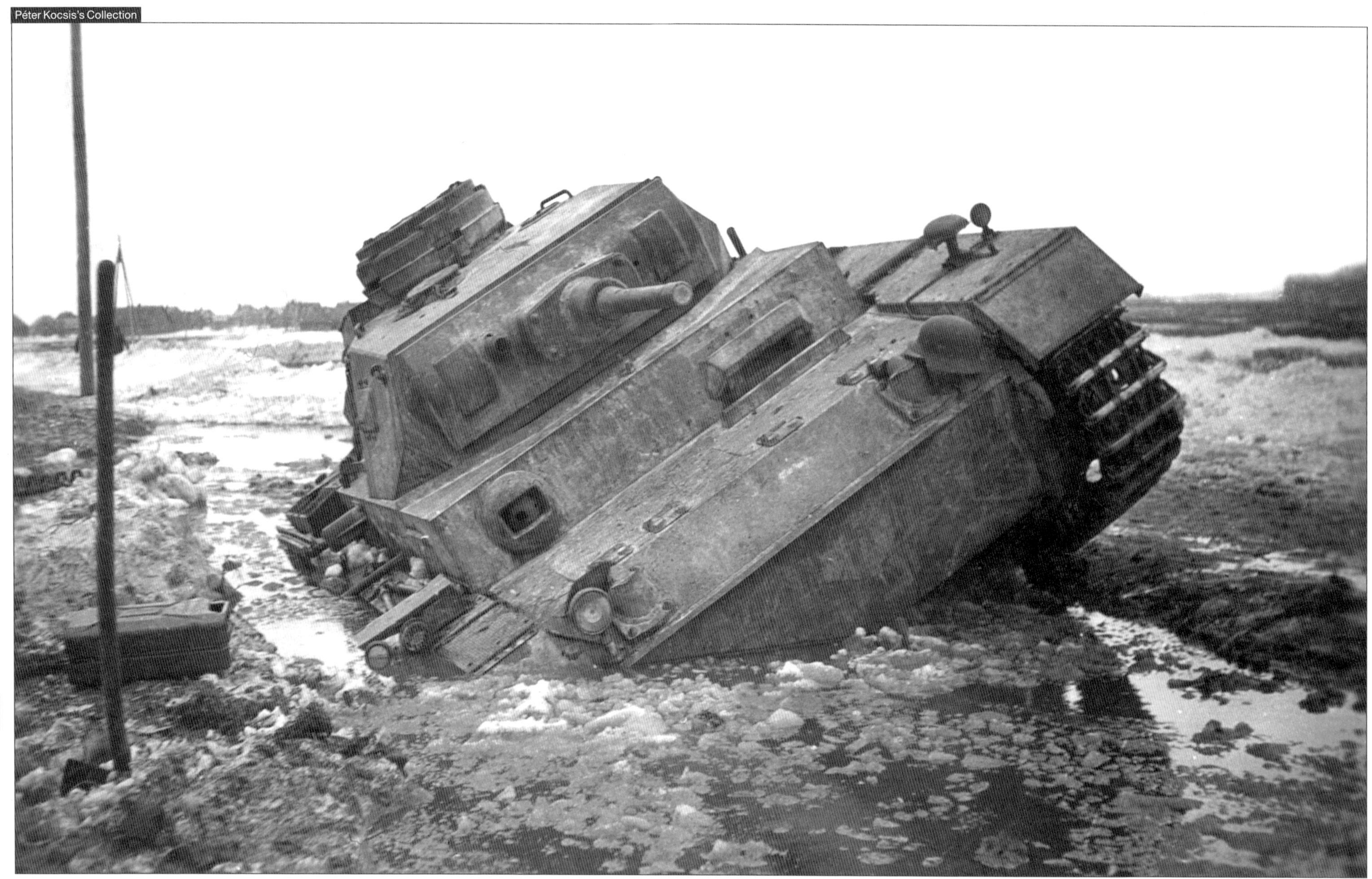

64

Vityebszk, 1942. április. A jég túl vékonynak bizonyult a Pz. III Ausf. J súlyához képest, ezért beszakadt alatta. Több esetben előfordult, hogy ilyenkor csak a jégolvadás beálltával, kedvezőbb körülmények közepette láttak neki a műszaki mentésnek. Addig is, ahogy az látható, a géppuskákat (és valószínűleg a rádiókészüléket is) kiszerelték a páncélosból.

Vitebsk, April 1942. Due to the weight of this Pz. III Ausf. J, the ice proved to be too thin and collapsed. In most cases, the recovery units had to wait until it melted so that they could tow the tank out of the water. Once the accident occurred, the crew removed the machine guns (and probably the radio also) from the vehicle.

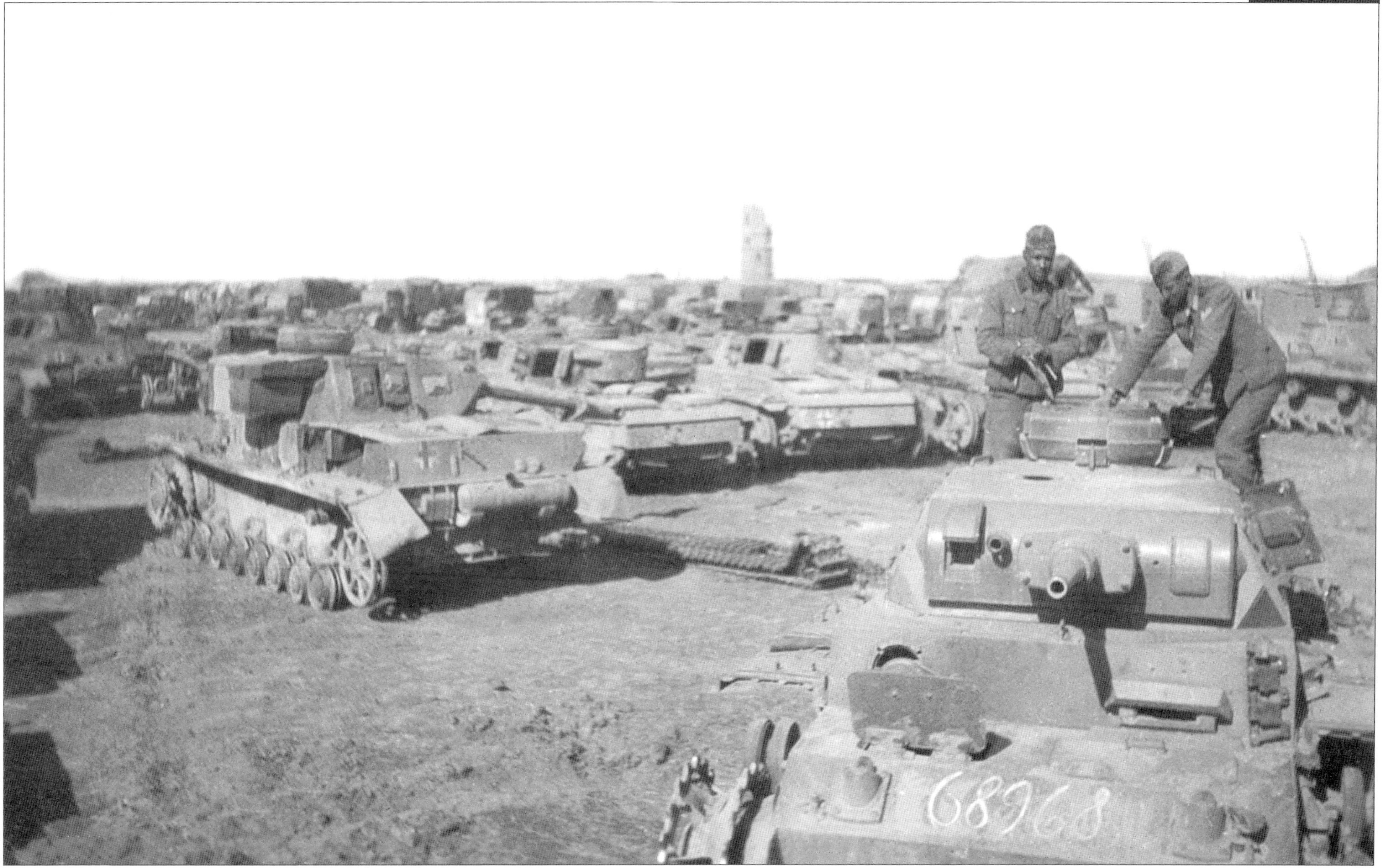

Egy korai, még L/42-es löveggel szerelt Pz. III Ausf. J és megannyi különböző harckocsi egy gyűjtőtelepen. A J változatok párhuzamosított géppuskájának már páncélozott védő-borítása volt, ez jól látható a löveg mellett.

An early Pz. III Ausf. J armed with an L/42 gun plus a number of other different tanks in a junk yard. The J version's co-axial machine gun already have armoured covers as shown in this picture.

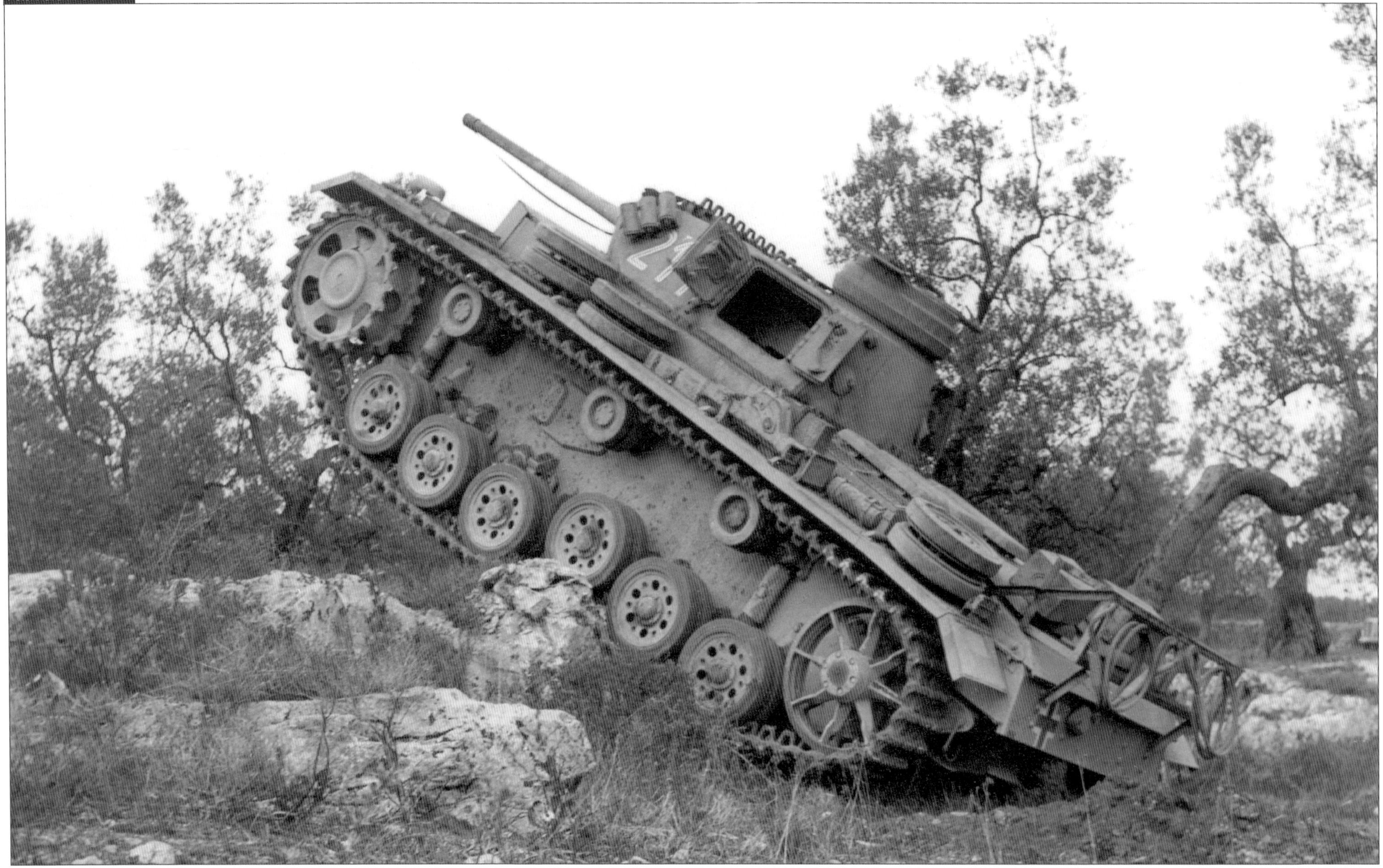

A következő két felvételen egy gyönyörű, új állapotú, bevetést még szinte biztosan nem látott Pz. III Ausf. J változatot figyelhetünk meg Görögországban. Jól látható, hogy a torony oldalán található ajtók belseje, a szerszámok, az antenna, a vontatókábelek, a motortérre helyezett két faláda, de valószínűleg még a tartalék futógörgők gumija is sárgára lett festve.

Pictures of a brand new, beautiful Pz. III Ausf. J in Greece, which has probably not yet seen combat. The inside of the turret side hatches, the tools, antenna, towing cables, two wooden boxes on the engine deck and even the tyres were painted dark yellow.

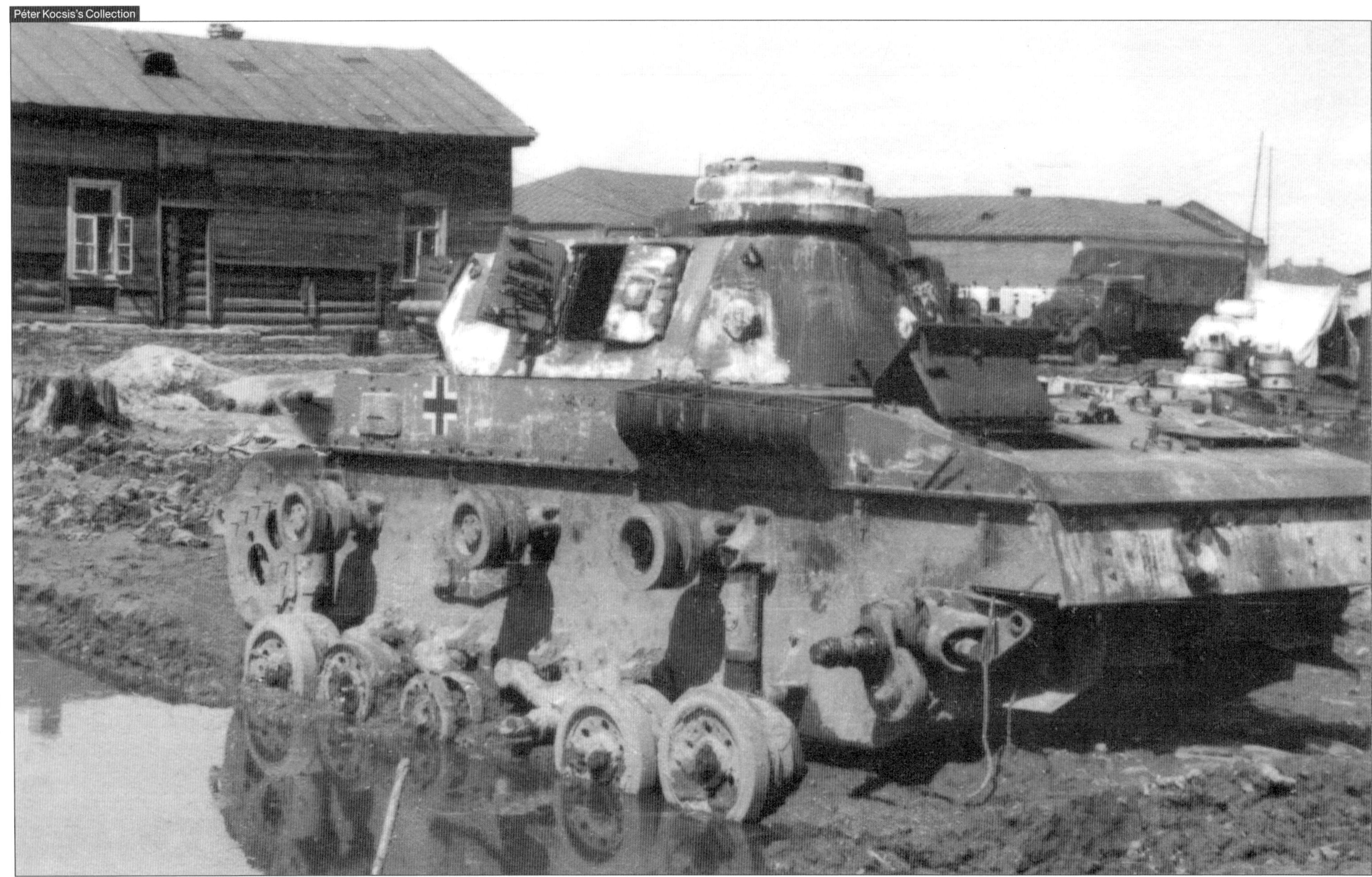

A képen valószínűleg egy Pz. III Ausf. J-t láthatunk, a korai, L/42-es űrméret hosszúságú löveggel a Szovjetunióban, Vjazmánál. Foltokban még látszik a téli álcázás fehér színe, bár a páncélos nagyjáról már lekopott. A járművet minden bizonnyal végleges veszteségként leírták, és felhasználható alkatrészeit más, javításra szoruló páncélosokba építették be.

Possibly a Pz. III Ausf. J, armed with the early L/42 gun in Vyazma, Soviet Union. The remnants of whitewash can just be seen in small patches, but has worn away from the rest of the tank. The vehicle was certainly a total write off and its useful parts were reused in other repairable tanks.

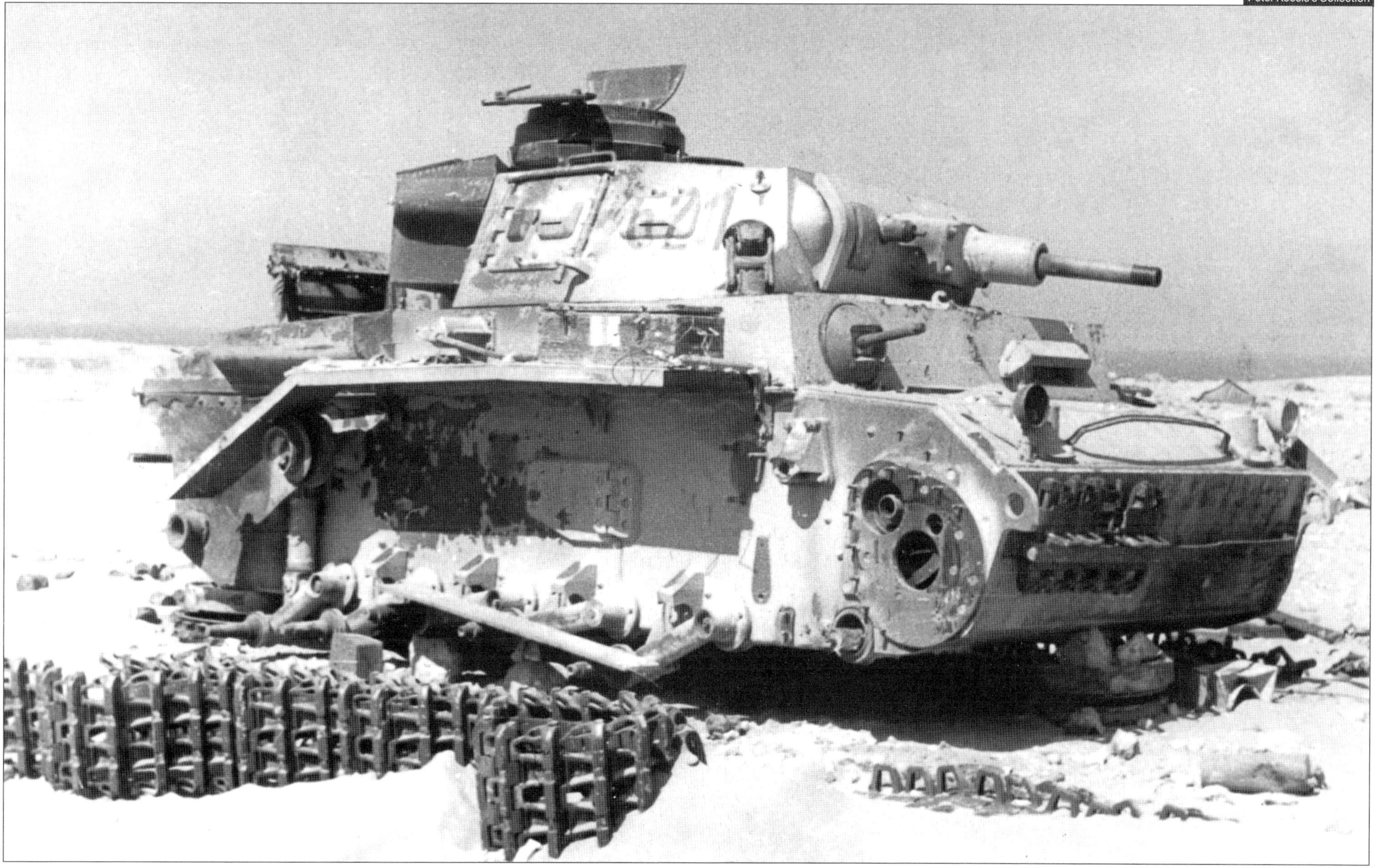

Jól megfigyelhető a sötétszürke alapszínről lehámló sivatagi álcázó homokszín ezen a Pz. III Ausf. J-n. A páncélosról szinte minden mozdítható és hasznosnak talált alkatrészt elvittek. A páncélteknő homloklemezén érdekes nyomokat hagytak a pótlánctagok és úgy tűnik, az 5 cm-es löveget a bőrből készült védőkupakjával együtt festették le.

The desert camouflage paint is peeling off the standard dark grey base colour of this Pz. III Ausf. J. Almost all movable and useful parts were taken from the tank. The spare track links left interesting marks on the lower hull front and it seems as though the 50 mm gun was repainted with its leather cover tube on.

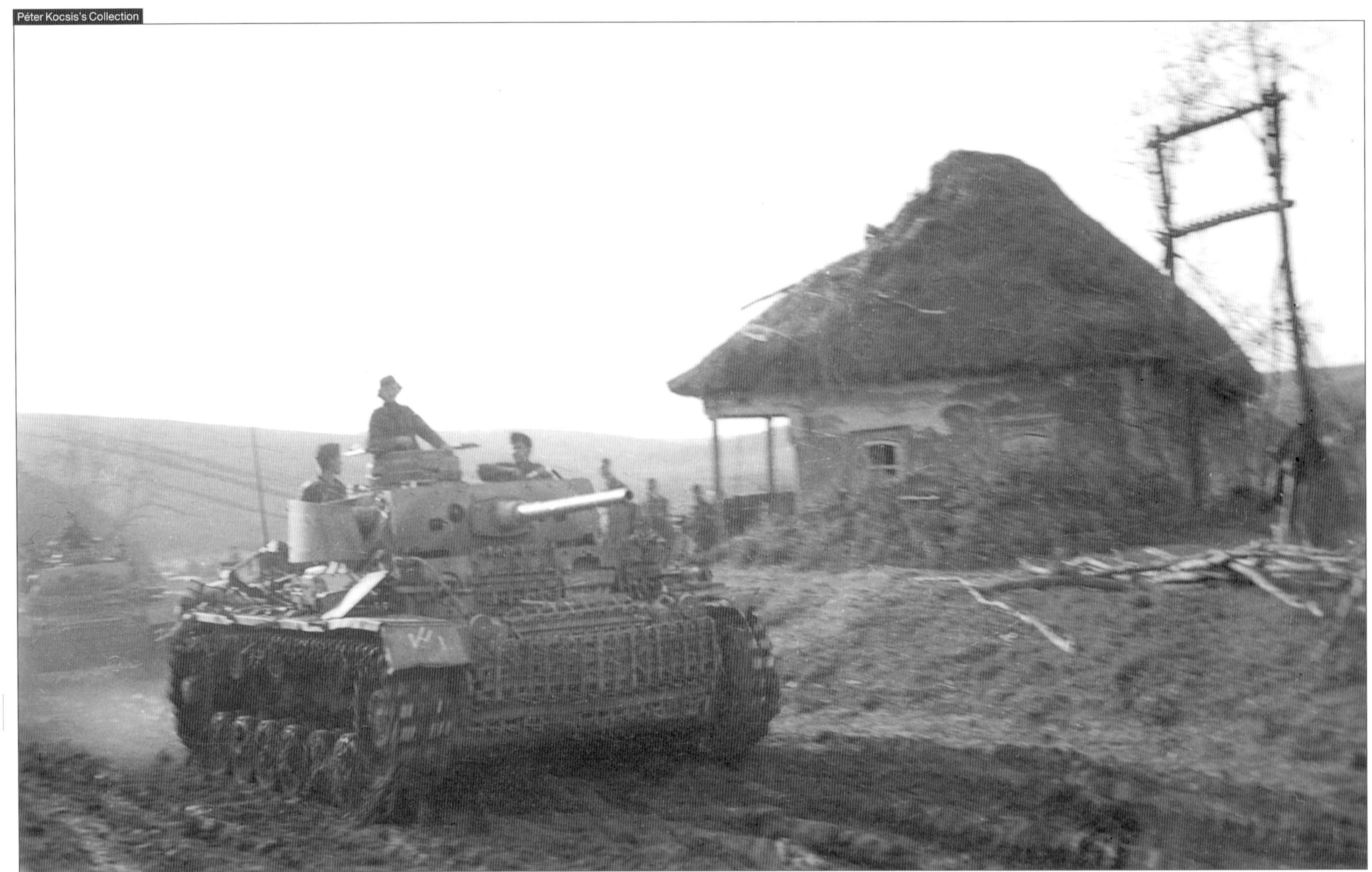

Utólag a Pz. III Ausf. J-ket is ellátták kötényezéssel. Ezek a változatok arról ismerhetőek fel, hogy a lövegpajzs pótpáncélján kettővel több lyukat vágtak ki a kitekintő nyílások miatt. Figyeljük meg, hogy a személyzet milyen sok pótlánctagot halmozott fel a harckocsi elején a páncélvédelem növelésének érdekében! A jobb sárvédőn látható jelzés alapján a páncélos a 201. páncélosezred 1. századához tartozott.

The Pz. III Ausf. Js were subsequently equipped with skirts. These versions are recognisable by the two additional holes on the mantlet visors. Note the large number of spare track links piled up on the tank's front in order to increase armour protection. According to the symbol on the right mudguard this Panzer belonged to the 1./Pz.Rgt.201.

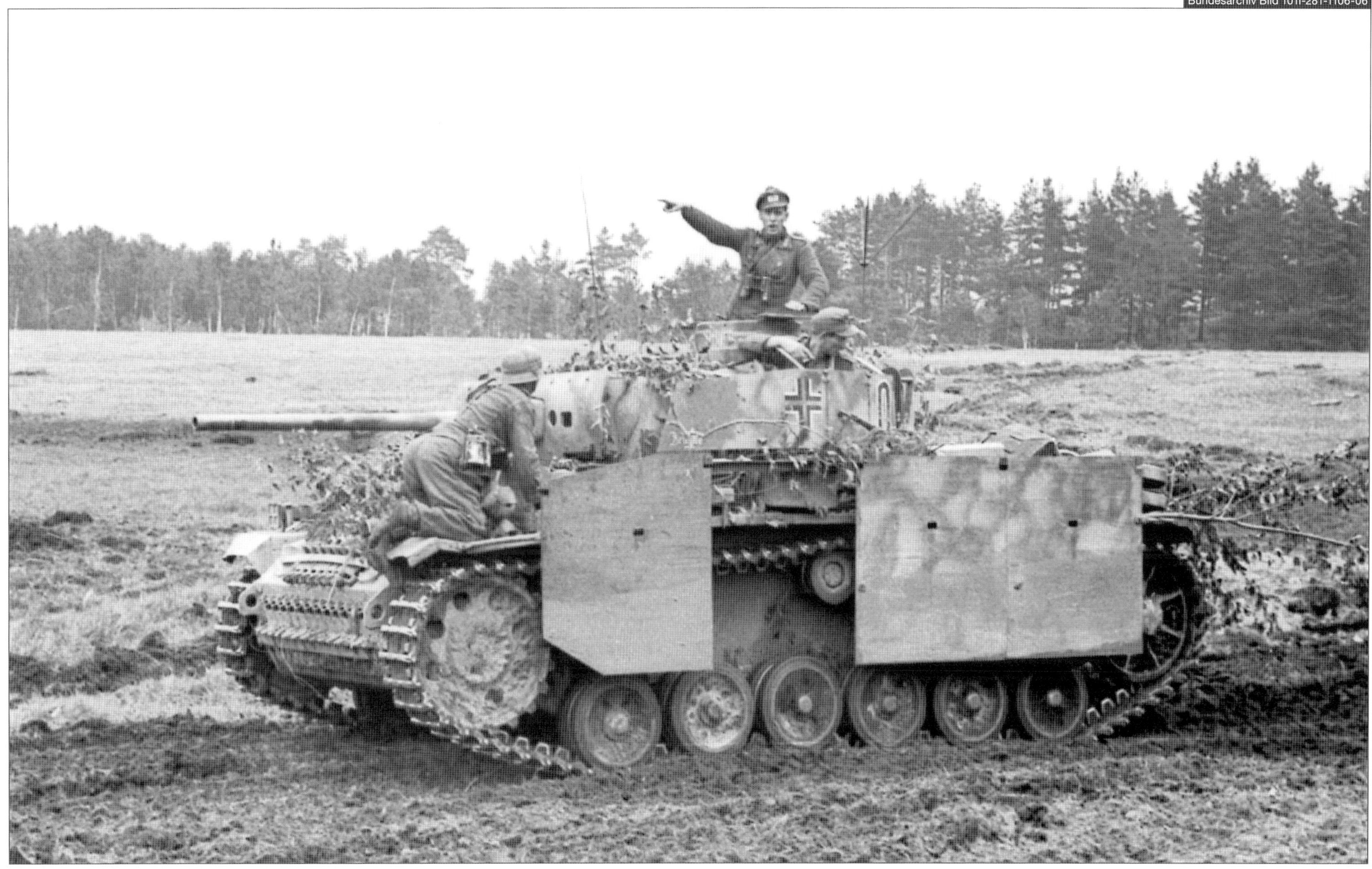

1944-ben a Pz. III-ok már sem nyugaton, sem keleten nem vehették fel a versenyt ellenfeleikkel szemben alapharckocsiként. Kiválóan megfeleltek azonban olyan fontos feladatokra, mint a tüzérségi megfigyelő vagy parancsnoki harcjármű. Ezen az ezred- vagy osztályparancsnoki *Panzerbefehlswagen* III Ausf. L vagy M változaton több érdekesség is található: az úgynevezett csillagantennát oldalt rögzítették, a jármű meghajtókereke pedig egy korábbi változat.

In 1944, the Pz. IIIs could not stand up against their opponents as main battle tanks on the Western or Eastern fronts. However, they were remarkably effective as artillery observers or command tanks. This regimental or battalion commander's *Panzerbefehlswagen* III Ausf. L or M has some interesting features: the star antenna was fixed on the side of the vehicle instead of the rear, and the drive sprocket is an earlier version.

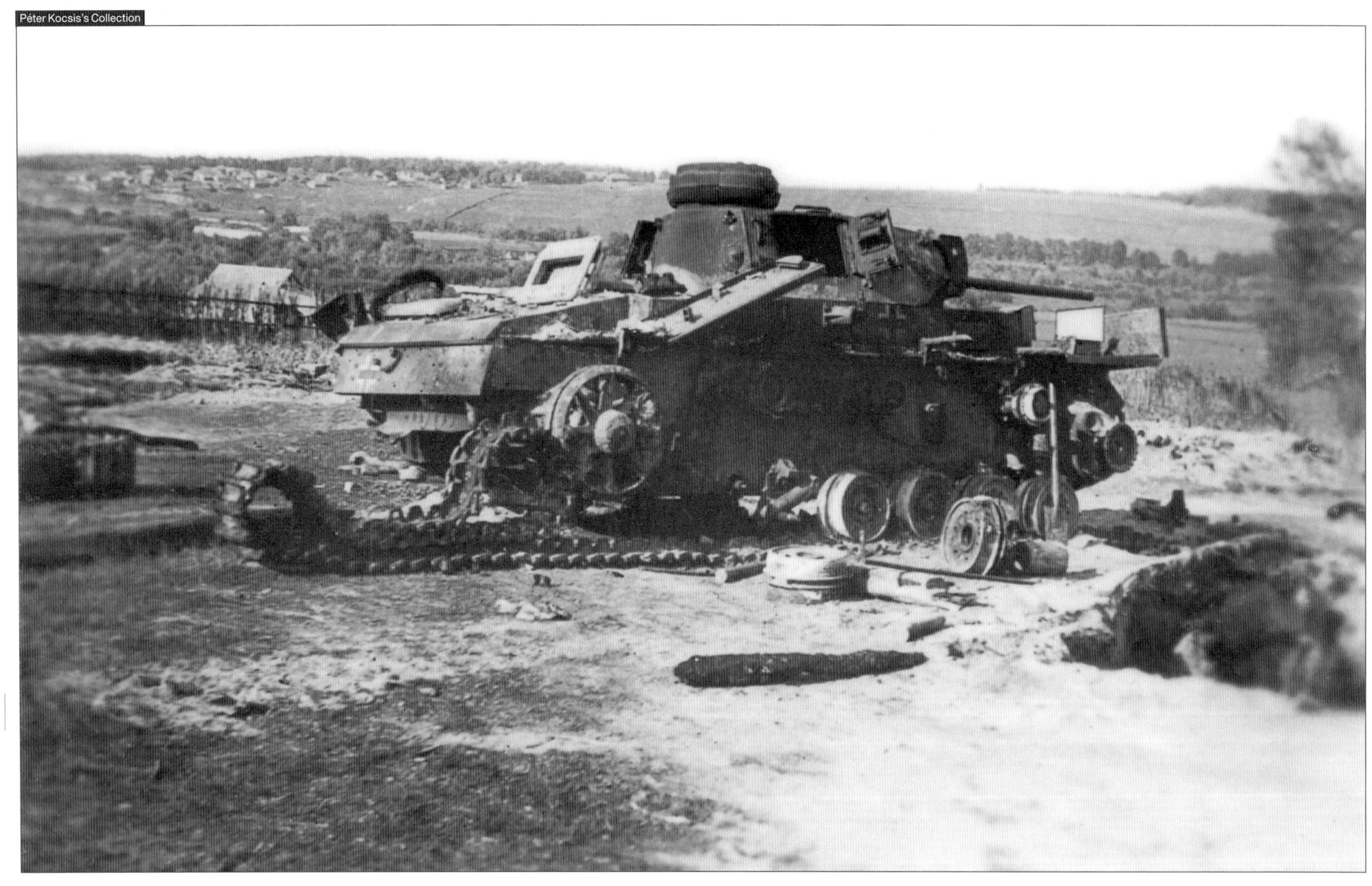

72

Elhagyott Pz. III Ausf. L valahol a keleti fronton. 1942 közepére a szövetséges harckocsikkal szemben a Pz. III elérte teljesítőképessége határát. Az L változatnak minimálisan még megnövelték a páncélzatát (50-ről 57 mm-re), illetve további pótpáncélzattal látták el, de komolyabb fejlesztést már nem viselt el az amúgy rendkívül jól megtervezett és bevált konstrukció.

An abandoned Pz. III Ausf. L somewhere on the Eastern front. By the middle of 1942 the Pz. III reached the limit of its efficiency against the Allied tanks. The Ausf. L had a slight increase in armour thickness (from 50 to 57 mm), and has been upgraded with additional armour, but this otherwise well-constructed vehicle could not bear any considerable development.

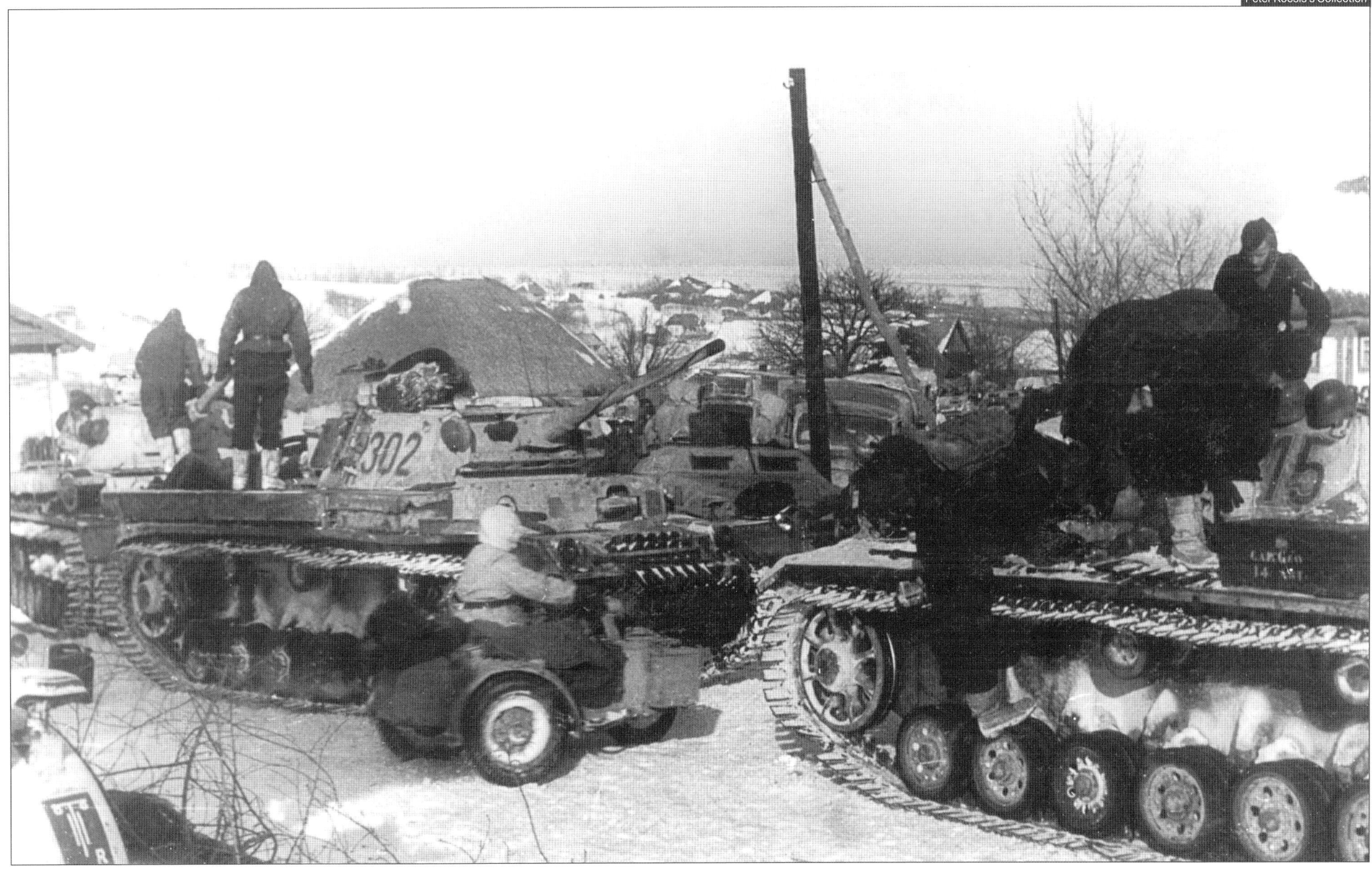

Winterkettével (téli lánctalppal) felszerelt Pz. III Ausf. L változatok bevetésre indulnak. Sajnos alakulatjelzés nem látható a páncélosokon, a harcászati azonosítószám valószínűleg piros. Bár a pótpáncélzat távtartói fel vannak szerelve mind a homlokpáncélon, mind a lövegpajzson, csak az előbbiekre rögzítették a páncéllemezt. A kép bal sarkában, a teherautó sárvédőjén látható harcászati jelzés egy gépvontatású tarackos üteget takar, az „R" betűjelzés egyelőre sajnos ismeretlen.

Pz. III Ausf L's with *Winterkette* (winter track) at the start of an attack. Unfortunately the unit insignia cannot be seen, but the numbers are probably red. Although the spacers are mounted both on the hull front and the mantlet, only the former has its armour plate. The tactical sign seen on the truck fender in the lower left of the picture belonged to a towed howitzer battery. The meaning of the letter "R" is unknown.

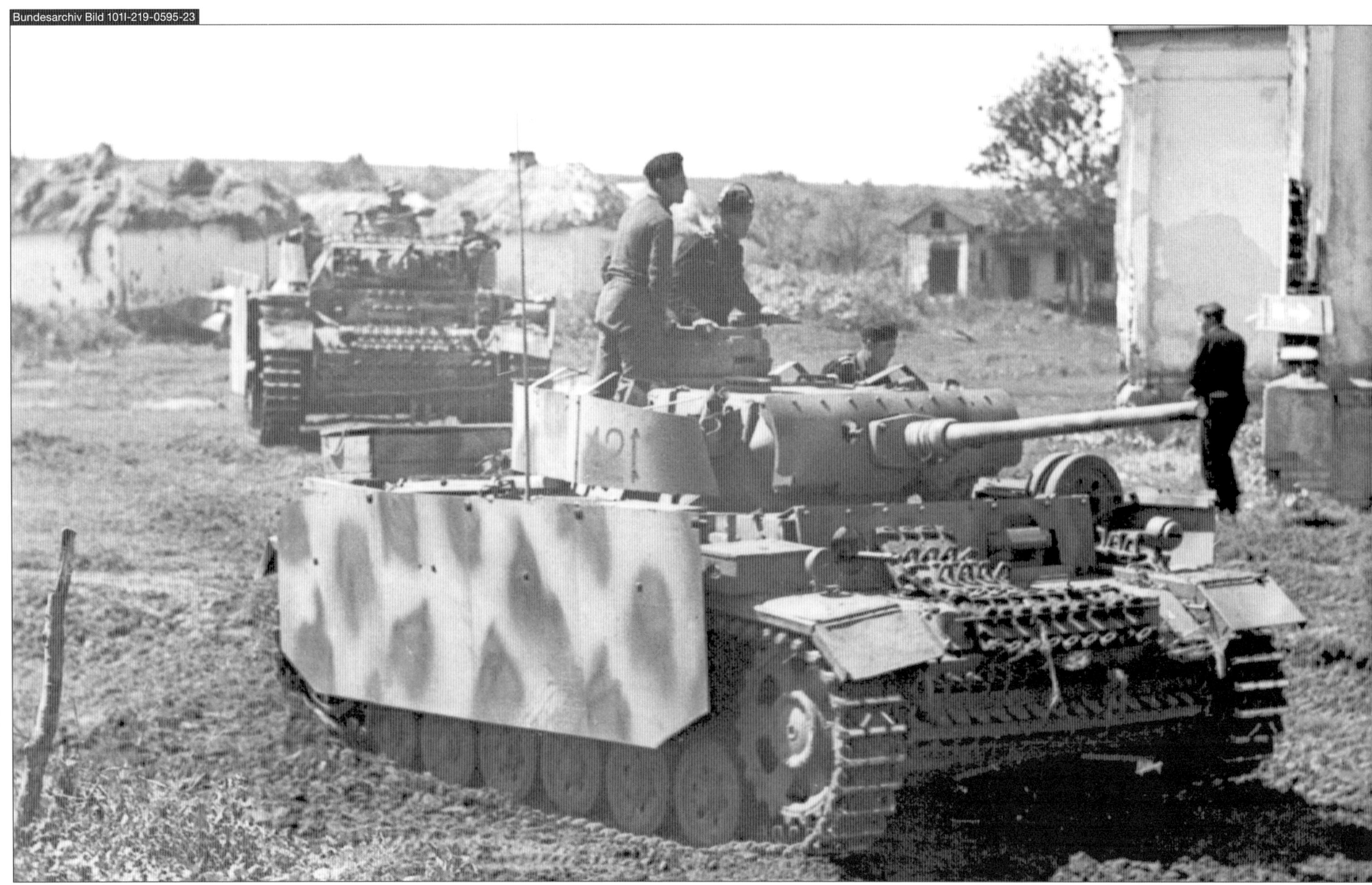

Két kép, egy helyszín és időpont. A Pz. III Ausf. M volt a típus utolsó új változata. Az Ausf. N-ek korábbi harckocsik átfegyverzéséből készültek, amelyek gyalogsági támogató feladatkörben alkalmazott páncélosok voltak. A megrendelt M verzióból mindössze 250 darab készült. A leglényegesebb különbség az L változathoz képest az 1,5 méter mély vízi akadályok leküzdéséhez kifejlesztett kipufogó-rendszer volt. A Pz. III gyártása 1943 augusztusában befejeződött.

Two pictures; same place, same time. The Ausf. M was the last new version of the Pz. III – the Ausf. N was a rearmed version of the earlier tanks and was used in an infantry support role. Only 250 Ausf. M were manufactured, and compared to the L version, the most significant difference was the new deep wading exhaust system, developed for crossing water up to 1.5 m deep. Production of the Pz. III ended in August 1943.

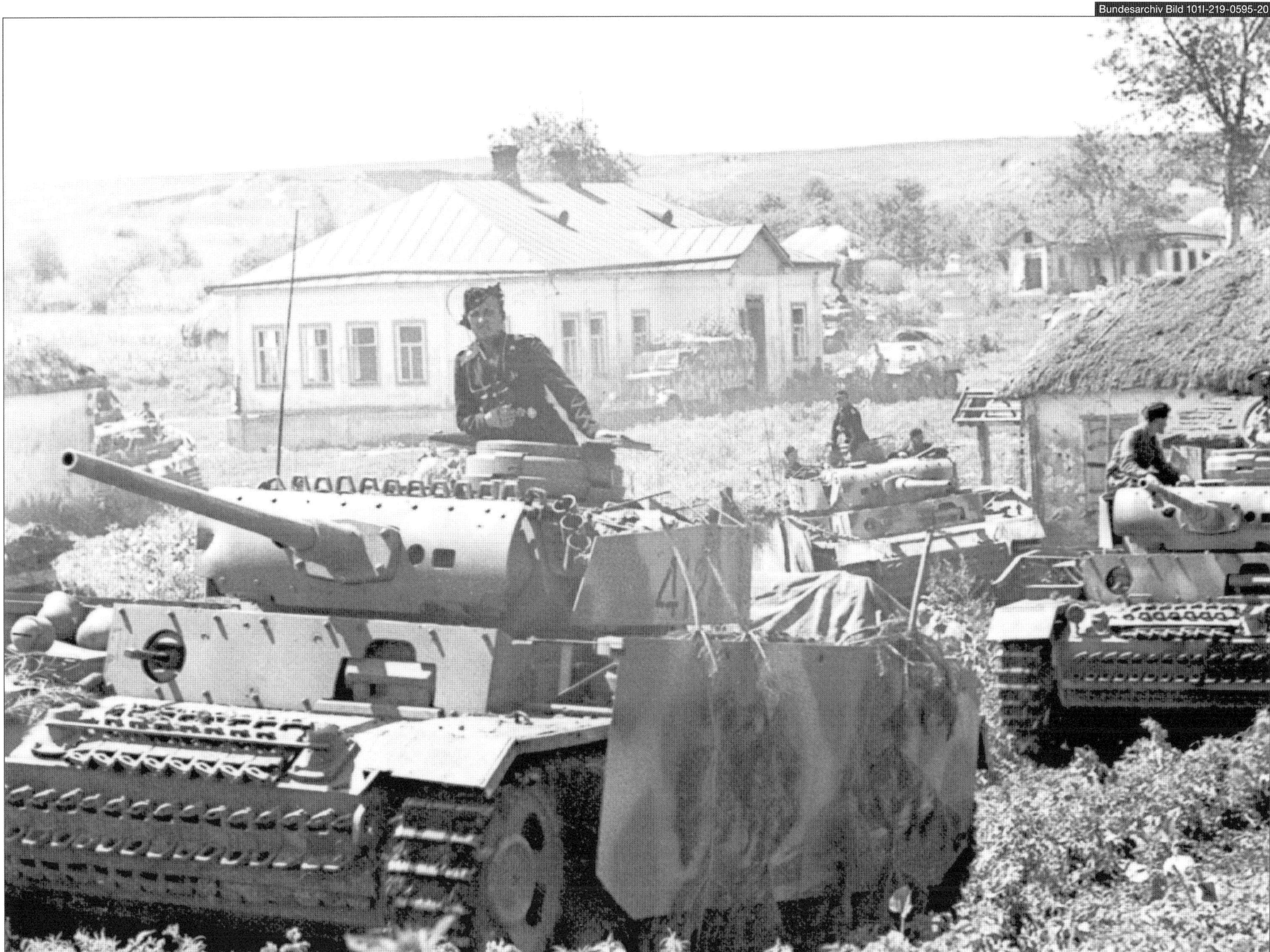

75

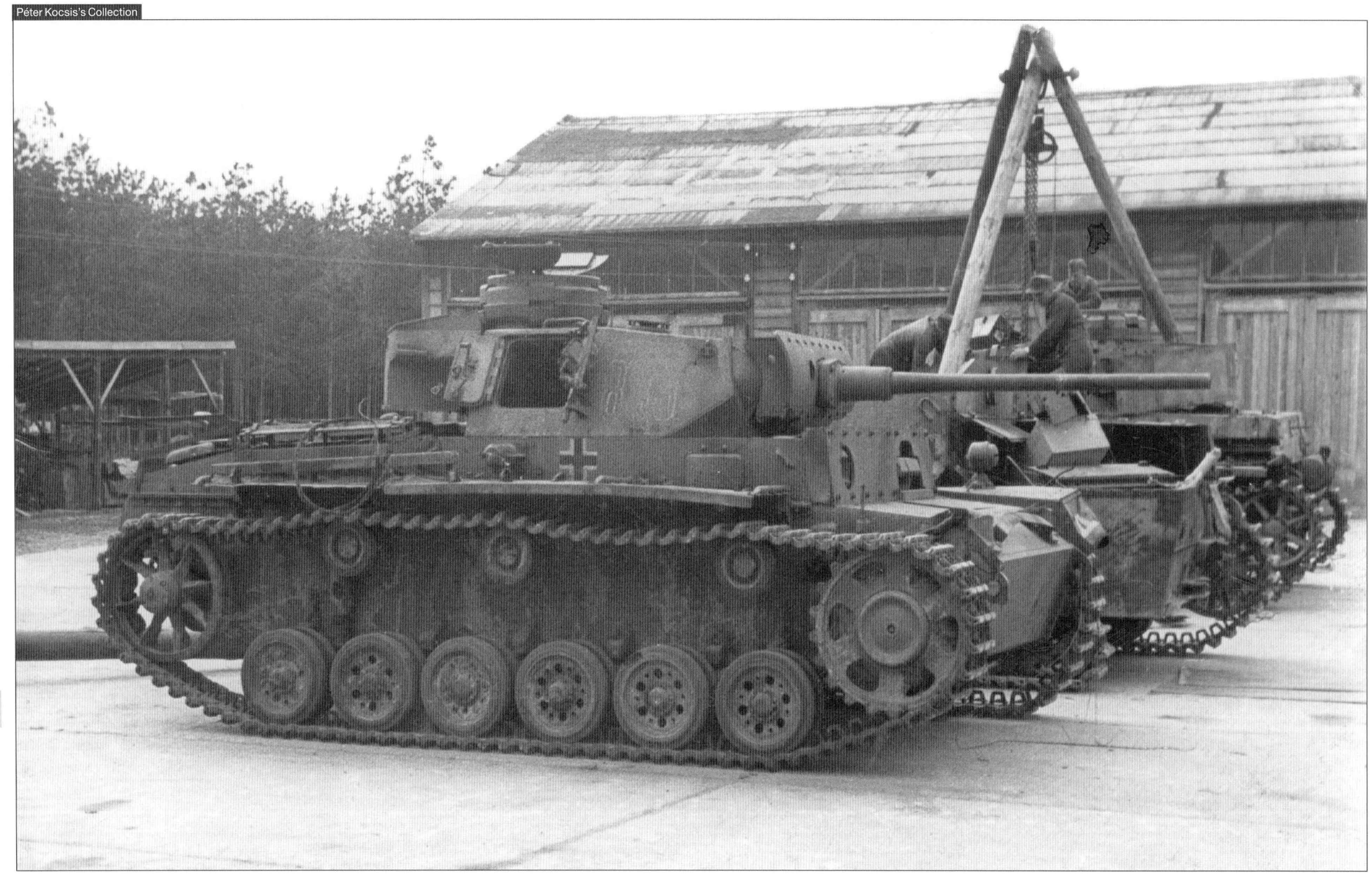

Leharcolt Pz. III Ausf. L, mögötte egy StuG. III Ausf. G és egy Pz. IV Ausf. H. A torony oldalán halványan kivehető a harcászati azonosítószám első, 8-as számjegye. Tökéletesen látható a lövegpajzsra és a homlokpáncélra rögzített pótpáncélzat, illetve az 5 cm-es L/60-as löveg.

A battle-weary Pz. III Ausf. L with a StuG III Ausf. G and Pz. IV Ausf. H behind. The first digit of the turret number, an 8, appears only faintly. The spaced armor on the superstructuere's front and gun mantlet can be seen clearly.

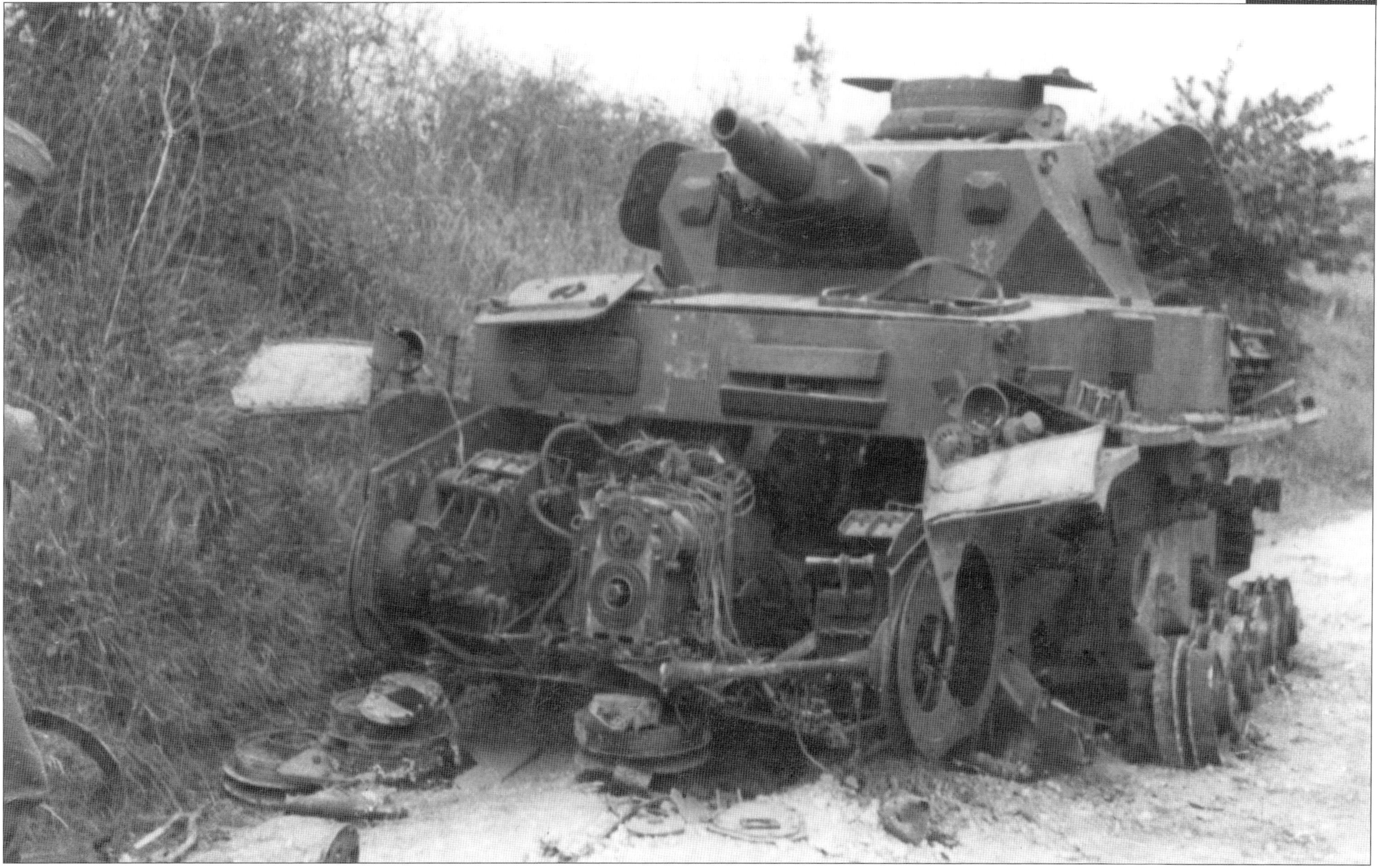

A német 1. páncéloshadosztály egyik megsemmisült Pz. IV Ausf. B-je Lengyelországban. E hadosztály 14 Pz. IV-t veszített a hadjárat alatt. A páncélosnak gyakorlatilag az egész frontrészét eltűntette egy (vagy több) végzetes találat vagy robbanás. A párhuzamosított géppuskán már utólag felhelyezett páncélozott burkolat látható, amely megoldás a C típus megjelenésével került rendszerbe.

A destroyed Pz. IV Ausf. B of the 1. Panzer-Divison in Poland, who lost 14 Pz. IV's during the campaign. Technically the complete front of the vehicle has been blown away by one (or more) deadly hit or explosion. There is an armoured cover added subsequently on the co-axial machine gun which is a feature of the next version, the Ausf. C.

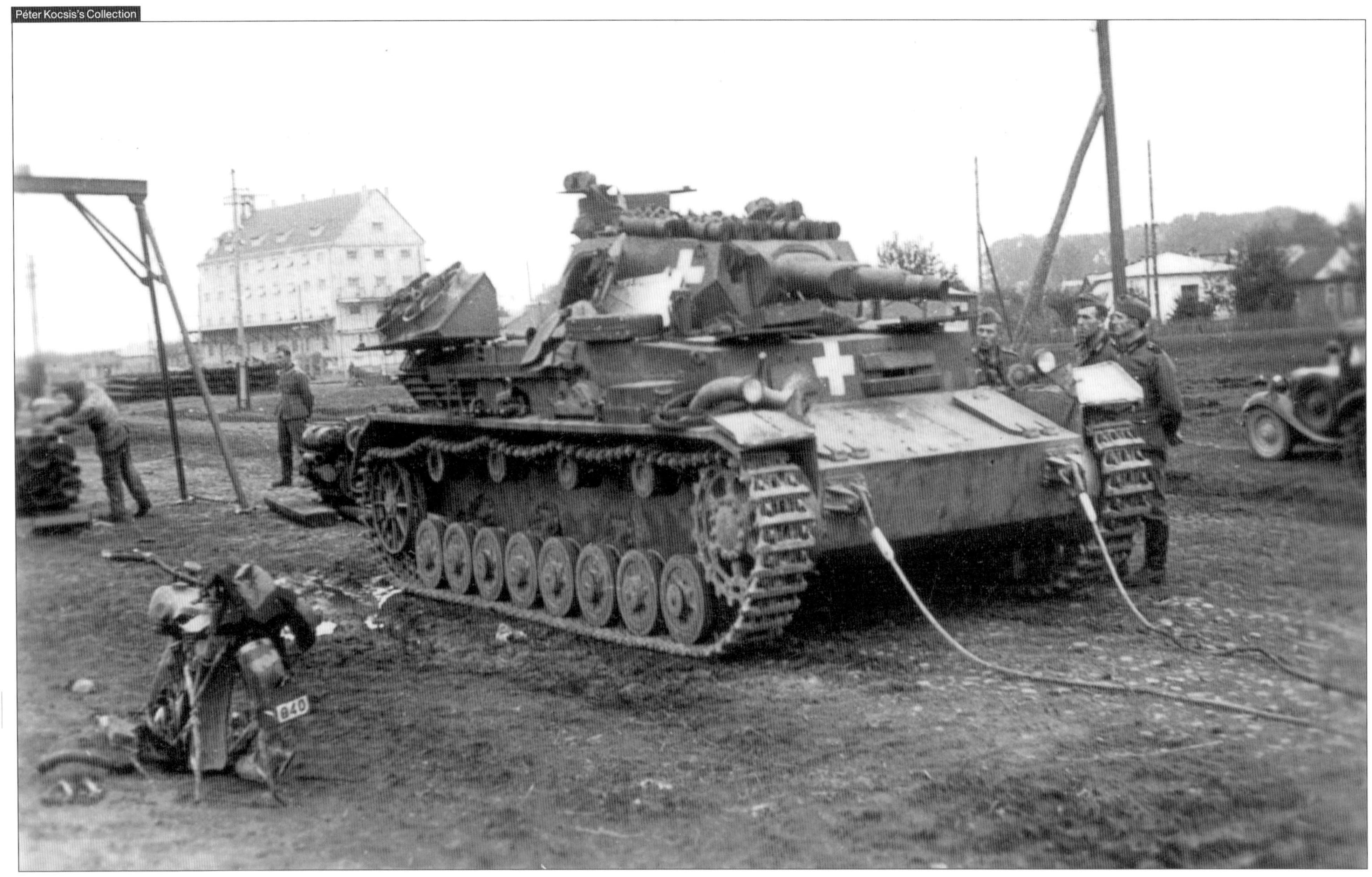

Szintén a Lengyelország elleni hadművelet *(Fall Weiss)* részese volt ez a Pz. IV Ausf. B. A kép motorikus meghibásodásról tanúskodik, a motort már kiszerelték és a cseremotor is látható a páncélos mögött. Az előírások szerint biztonsági okokból kifolyólag a komolyabb szerelési munkálatok megkezdése előtt a harcjárművekből el kellett távolítani minden lőszert, ezek egy részét láthatjuk a torony tetején sorakozni.

This Pz. IV Ausf. B also took part in the Polish campaign *(Fall Weiss)*. The picture shows a mechanical breakdown, the engine was already removed and the replacement engine also can be seen behind the tank. Due to the security regulations, all ammunition had to be removed from the tanks before major repairs. Some of this is visible on top of the turret.

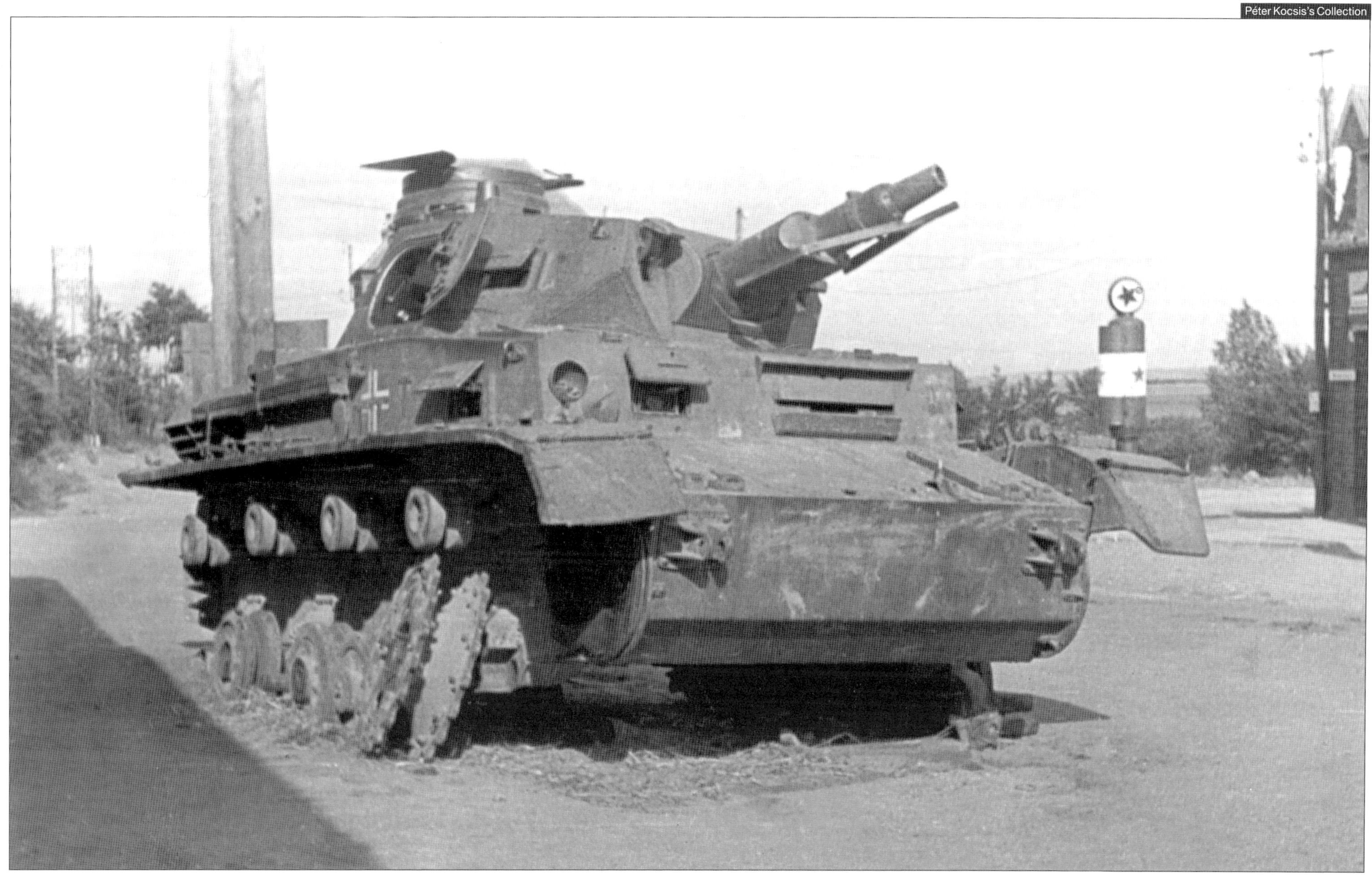

Alkatrészforrásnak használt és hátrahagyott, átépített Pz. IV Ausf. B a franciaországi Auchy au Boisban. A páncélosra már felszerelték az Ausf. C-re jellemző antennaterelő fát, amely a rádióantenna eltérítését szolgálta a torony mozgása közben.

A rebuilt Pz. IV Ausf. B abandoned at Auchy au Bois, France. It's already fitted with the deflector characteristic of the Ausf. C, that diverted the antenna when the turret was rotating.

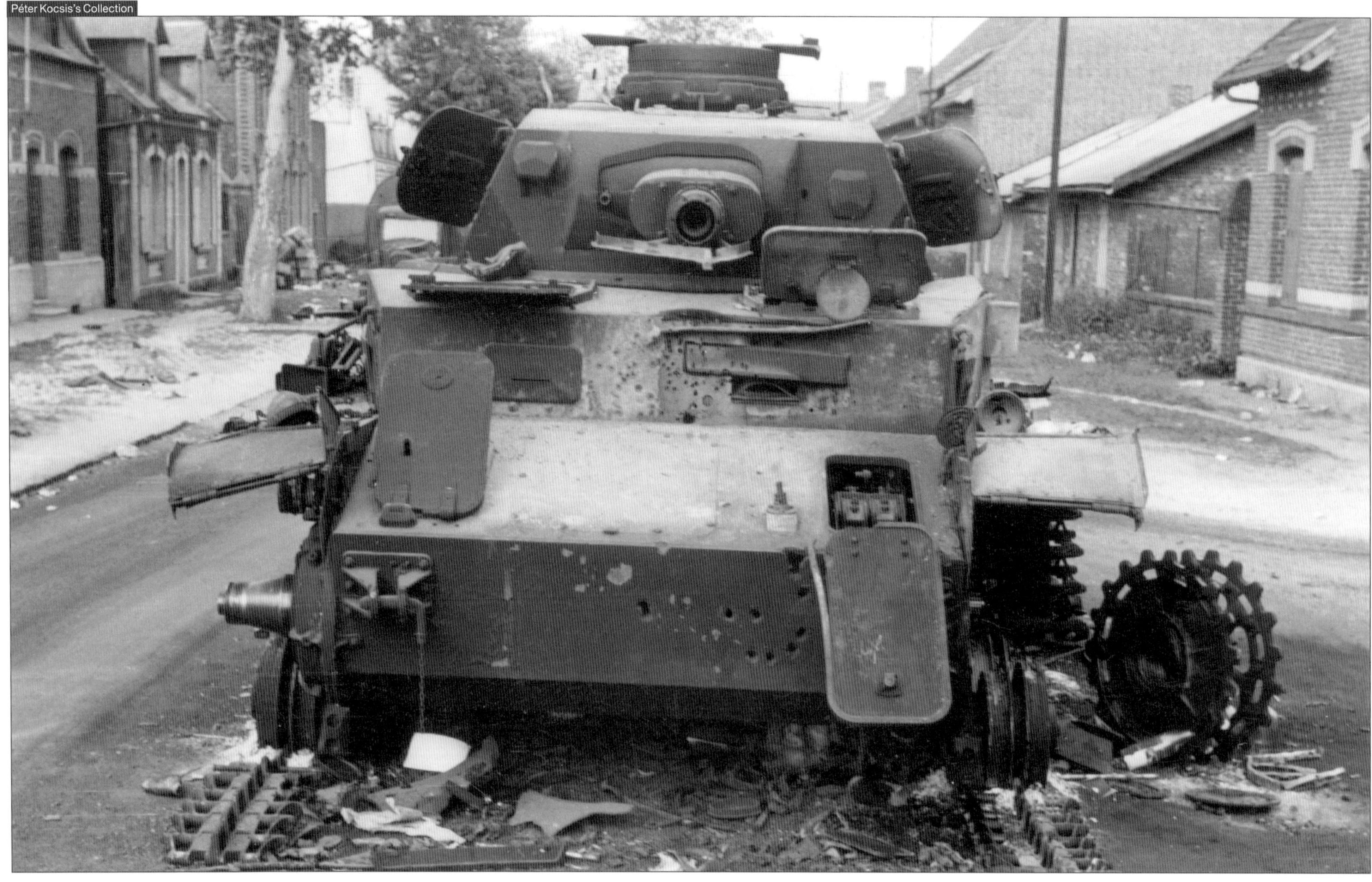

Pz. IV Ausf. C valahol a nyugati fronton, 1940-ben. A páncélos számos kis űrméretű találatot kapott, amelyek közül a küzdőtér homlokpáncélját kevesebb, a teknő frontpáncélzatát viszont majdnem mindegyik átütötte. Mindenesetre a vezető kitekintő nyílásának védőlemezét, s valószínűleg a páncélüveget is sikeresen elpusztították az ellenséges katonák. Érdekes a váltóműházra szerelt Notek-lámpa megmaradt talpazata.

A Pz. IV Ausf. C somewhere on the Western front in 1940. The tank took a lot of small calibre hits, of which only a few penetrated the fighting compartment front, but almost all of them penetrated the front hull armour. The driver's visor cover and probably its armoured glass also have been destroyed by the enemy. Note the base of the Notek light on the transmission cover.

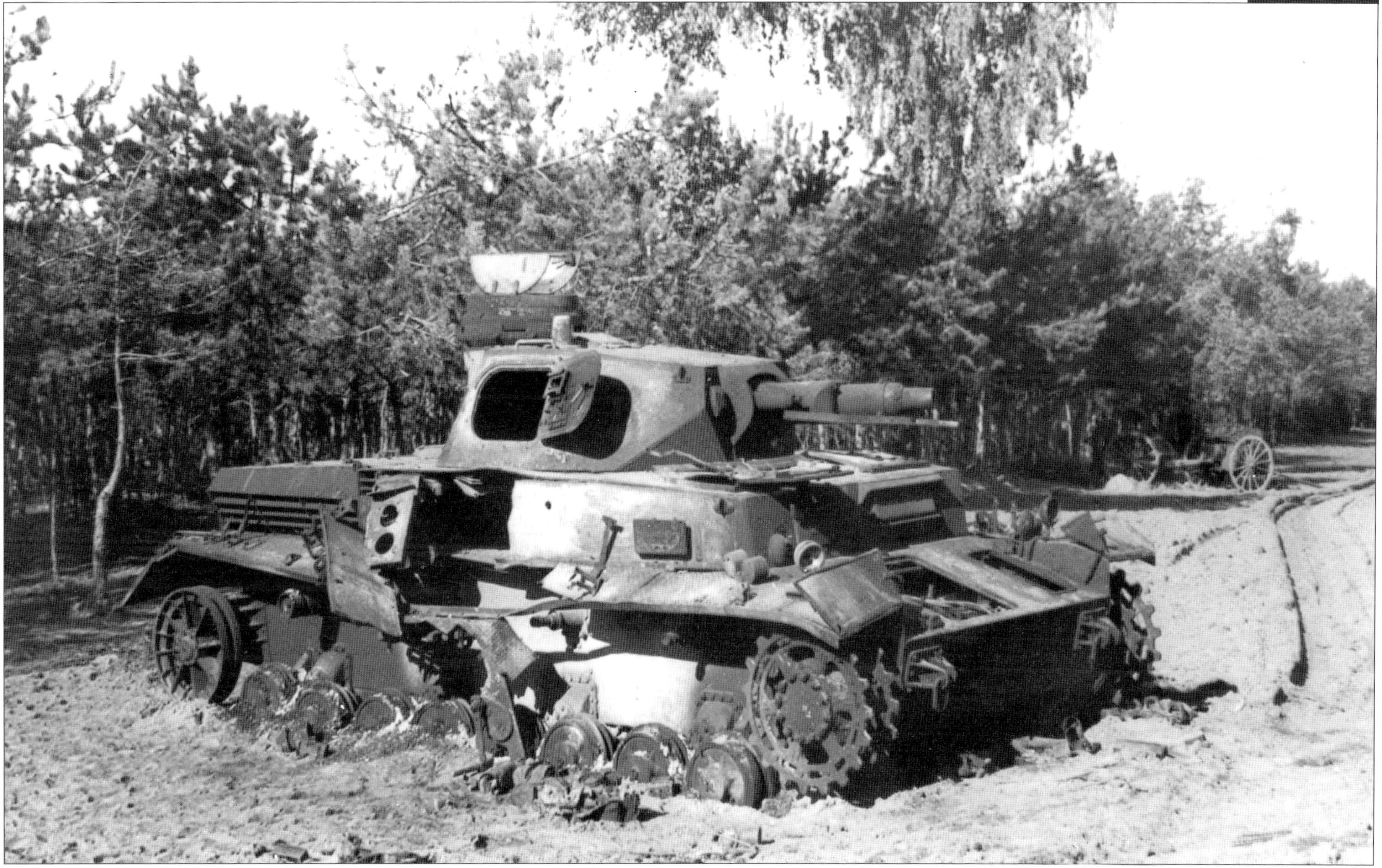

Teljesen kiégett Pz. IV Ausf. C Ozarownál, Lengyelországban. A küzdőtér jobb oldalfala szétroncsolódott, a görgőkről az összes gumi leégett. A csapatok már a lengyel hadjárat utáni jelentésekben kiemelték, hogy bár általánosságban a Pz. IV-ek (és Pz. III-ok) jól teljesítettek, fegyverzetük megfelelő, ám páncélzatuk elégtelen a legtöbb páncéltörő fegyverrel szemben. 1941-től e hiányosságot kiegészítő páncélzattal igyekeztek orvosolni.

A completely burnt out Pz. IV Ausf. C at Ozarow, Poland. The right side of the fighting compartment has been destroyed and all of the tyres have burnt to ash. The troops reported as early as the end of the Polish campaign that the Pz. IV's (and Pz. III's) performed well, their armament was adequate, but their armour were insufficient against most of the anti-tank weapons. From 1941 they tried to improve this shortcoming with additional armour.

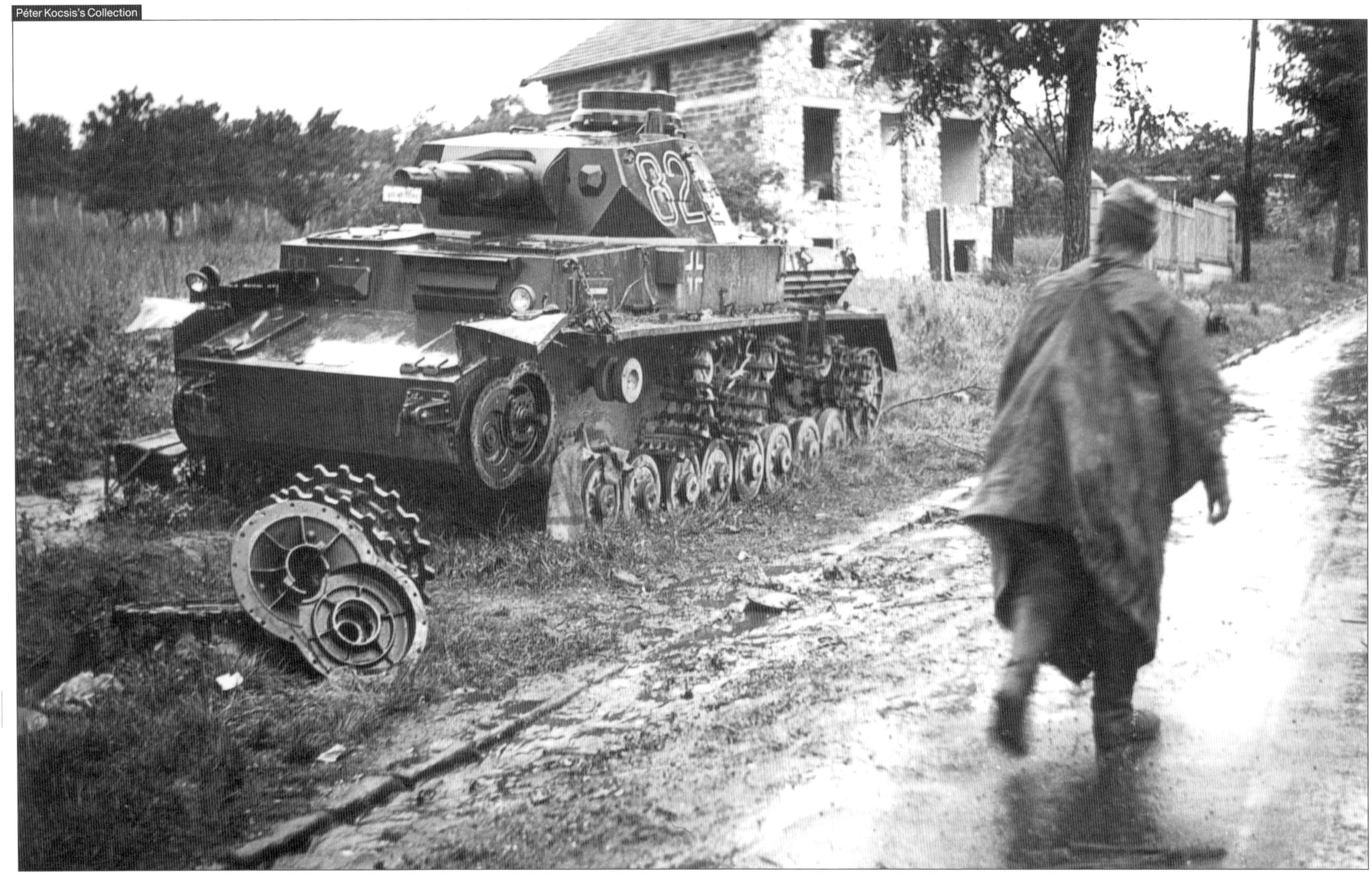

A német 3. páncéloshadosztály 8. századának Pz. IV Ausf. B vagy C harckocsija Franciaországban. A hadosztály-jelzést a homlokpáncél jobb oldalára festették. Bár minden szerszámot és a tűzoltókészüléket is leszerelték róla, a páncélost valószínűleg még javíthatónak nyilvánították, hiszen nem látszik rajta komolyabb sérülés. A szerszámokat egyébként sok esetben a páncélos karbantartásakor teljesen újakra cserélték.

Pz. IV Ausf. B or C of the 8. company of the 3. Panzer-Division in France. They painted the unit insignia on the right side of the front armour. Although all the tools and even the fire-extinguisher have been removed, this Panzer was probably repairable as it does not seem to be seriously damaged or burnt out. In most cases the tools were reissued during the repair.

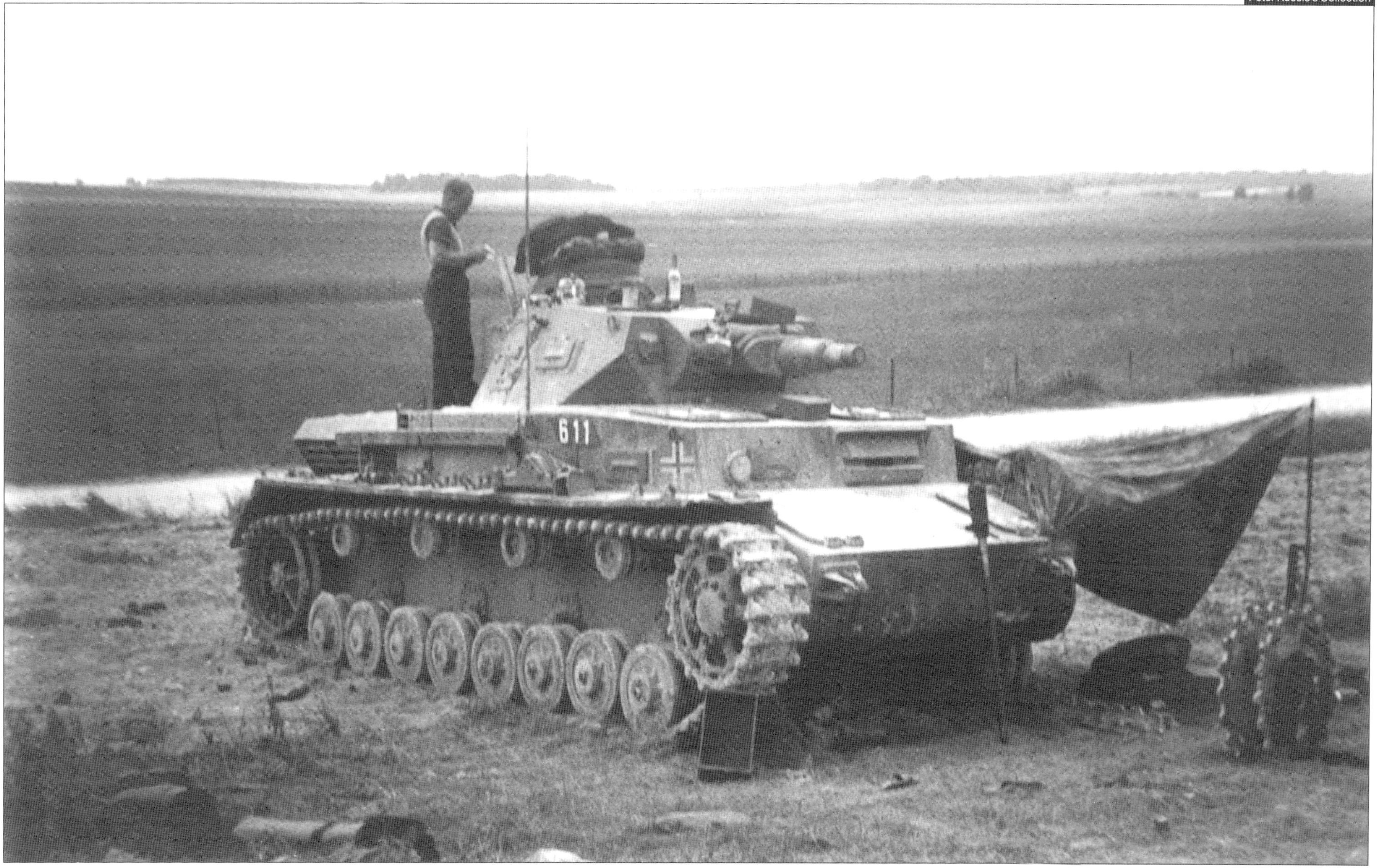

Pz. IV Ausf. B vagy C. A löveg alól hiányzik az antennaterelő fa, ám a harcjármű-vezető kitekintő nyílása felett már ott van a védőlemez, így elképzelhető, hogy ez a harckocsi az egyik szériáról a másikra való átállás időszakában készült. A környezetből ítélve a páncélosnak a helyszínen igyekeztek megjavítani váltóművét. A kifeszített ponyvát talán a közelgő eső miatt rögzíthették a járműhöz, a torony tetején látható üveg tartalma a lelkesebb munkavégzést segíthette.

Pz. IV Ausf. B or C. Note the deflector is missing from underneath the gun, but the cover is already there above the driver's visor. This Panzer was probably built during the period of switchover from one version to an other. Judging by the surroundings, the soldiers tried to repair the transmission of the Panzer then and there. The extended tarpaulin may serve as a rain cover, the bottle on the turret roof may have helped them to keep on working.

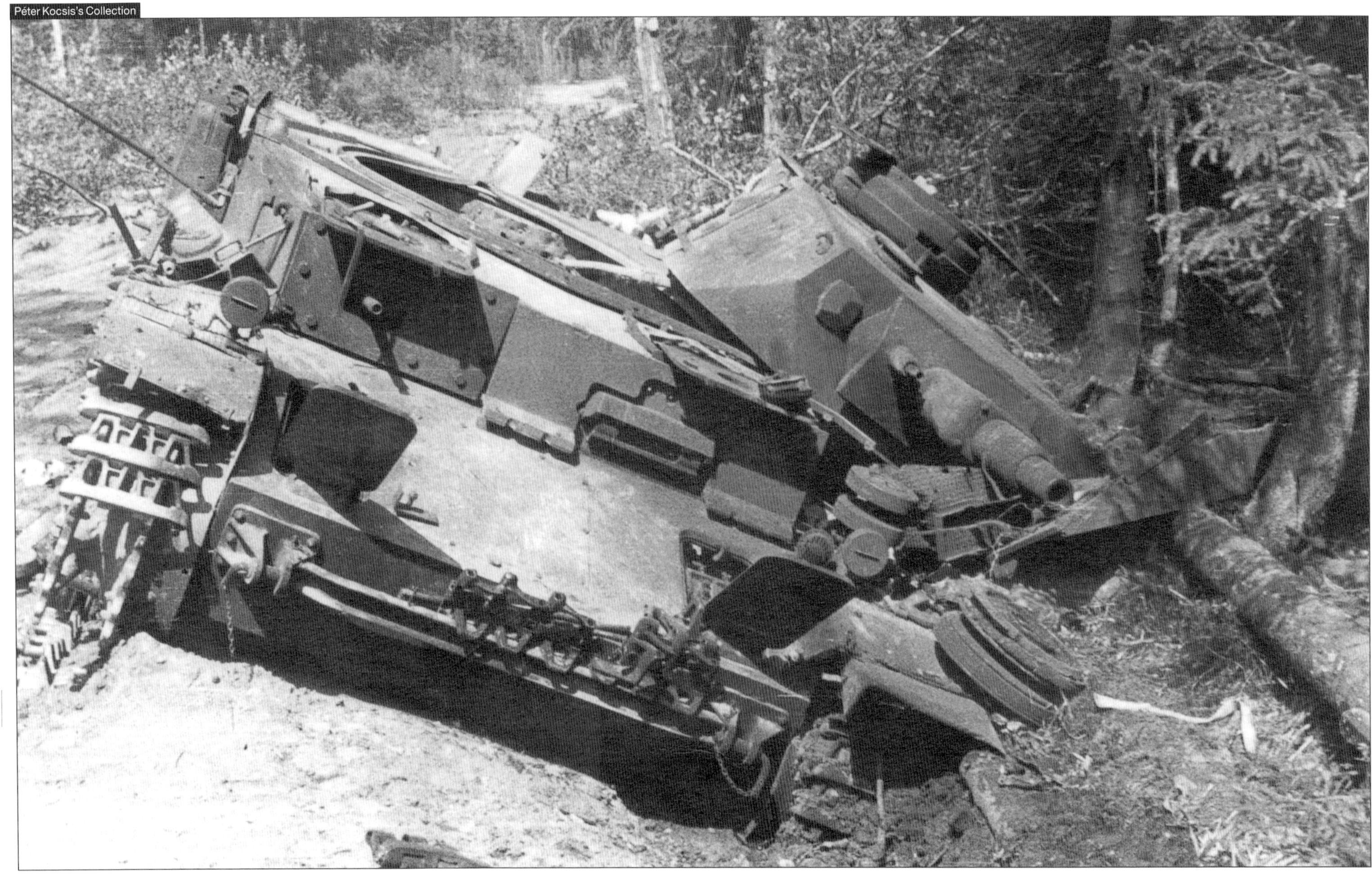

A Pz. IV Ausf. E-t 1940-től kezdték gyártani. A vezető új kitekintő nyílást kapott, és a páncélvédettség növelésének érdekében e változatnál a homlokpáncélra 30 mm-es, oldalára 20 mm-es pótpáncélzatot erősítettek (ugyanilyen erősítést kaptak utólag a D változatok homlokpáncélzatai is). A képen jól láthatóak a homlokgéppuska körüli rögzítő csavarok a kilőtt, kiégett harckocsin, amelyet valószínűleg később toltak le az út menti árokba.

Production of the Pz. IV Ausf. E started from 1940. The driver's visor was newly designed. Armour protection was increased by bolting a 30 mm plate to the front and a 20 mm plate to the sides. The superstructure front of the D version subsequently received the same applique armour. You can clearly see the bolts around the bow machine gun on this burned out tank which was most likely later pushed into the ditch.

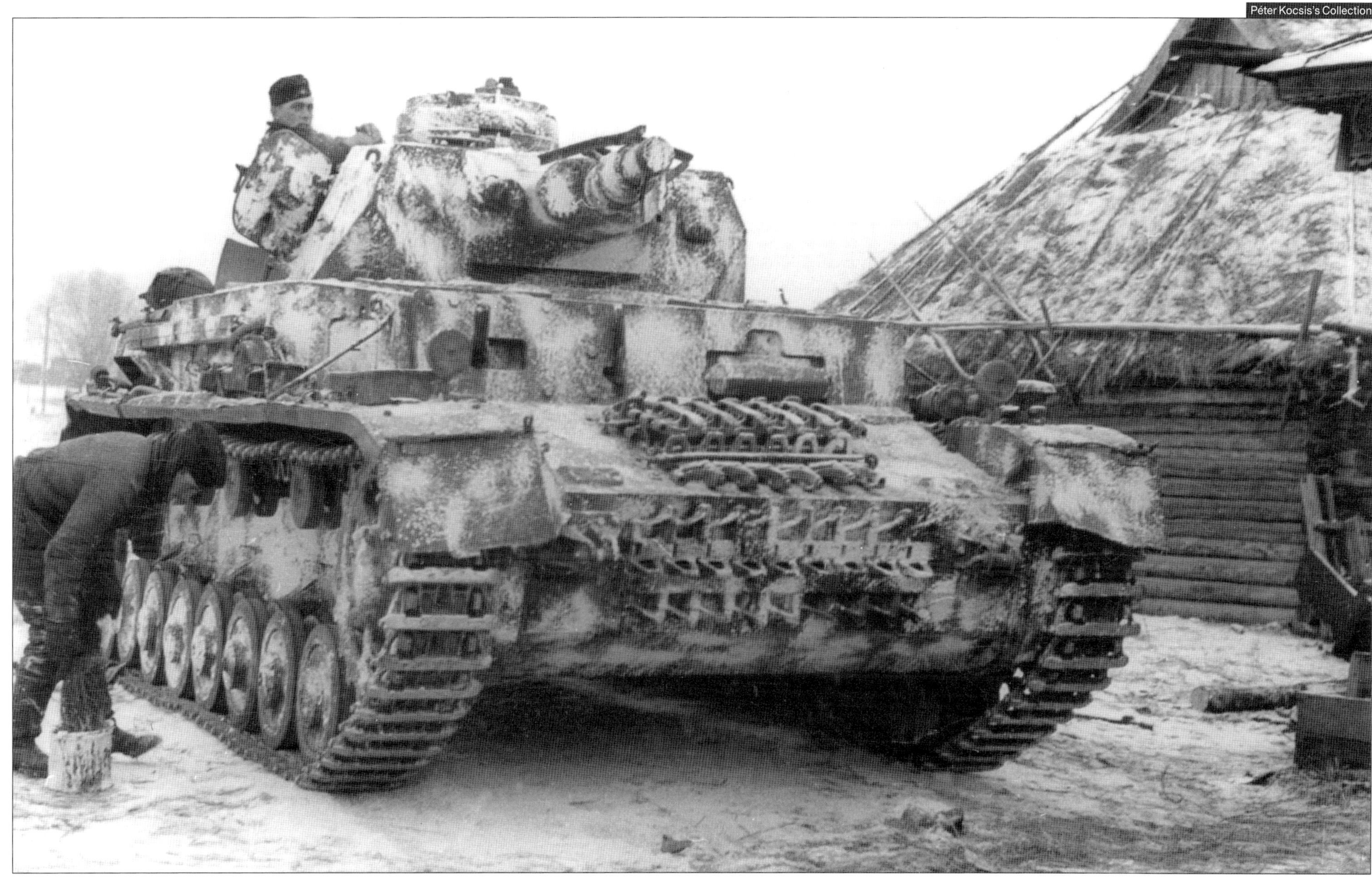

85

Érdekes téli álcázófestésű E változatú Pz. IV. Bár a németek rendszeresítettek fehér festéket a havas időszaki álcázáshoz, az esetek többségében – mint itt is – a csapatok egyszerű mésszel oldották meg a rejtést. Valamilyen okból az antennaterelő fa a lövegpajzs tetejére lett rögzítve. A képen jól kivehető a csavarozott pótpáncélzat, illetve a futóművön és pótpáncélként alkalmazott korai, de már 40 cm széles lánctalp.

Interesting winter camouflage on a Pz. IV Ausf. E. Although the German Army regularly used white paint for winter camouflage, the troops simply used lime in most cases. For an unknown reason the deflector has twisted to the top of the main gun. Note the bolted add-on armour and the early, 40 cm wide tracks.

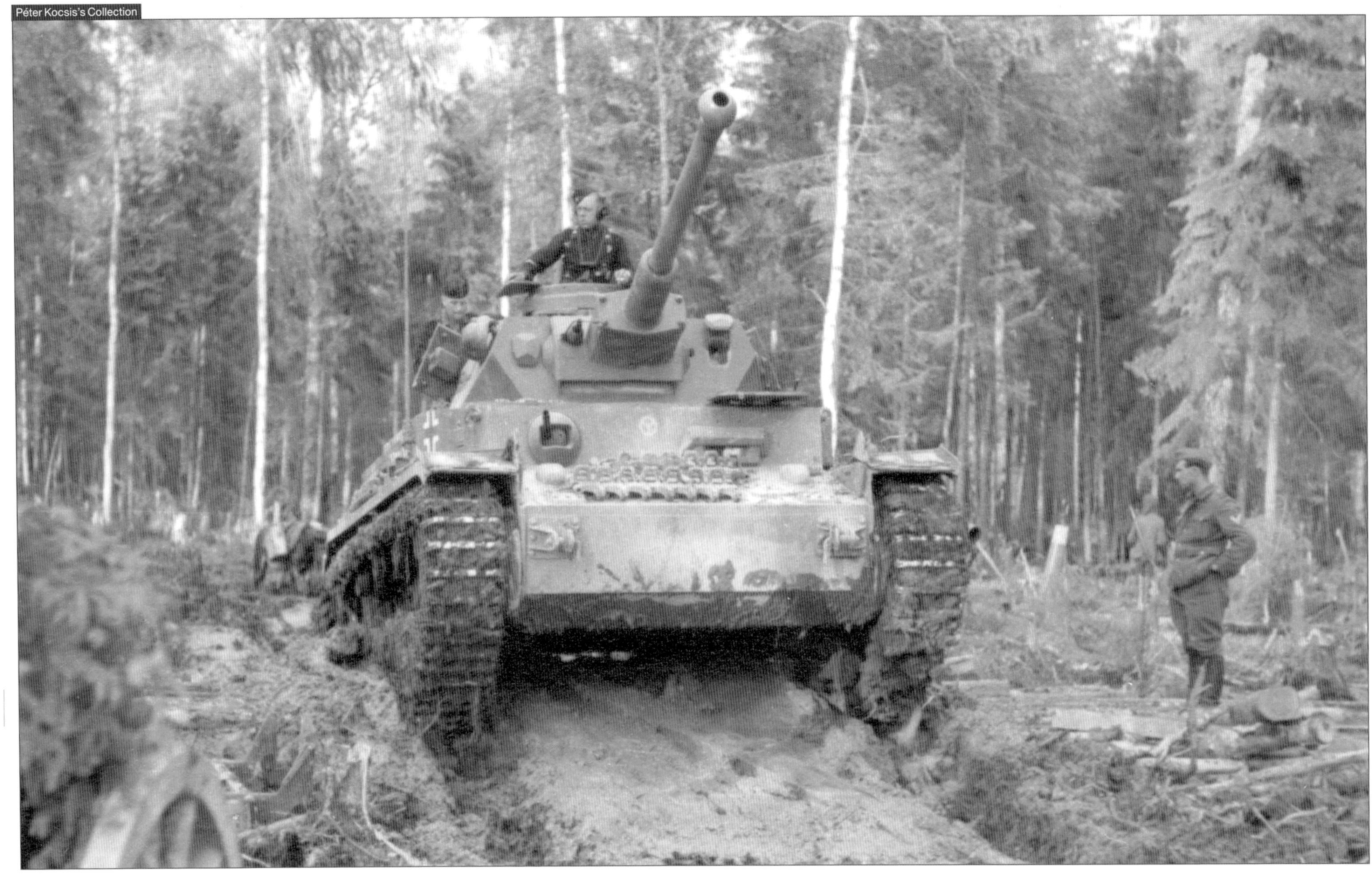

A német 12. páncéloshadosztály Pz. IV harckocsija küszködik a felázott talajjal. A kétfelé nyíló parancsnoki búvónyílás, a vezető kitekintő nyílása feletti két kis lyuk, a jármű orrán lévő pótpáncélzat hiánya, illetve az L/43-as löveg gömbölyű, egykamrás csőszájféke alapján egy F2 altípus látható a képen.

This Pz. IV tank of the 12. Panzer-Divison gets to grip with the mud. Judging by the commander's cupola, the two small holes above the driver's visor, the missing add-on armour and the muzzle-brake of the L/43 gun this is a Pz. IV Ausf. F2.

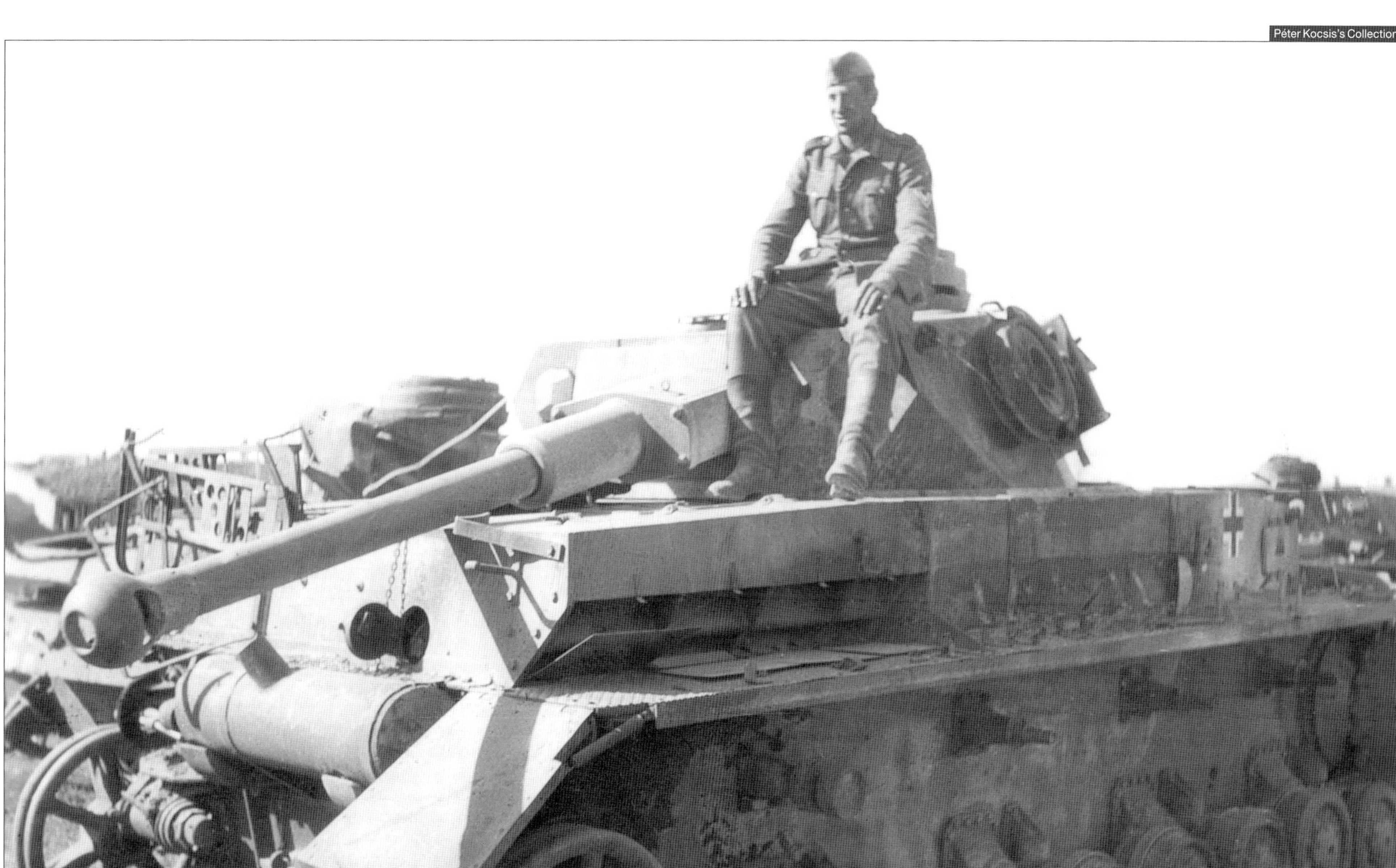

Minden valószínűség szerint a németek egyik, a keleti fronton felállított roncsgyűjtő területén fényképezték le ezt a Pz. IV Ausf. F2-t. A páncélos hátsó fele erősen megégett, ezt bizonyítják a festés sérülései, illetve az, hogy a legutolsó támgörgőről (a többi hiányzik) és az utolsó öt futógörgő párról hiányzik a gumi. Jól megfigyelhetőek a hűtőrácsozat nyithatózárható takarólemezei, a gömbölyű csőszájfék és a hengeres kipufogó.

This picture was probably taken in a German dump somewhere on the Eastern front and shows a Pz. IV Ausf. F2. Based on the damaged paint and the missing tyres on the return rollers and roadwheels the rear of the Panzer burned. Note the rounded muzzle brake, the exhaust and the cover sheets of the louvre.

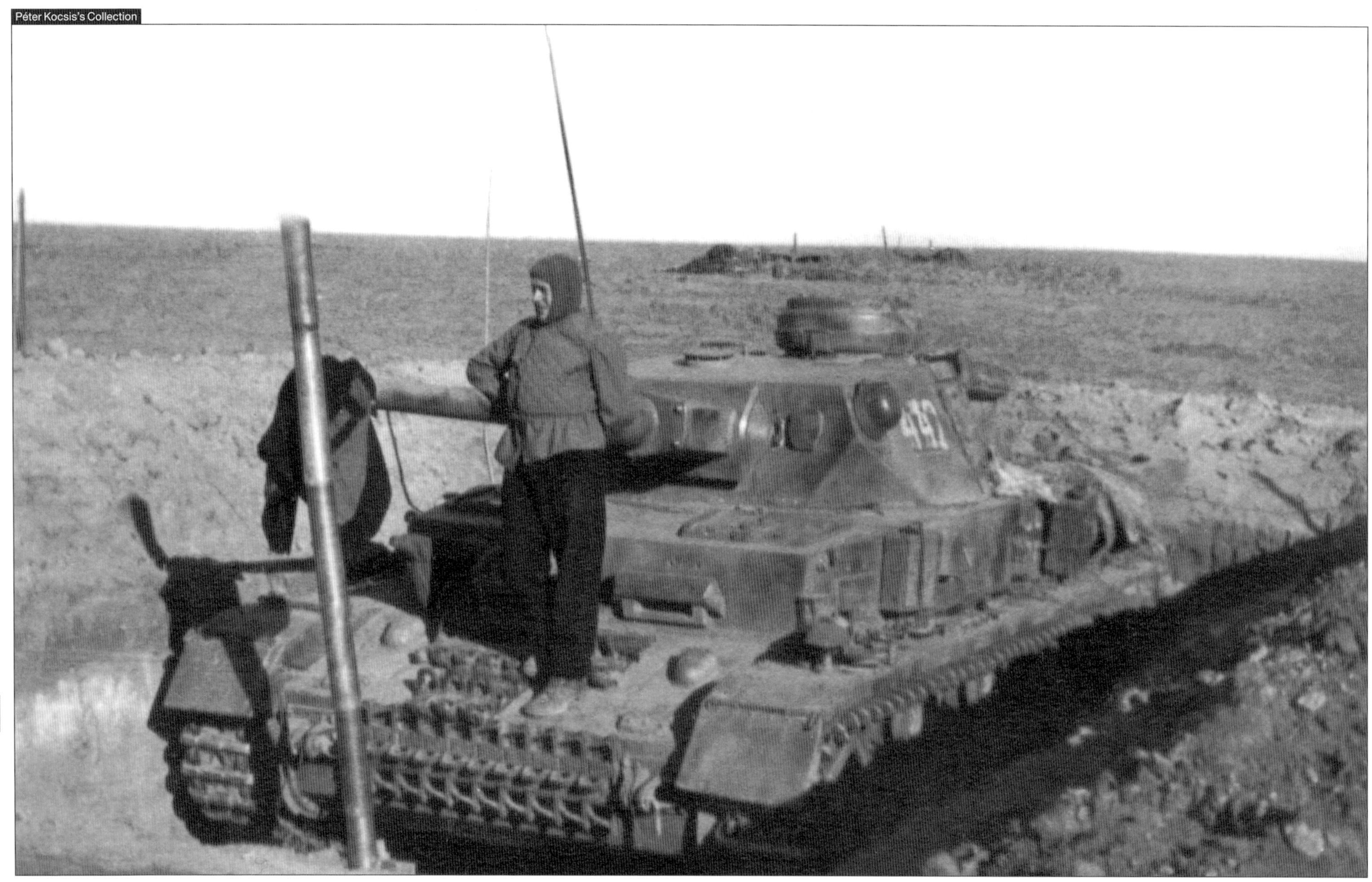

A keleti front végtelennek tűnő pusztáján beásott, valószínűleg még szürke alapszínű Pz. IV Ausf. F2. A mélyedés kialakítása alapján a páncélos betolatott a fedezékbe. Hogy ezek után milyen okból tűztek egy facölöpöt pont a jármű elé, az rejtély. Elképzelhető, hogy a későbbiekben valamilyen álcahálót, vagy más rejtő eszközt akartak rögzíteni hozzá, de erre talán célszerűbb lett volna a rudat a harckocsi oldalánál elhelyezni.

A dug in Pz. IV Ausf. F2, probably with a grey base colour, on the never ending steppe of the Eastern front. The tank possibly reversed into its position. It is not known why the wooden stake was located in front of the vehicle. Perhaps the crew wanted to fasten a camouflage net to it? But maybe it would have been better to place it by the side of the tank.

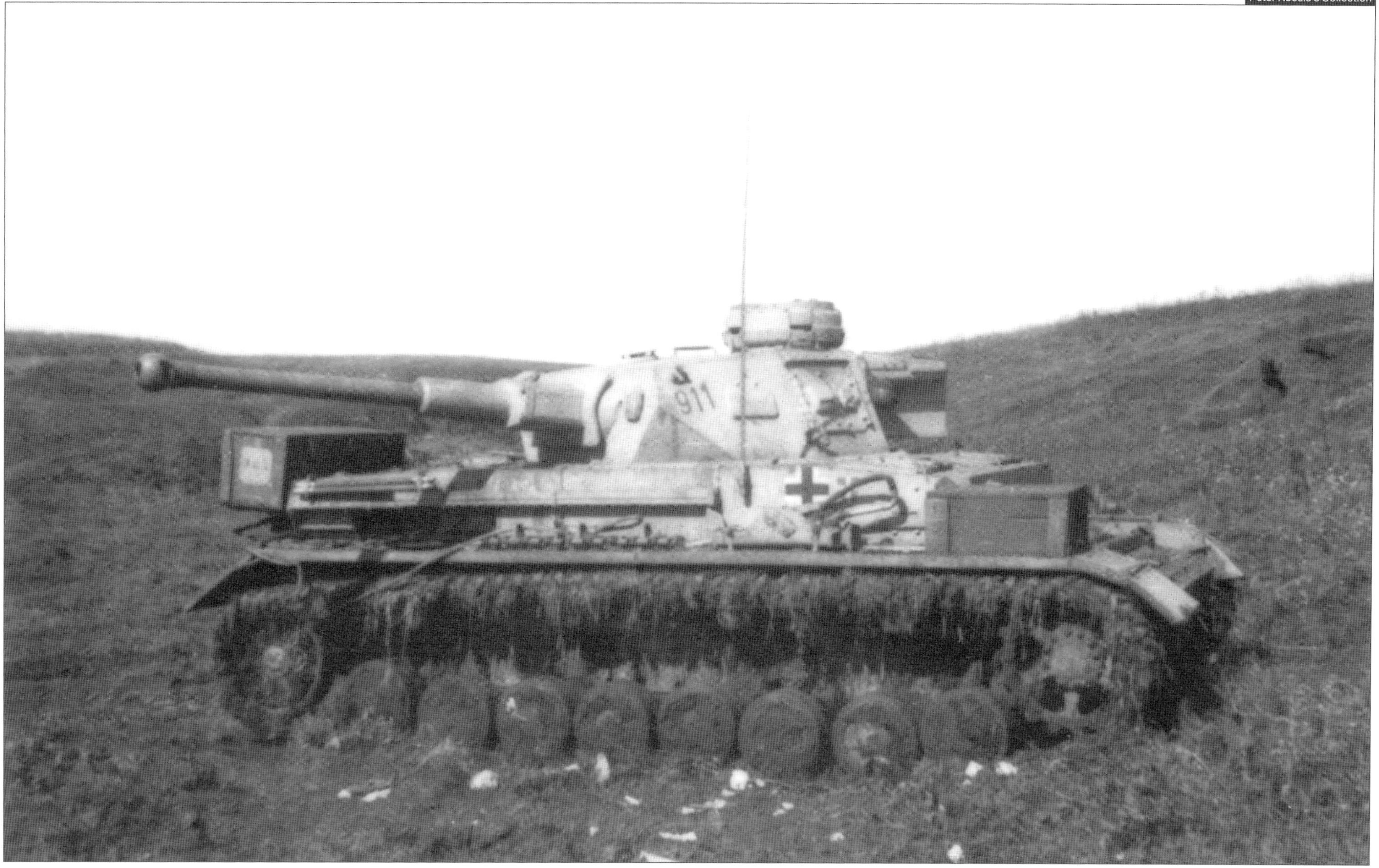

Utólag sárgára átfestett Pz. IV Ausf. F2 a vendégmarasztaló sárban. Egy 1943. február 18-án kelt utasítás szerint a harcjárműveket, járműveket, és bizonyos felszerelési tárgyakat a gyárakban sárga alapszínnel kellett lefesteni, illetőleg a csapatoknál már kint lévő technikákat is lehetőség szerint át kellett festeni. A személyzet a jobb első sárvédőre és a páncélos farára fa tárolóládákat helyezett.

A repainted yellow Pz. IV Ausf. F2 in the endless mud. Due to an order dated on 18th February 1943 all fighting vehicles, softskin vehicles and some other equipment had to be painted dark yellow. The crew fitted a wooden storage unit on the right front mudguard and on the back of the Panzer.

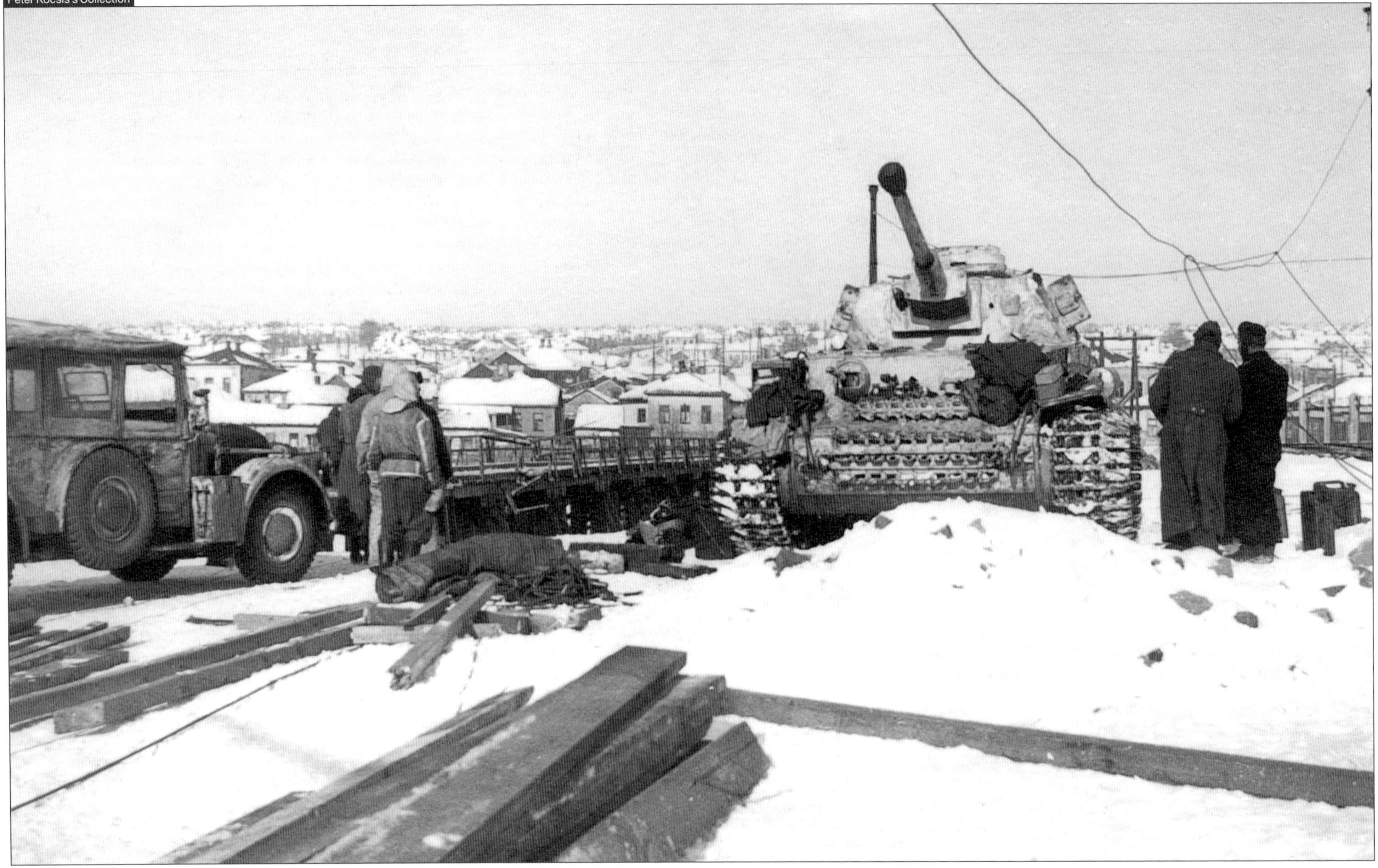

A keleti hadszíntér viszonyaihoz kifejlesztett, a fajlagos talajnyomást csökkenteni hivatott téli lánctalppal *(Winterkette)* felszerelt kései gyártású Pz. IV Ausf. F2. Mivel ez a típusú lánctalp nem váltotta be a hozzáfűzött reményeket, a későbbiekben új megoldást fejlesztettek ki, keleti lánctalp *(Ostkette)* elnevezéssel. A páncélos kései változatára a torony jobb oldaláról már hiányzó kitekintő nyílás utal, viszont még nincs rajta az Ausf. G-re jellemző terelőfa.

A Pz. IV Ausf. F2 equipped with *Winterkette* (winter track), designed for the conditions on the Eastern front, in an attempt to reduce a Panzer's ground pressure. Since these tracks didn't fulfil expectations, a new track, the *Ostkette* (Eastern track) was designed. As the visor of the turret and the deflector of the G version are missing this vehicle is a late F2.

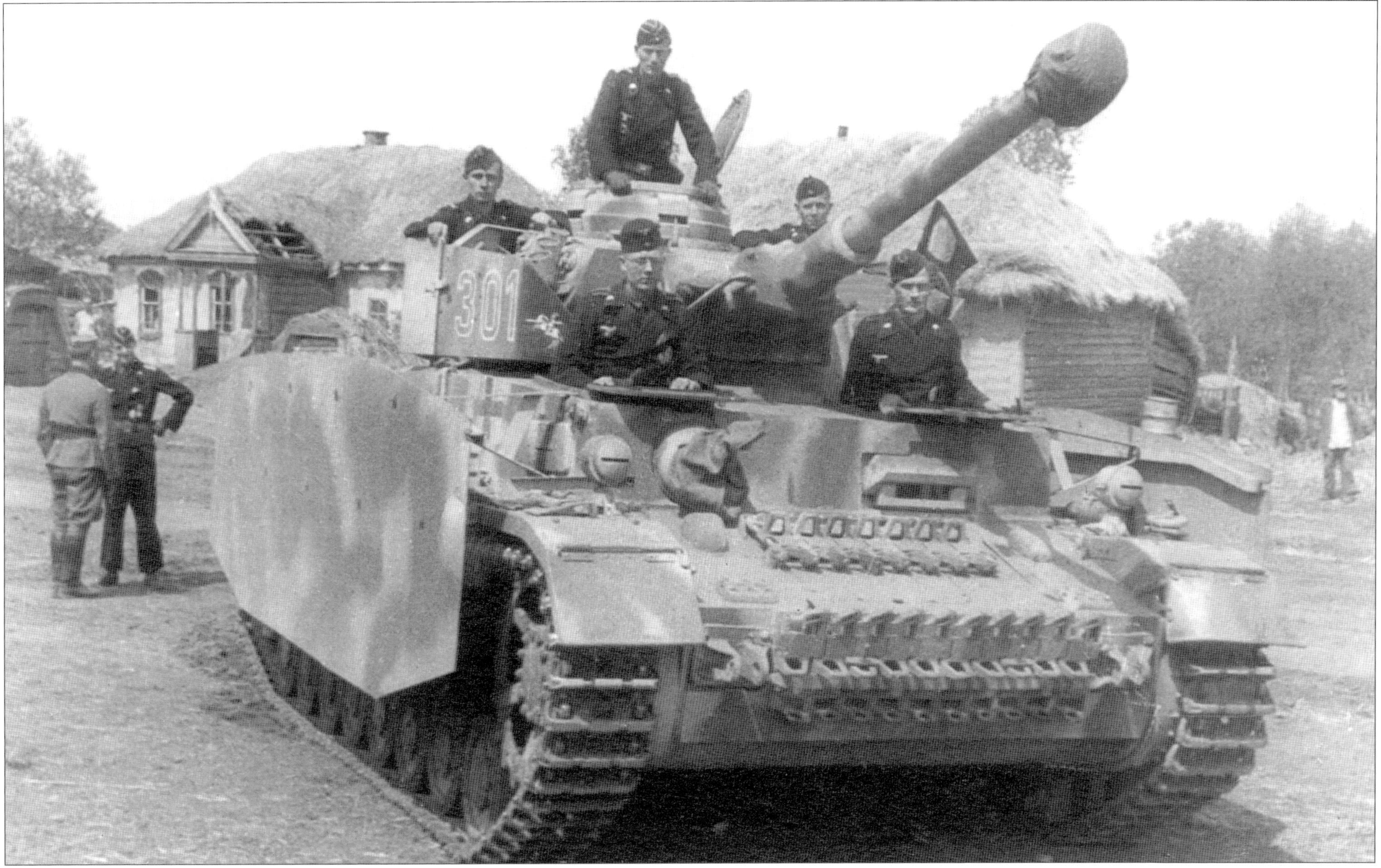

Az önálló német 21. páncélososztály Pz. IV Ausf. G-je. Az alakulatot 1943. április 26-án, a 21. páncélosezred III. páncélososztályának törzséből és az ezred 1., 2., 9. és 12. páncélosszázadaiból állították fel a Szovjetunióban. Az osztály Nevel, Vityebszk és Bobrujszk térségében harcolt 1944 júniusáig, amikor is a Közép Hadseregcsoport feloszlatta, s maradványaiból létrehozta a 21. páncélosezred új I. páncélososztályát.

A Pz. IV Ausf. G of the independent Panzer-Abteilung 21. This unit was raised from the remains of the staff and 1., 2., 9. and 12. companies of III./Panzer-Regiment 21 on 26th April 1943 in the Soviet Union. The Abteilung fought in the Nevel, Vitebsk, Bobruisk area. Army Group Centre disbanded the unit in June 1944 and established a new I. Abteilung of the Panzer-Regiment 21 from its remains.

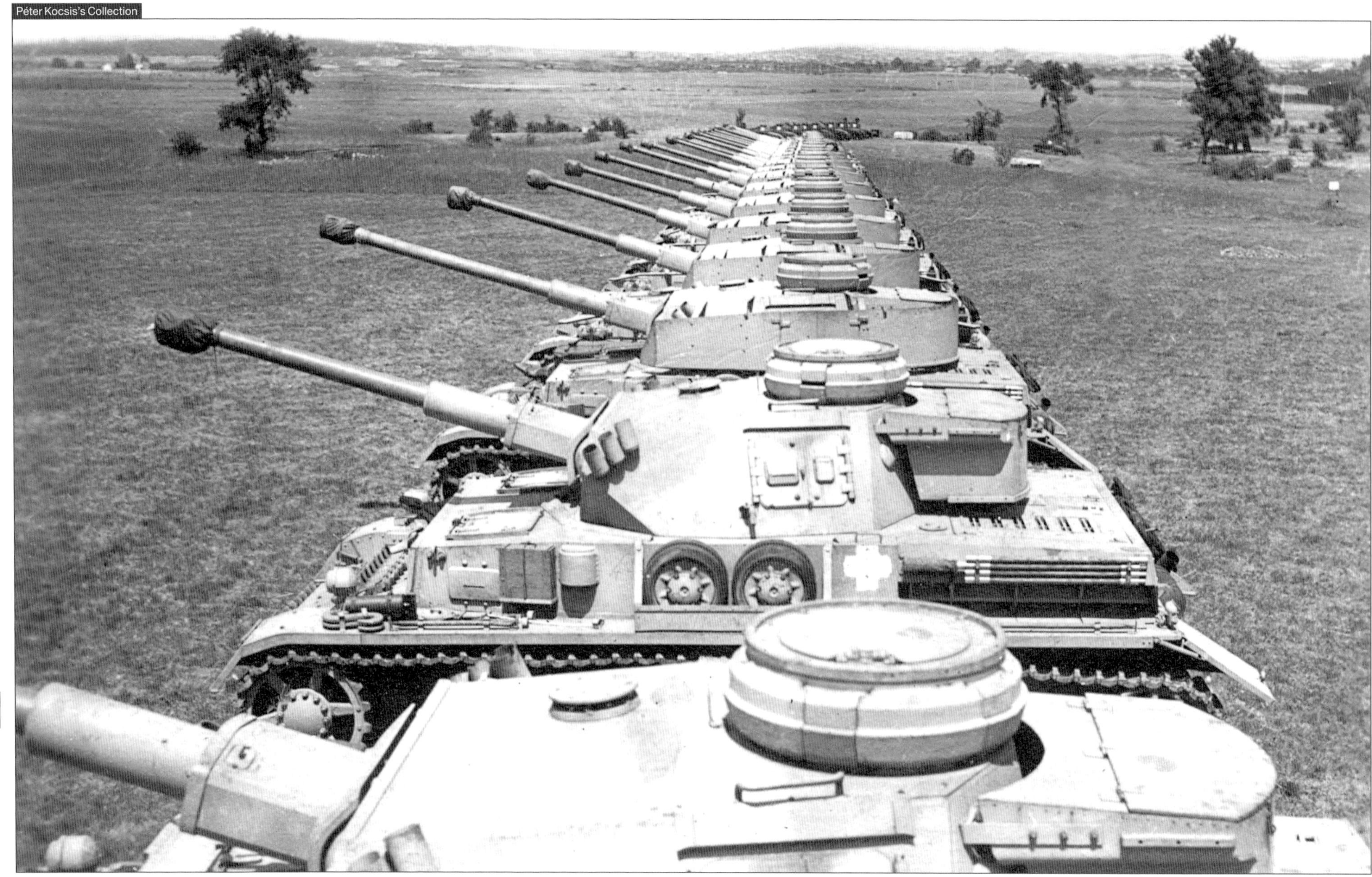

Az 1943 elején Bulgáriának leszállított első húsz korai Pz. IV Ausf. G (bolgár terminológia szerint Maybach T-IV). A járművek gyári újak, az első két páncéloson nincs kötényezés. A többi harckocsin fent van a toronykötény, de a páncéltestet védő lemezeknek csak a tartósínjei vannak meg. A háttérben Pz. 35(t) harckocsik sorakoznak.

The first twenty early Pz. IV Ausf. Gs shipped to Bulgaria at the beginning of 1943 (Maybach T-IV in Bulgarian terminology). These are brand new vehicles, even the side skirts are missing from the first two tanks. The others have the turret skirts, but only the rails for the hull skirts. In the background is a line of Pz.35(t)s.

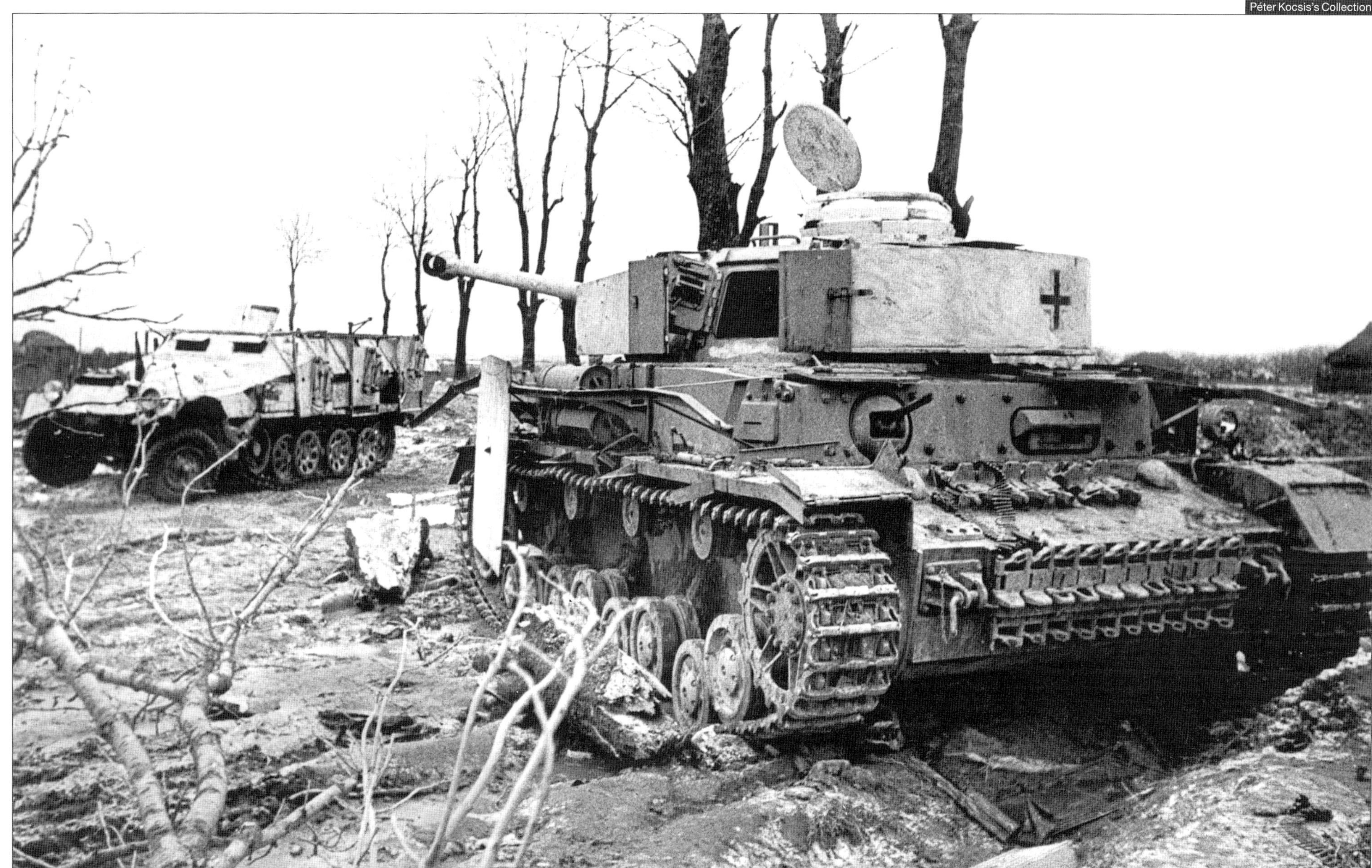

Korai gyártású Pz. IV Ausf. H. A jármű jobb oldalán már ott található a légszűrő, s jól látható az 50 mm vastagságú homlokpáncélra felcsavarozott 30 mm-es pótpáncéllemez, akárcsak a teknő frontpáncéljának megerősítése. Igazi érdekességként a köténylemez (legalábbis ami megmaradt belőle) és annak tartósínje még a korábbi, G változatra jellemző.

An early Pz. IV Ausf. H. On the right of the tank we can see the air cleaner, the 30 mm thick additional armour plate bolted to the 50 mm thick front superstructure and the lower hull. Interestingly the Schürzen (at least what is left of it) and its holders are characteristic to the G version.

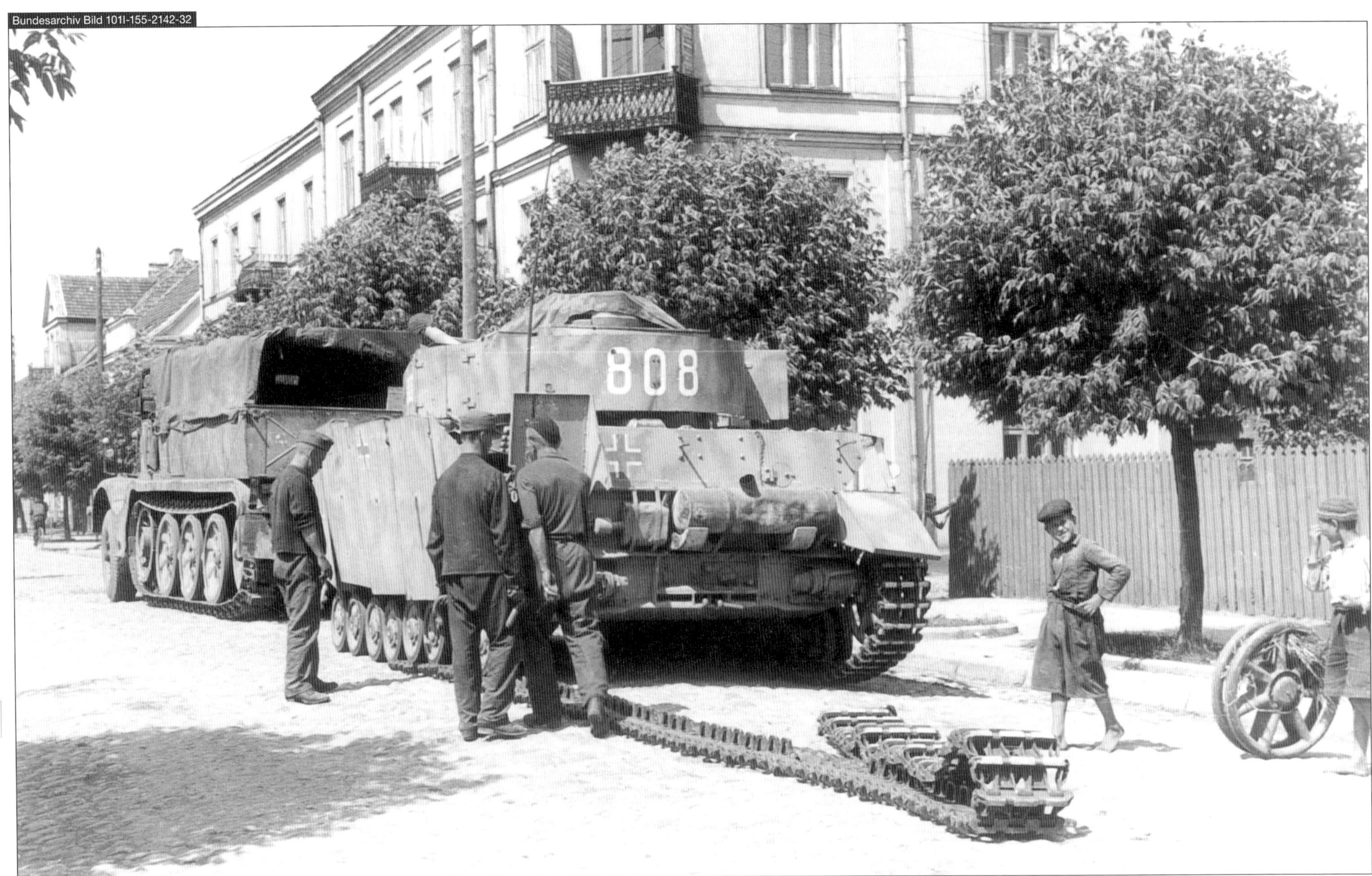

Korai gyártású Pz. IV Ausf. H a Szovjetunióban. A köténylemez még a korábbi, G változatokon használt változat ám a tartósín – legalábbis a jobb oldalon – már az Ausf. H-ra jellemző, akasztófogas kivitelezésű. A leszerelt bal oldali láncfeszítő kerék a páncélos mögött, a két érdeklődő kisfiú között látható. Érdemes megfigyelni a lánctalp érdekes sérülését: öt vagy hat lánctagnak letört a vezetőfoga.

An early Pz. IV Ausf. H in the Soviet Union. The side skirts are the earlier versions used on the Ausf. G, while the rail (at least on the right side) is the type used on the Ausf. H. The detached left idler wheel is lying behind the tank, between the two young kids. Also note the damage to the track: five or six teeth simply broke off.

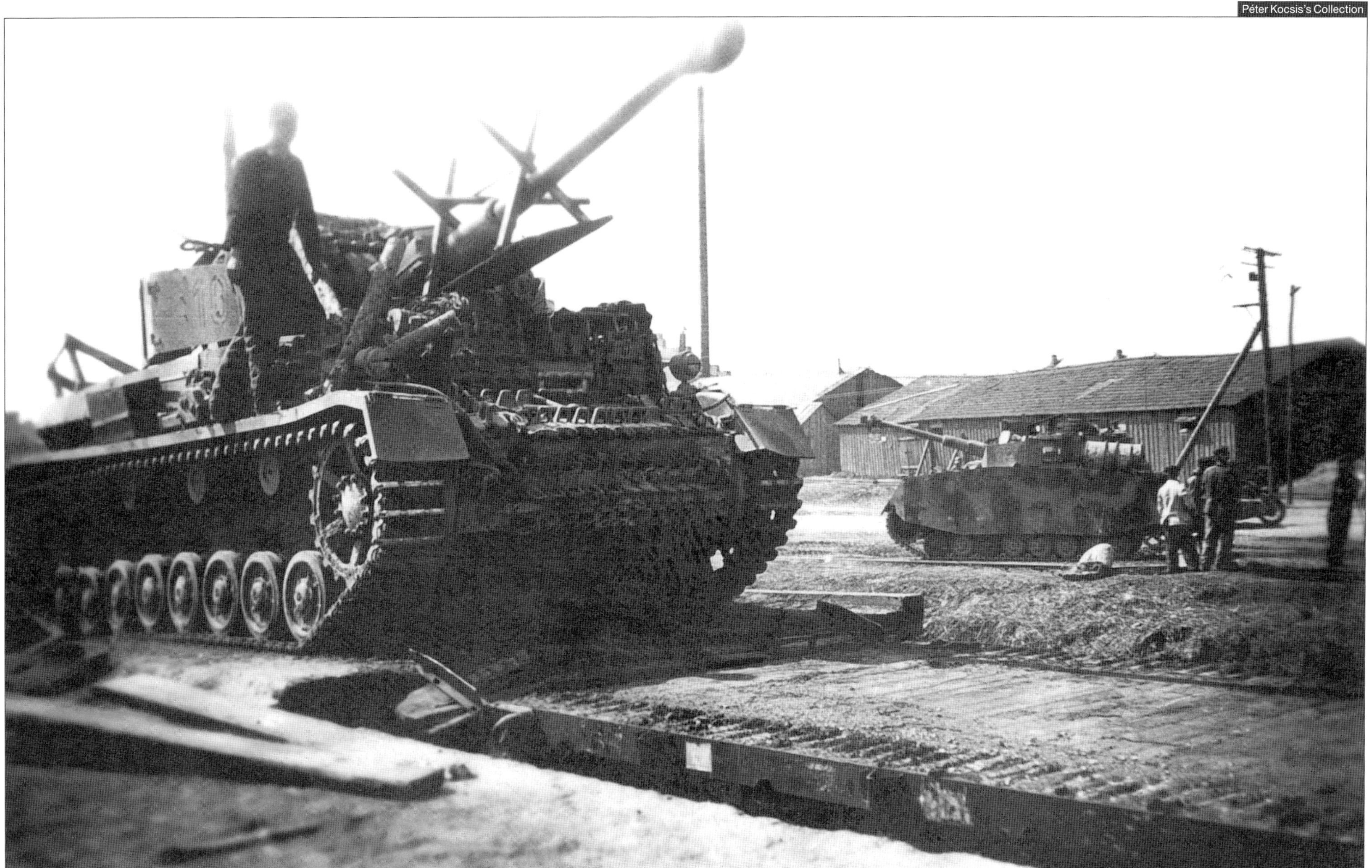

Pz. IV-ek bevagonírozása. A lövegcső mellett részben látható antennaterelő fa alapján ez a harckocsi egy G változat. Ahogy az a háttérben látható kötényezett páncéloson is jól látszik, a katonák igyekeztek a lehető legtöbb „hasznos" holmit magukkal vinni. Míg a hátulsó kocsi személyzete az üzemanyagot tartotta fontosnak, addig az első jármű személyzete valamiért úgy gondolta, a jövőben még fontos szerep juthat egy asztalnak.

Loading of Pz.IVs. According to the partially visible deflector this is an Ausf. G. The soldiers usually tried to save and keep as many useful items as they could, as can be seen on the tank in the background. While the crew of this Panzer collected a lot of fuel, the crew of the first vehicle thought a table was an important accessory.

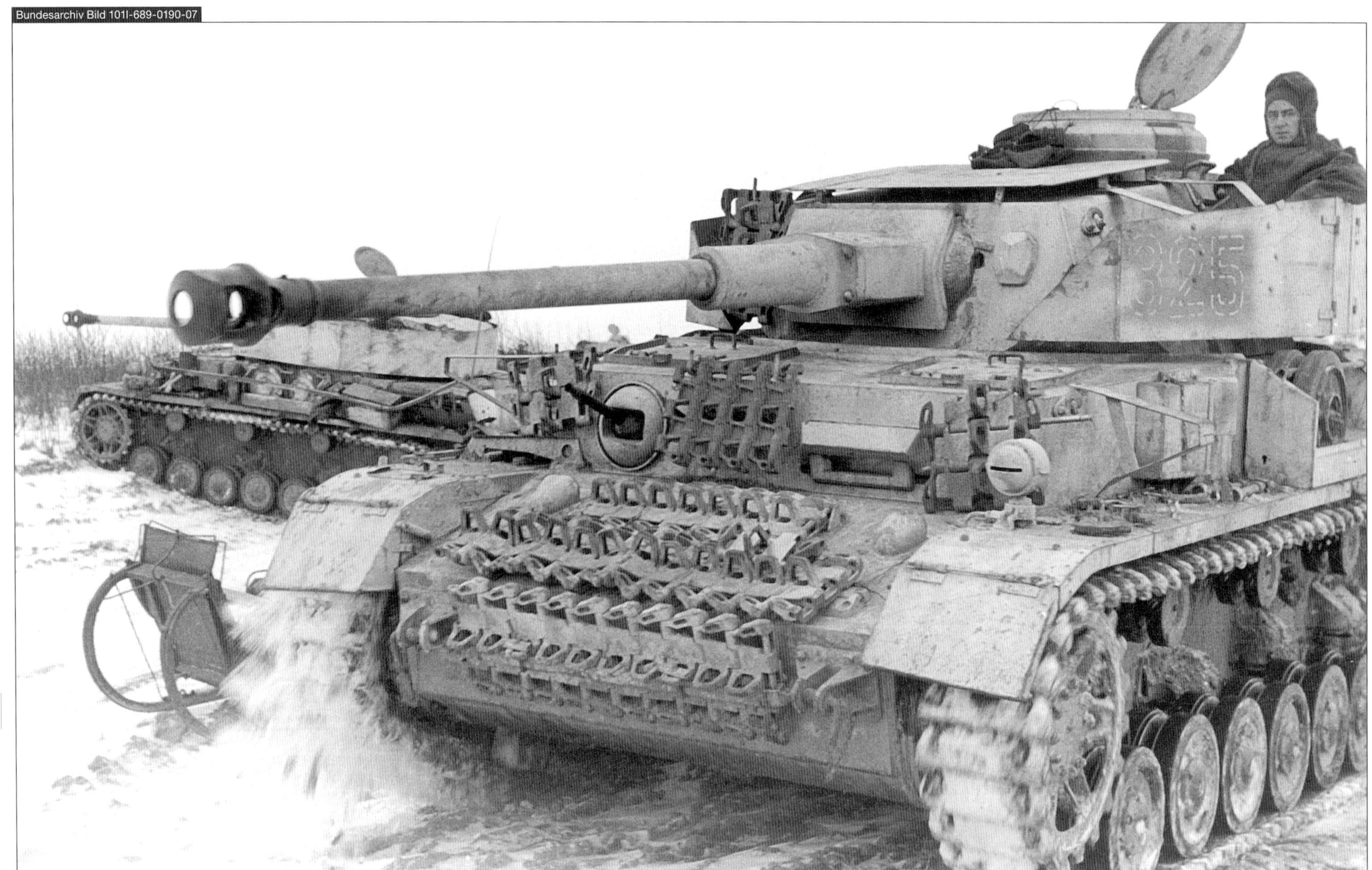

Egy Pz. IV Ausf. H és a háttérben egy – a köténytartó sín alapján – kései G verzió a keleti fronton. Nagyon jól láthatóak az első sárvédő rögzítései, a szerszámtartók, a lehető legtöbb helyre elhelyezett pótlánctagok, valamint a viszonylag gyenge tetőpáncélzat kiegészítésére szolgáló páncéllemez. A harckocsik a toronyszám stílusa alapján valószínűleg a német 20. páncéloshadosztályhoz tartoznak.

A Pz. IV Ausf. H with an Ausf. G late in the background on the Eastern front. Clearly visible are the tool holders, the method of fixing the front mudguard, the many spare track links, and also the additional metal sheet on the turret roof. According to the style of the turret numbers these tanks probably belonged to the 20. Panzer-Division.

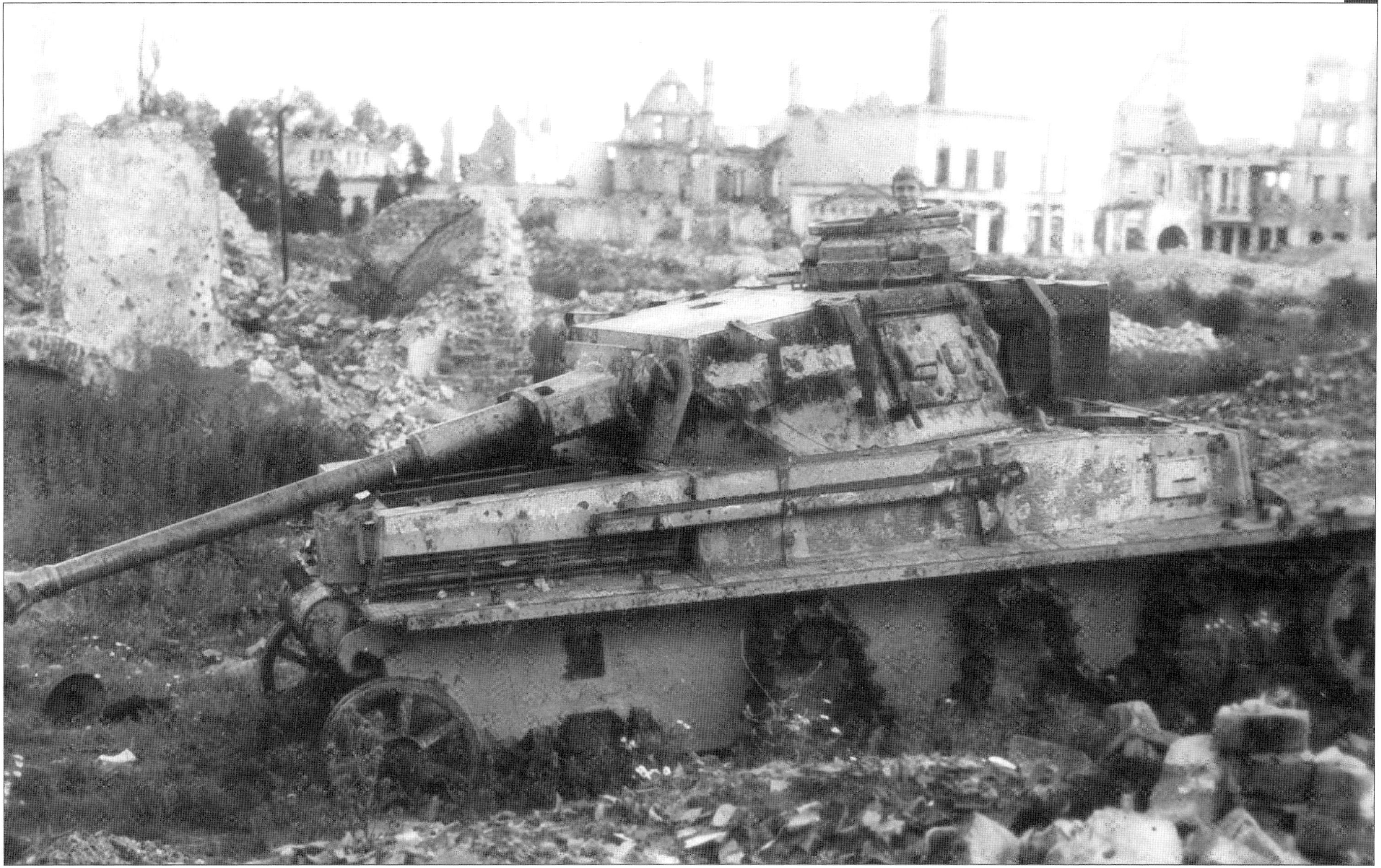

Átépített tüzérségi megfigyelő *(Panzerbeobachtungswagen)* Pz. IV Ausf. G. A torony tetején, a parancsnoki kupola előtt, balra megtalálható a kis kerek jelzőnyílás. Jól látható a motortér hátulján a csillagantenna páncélozott tartója. Érdekes a tornyon végigfutó fehér sáv maradványa, ezt eddig ismeretlen okból kifolyólag még a gyárban festették fel, az alapszín felvitele előtt.

A rebuilt artillery observation tank *(Panzerbeobachtungswagen)* Pz. IV Ausf. G. The signal port on the top of the turret, left of the commander's cupola can be seen. The armoured socket of the star antenna was placed on the engine deck's back. The white streak's remains running through the turret is interesting. This was probably painted in the factory before the base color.

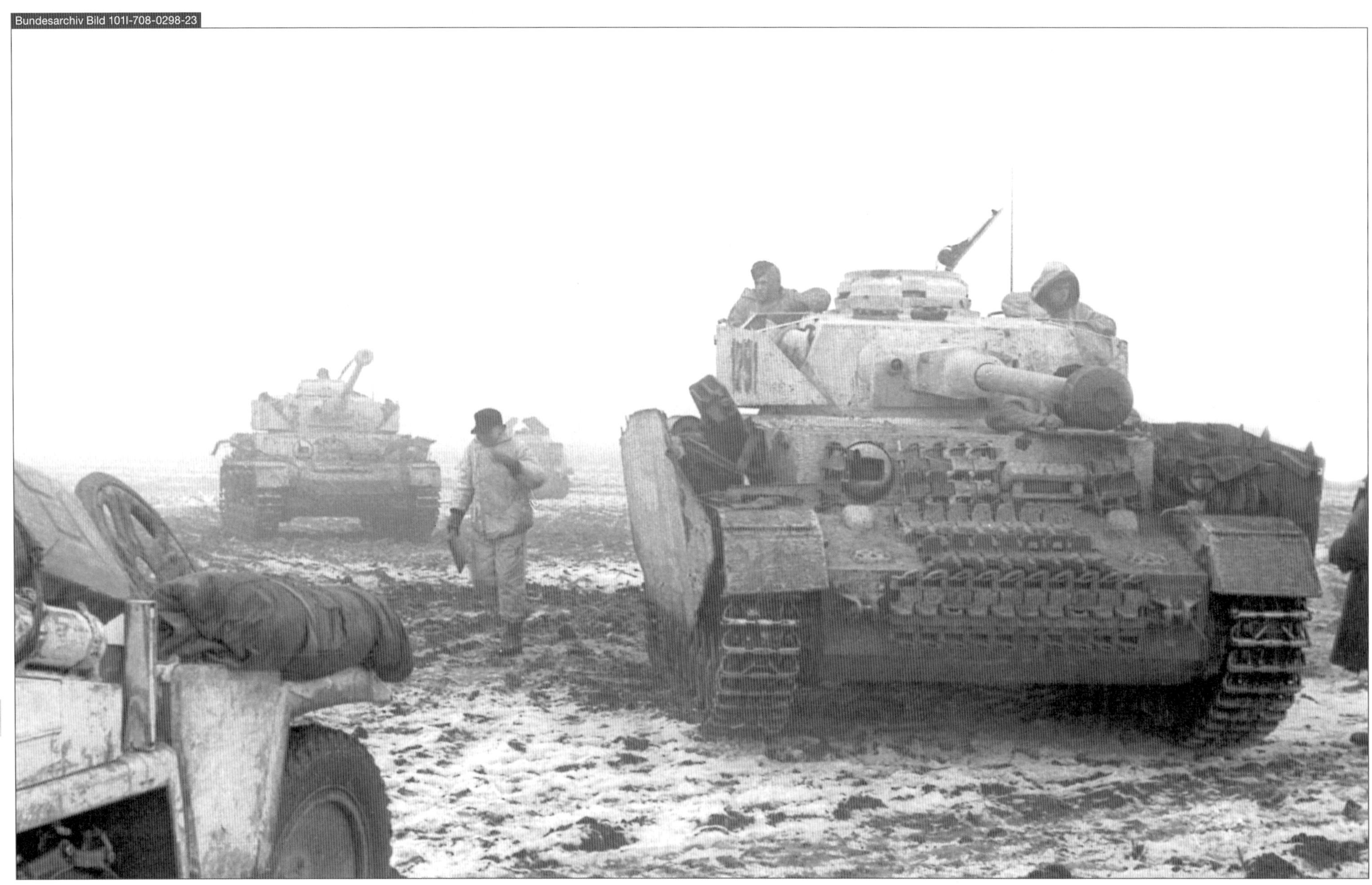

98

Pz. IV Ausf. H 1943 decemberében a német 24. páncéloshadosztály kötelékében. A Sztálingrádnál kivérzett, majd 1943 tavaszán újra felállításra kerülő hadosztály 24. páncélosezredének III. páncélososztálya eredetileg egy rohamlövegosztály lett volna, de a rendelkezésre álló páncélosok kis száma miatt végül a II. páncélososztállyal összevonva egy vegyes osztályt hoztak létre (két század Pz. IV és két század StuG. III).

A Pz. IV Ausf. H of the 24. Panzer-Division in December 1943. The division was wiped out at Stalingrad, but was rebuilt during the Spring of 1943. Originally the regiment would have had three Abteilung, of which the III./Pz.Rgt.24 would have been a *Sturmgeschütz-Abteilung*. Due to the small number of available Panzers only two Abteilungen have been organised of which the II. was mixed, with two companies of Pz.IV and two companies of StuG III.

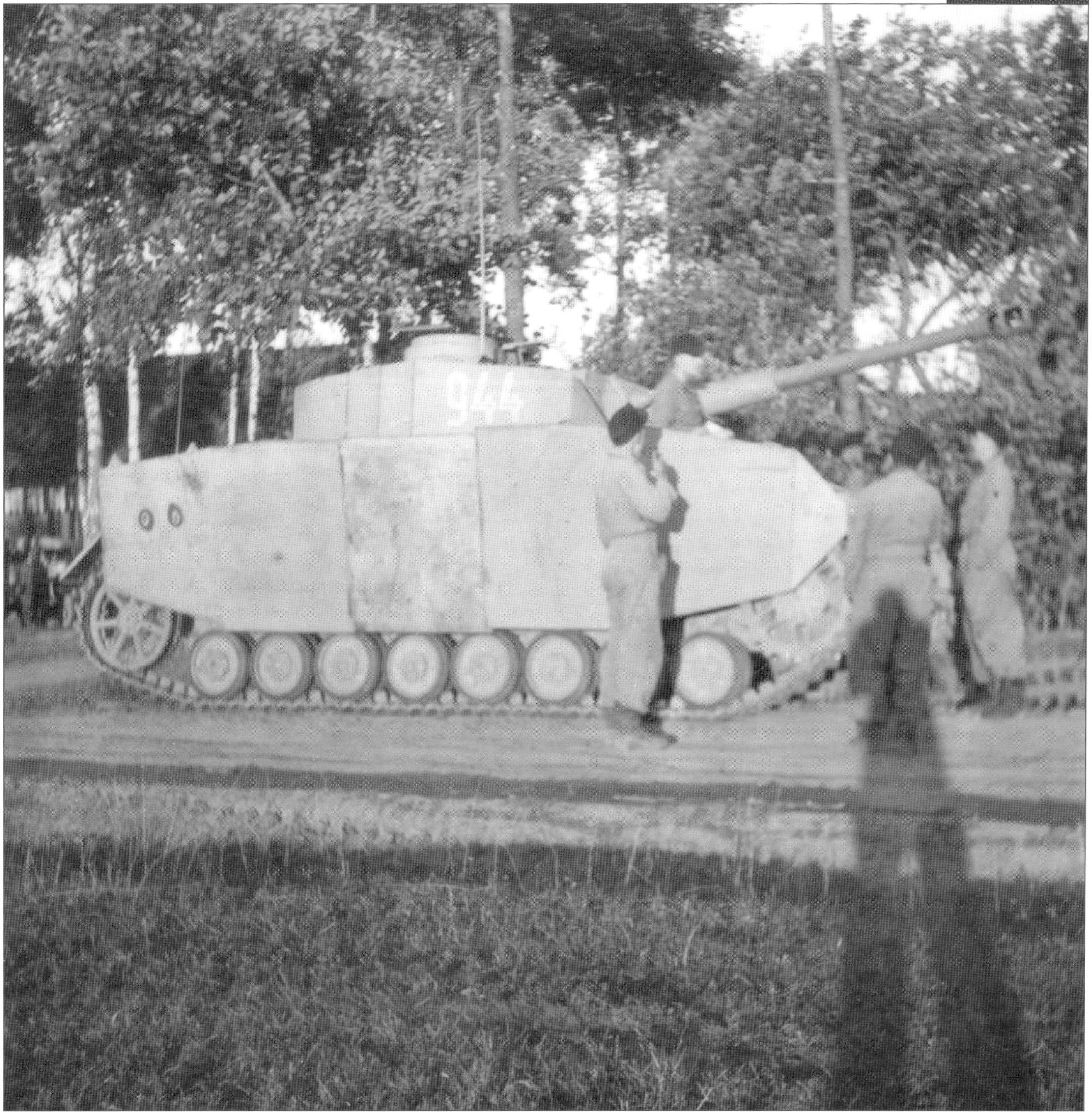

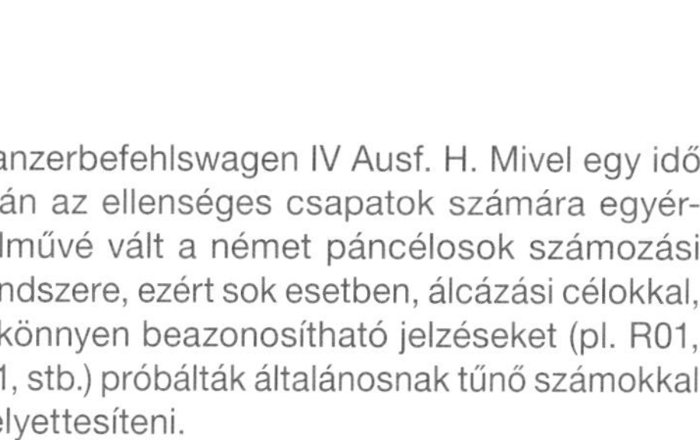

Panzerbefehlswagen IV Ausf. H. Mivel egy idő után az ellenséges csapatok számára egyértelművé vált a német páncélosok számozási rendszere, ezért sok esetben, álcázási célokkal, a könnyen beazonosítható jelzéseket (pl. R01, I01, stb.) próbálták általánosnak tűnő számokkal helyettesíteni.

Panzerbefehlswagen IV Ausf. H. As the German numbering system became clear to the enemy troops after a while, they tried to change the easily recognizable signs (R01, I01, etc) to universal look-alike ones in many cases.

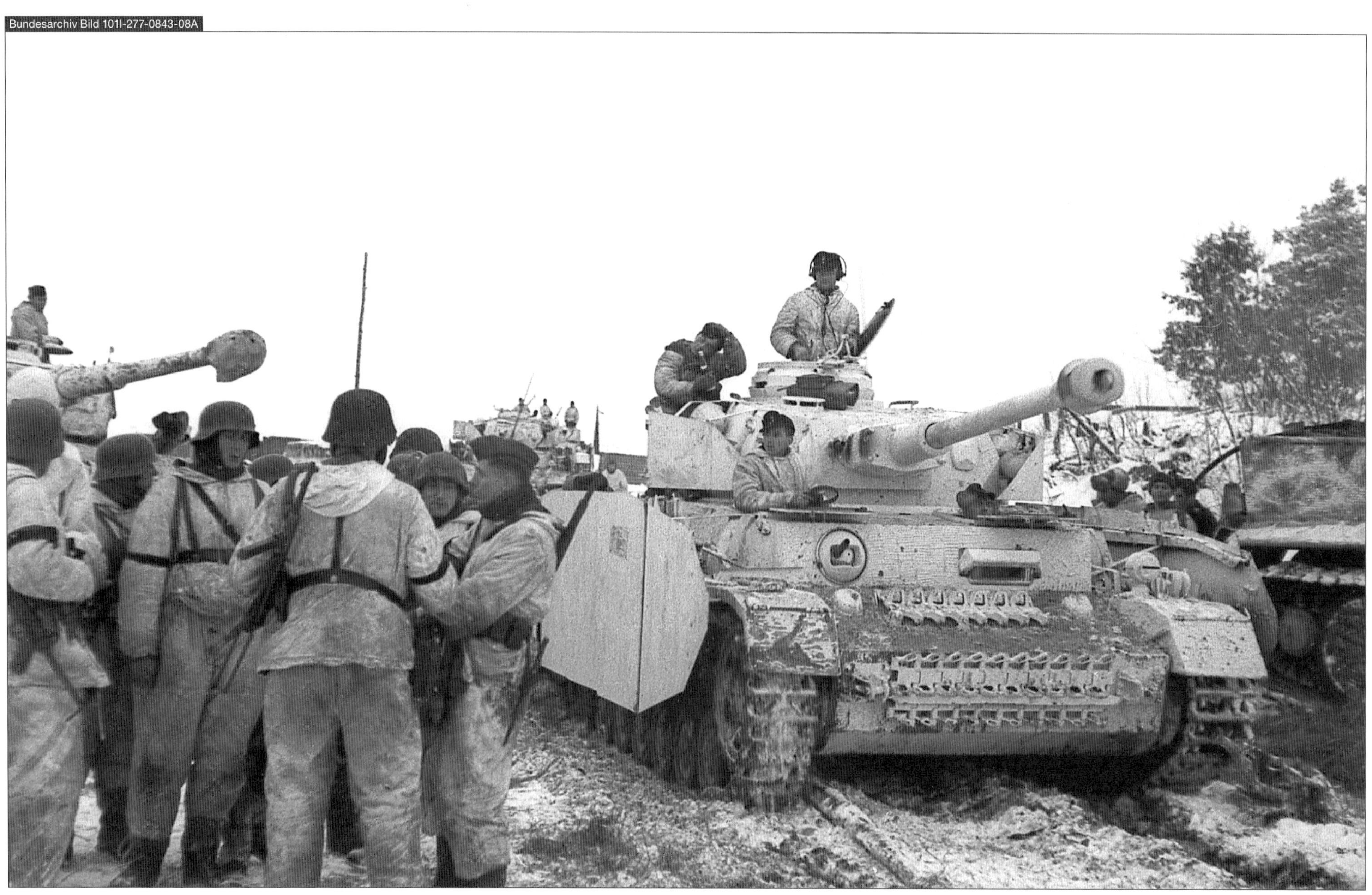

100

Gondosan fehérre festett Pz. IV Ausf. H 1943-44 telén. Még a pótlánctagokat is precízen lekenték, és semmiféle azonosító jelzés nem található a járművön. A kötényen látható jel sajnos felismerhetetlen. A képen szereplő Tiger I-ek feltehetőleg a német 502. nehézpáncélososztály harckocsijai. A katonák karszalagjai mintegy saját-idegen azonosítóként szolgáltak, ezek színét adott időközönként változtatták.

Carefully white painted Pz. IV Ausf. H in the winter of 1943-44. Even the spare track links have been painted with accuracy, and there is not a unit insignia on the vehicle. The Tiger Is probably belonged to s.Pz.Abt.502. The soldier's arm-bands were used as a "friend or foe" identification. The colour of these bands was changed over time.

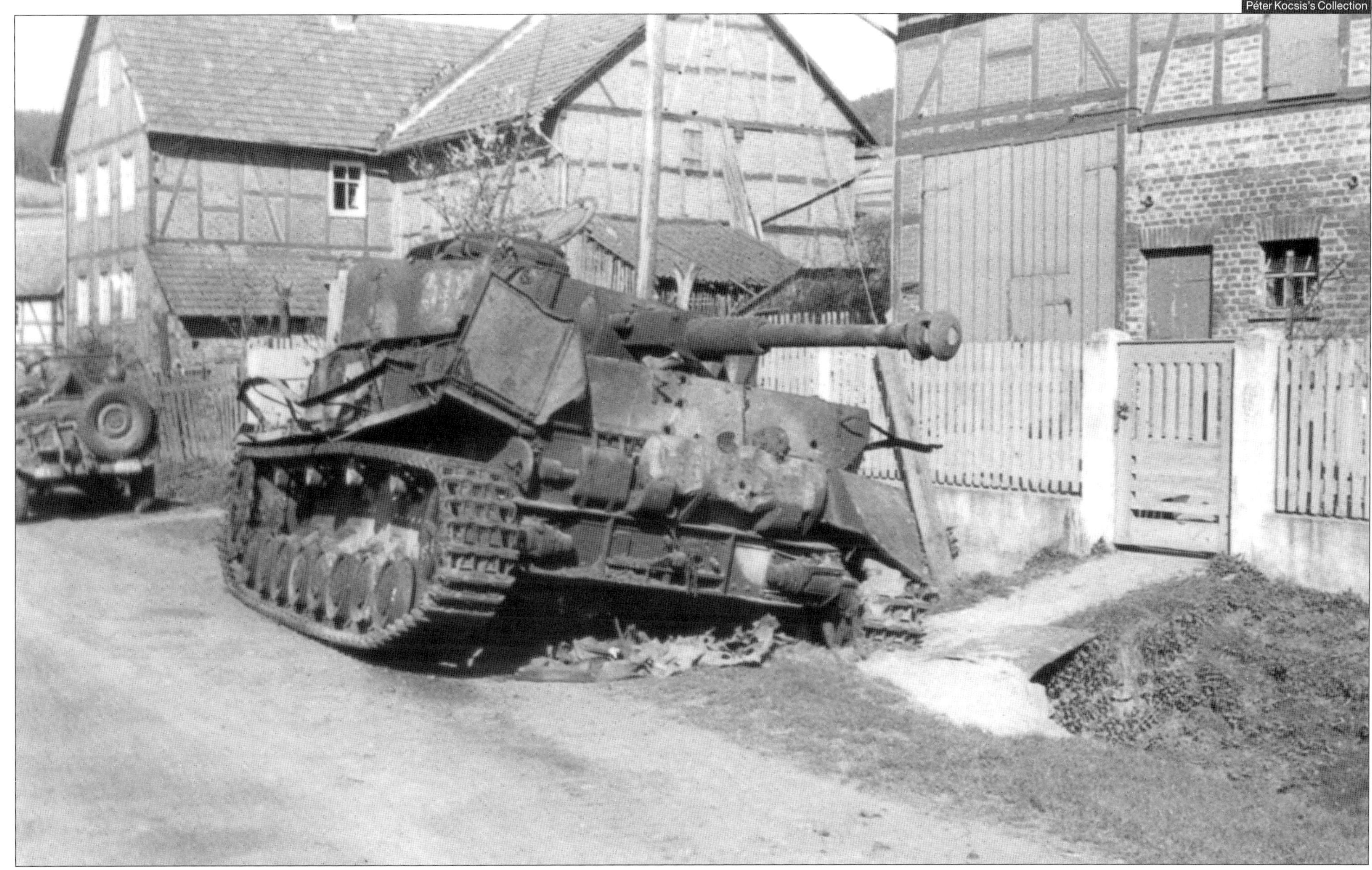

Kiégett Pz. IV Ausf. H a németországi Kaiserslauternben, 1945-ben. Jól látható a torony-mozgató motor kipufogója a kipufogódob mellett balra, és több kis űrméretű találat a farpáncélon. A párhuzamosított géppuska hiányzik, valószínűleg azt még a személyzet szedte ki, mielőtt elhagyták a járművet.

A burnt out Pz. IV Ausf. H in Kaiserslautern, Germany, in 1945. The auxiliary power unit can be seen beside the exhaust muffler as well as several small calibre hits on the rear of the Panzer. The co-axial machine gun was probably removed by the crew before they abandoned the vehicle.

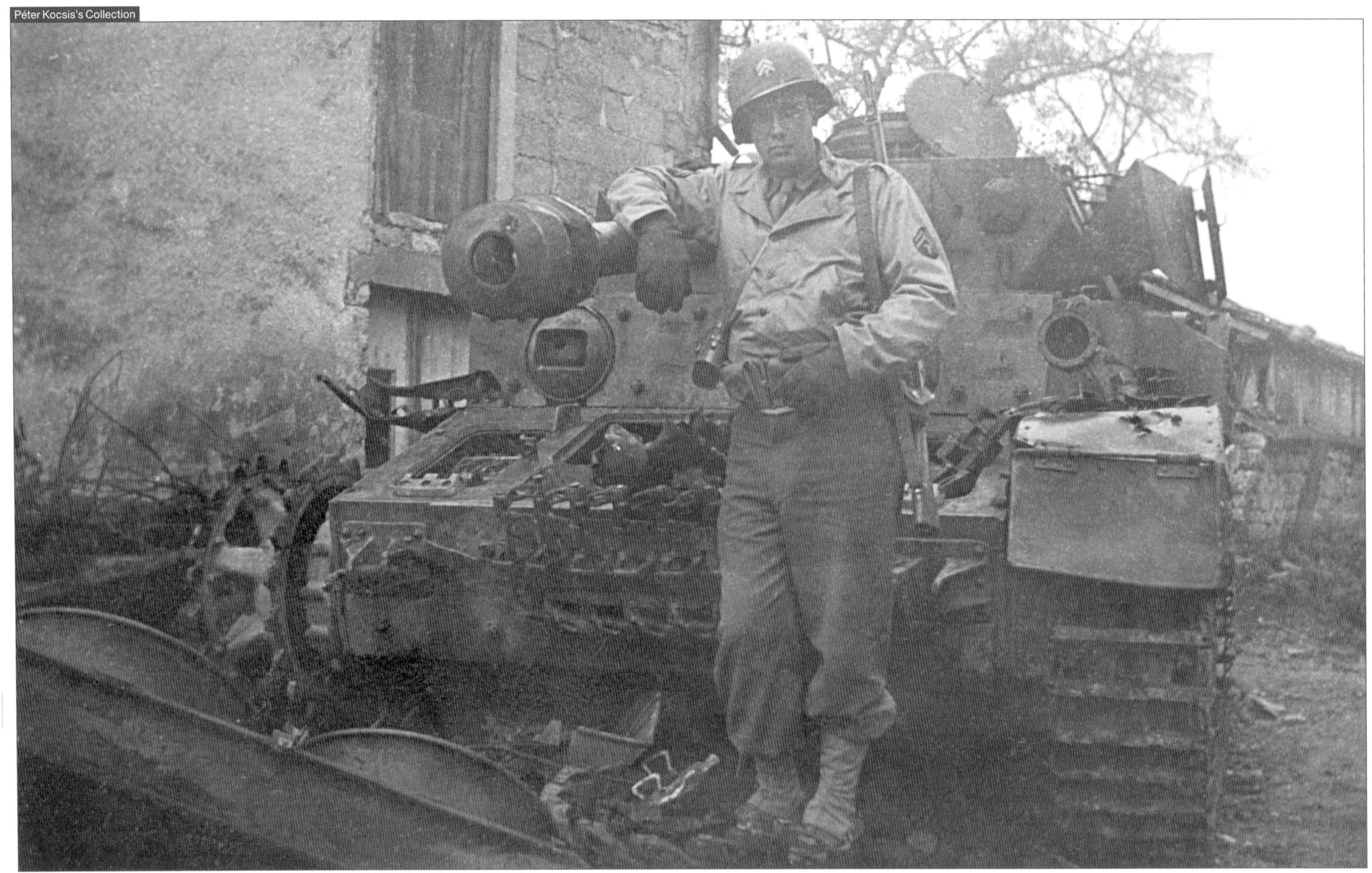

Pz. IV Ausf. H Franciaországban, 1944 decemberében. Figyeljük meg a páncélteknő és a homlokpáncélzat utólag rácsavarozott megerősítő páncéllemezeit. Ez a megoldás nem volt túl szerencsés, mivel a csavarozás találat esetén könnyen sérült, s nem bizonyult tartósnak. A teknő elejére rögzített pótlánc még korai, átütött vezetőfogas változat. A kép előterében ennek, vagy egy másik Pz. IV-nek a hűtőventillátora hever a földön.

A Pz. IV Ausf. H in France, in December 1944. Note the additional armour bolted on the hull bow and front of the fighting compartment. It was not a perfect solution, as it got damaged easily if hit. The spare track links were the earlier versions with open teeth. In the foreground is a cooling fan from a Pz. IV.

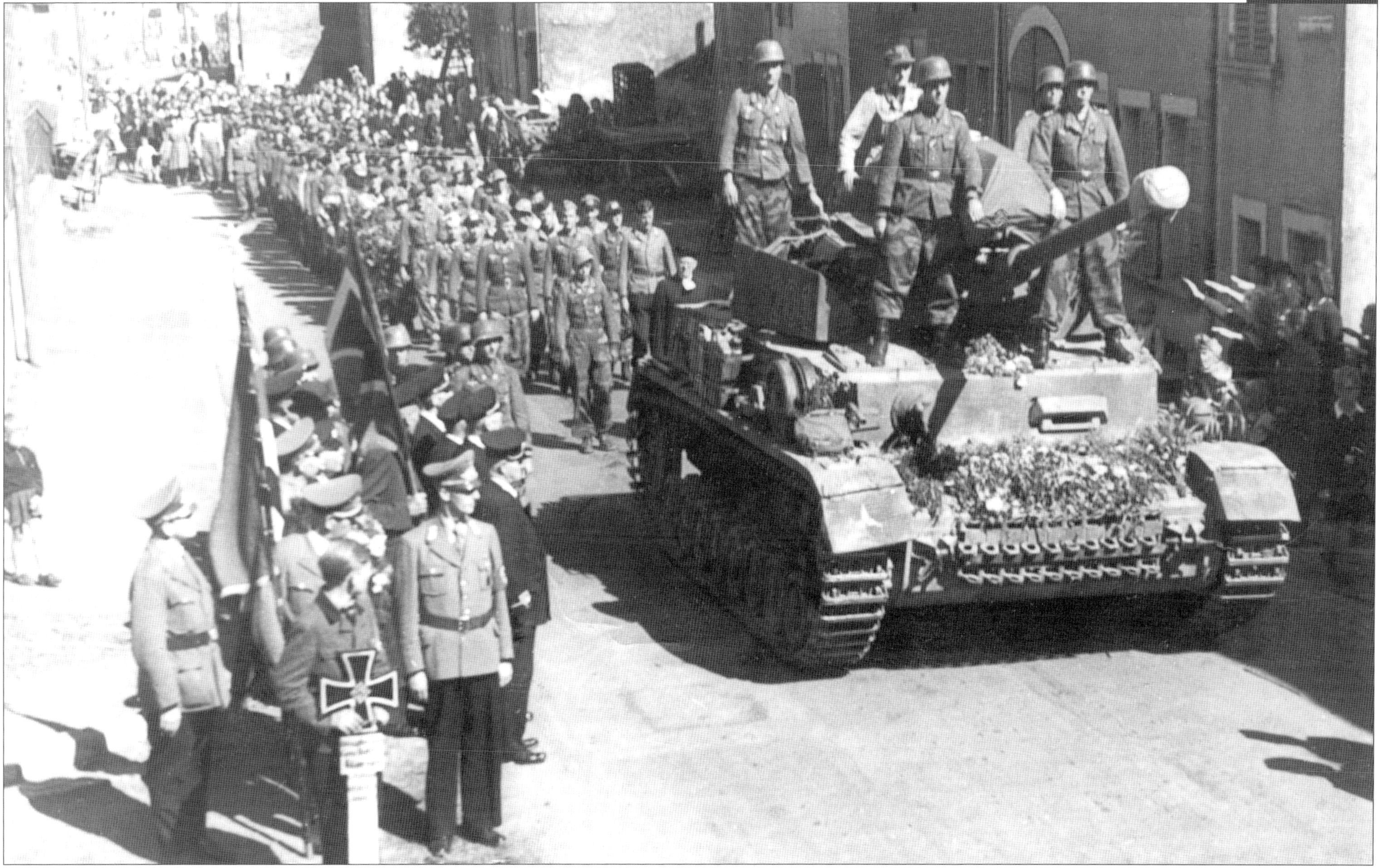

Egy harckocsizó bajtárs, a 115. páncélos-osztály 2. század parancsnokának, Hans Gottfried Klaemer századosnak temetése 1944 szeptemberében, Franciaországban. Az alakulat nem sokkal korábban érkezett Olaszországból. A ravatalként szolgáló páncélos a százados saját, 201 toronyszámú Pz. IV páncélosa volt. A torony tetején, a koporsó alatt jól látható a védelem növelését szolgáló páncéllemez, illetve az alakulatjelzés a jobb sárvédőn.

Burial of a Kamerad. Hauptman Hans Gottfried Klaemer, the commander of 2. Company, Panzer-Abteilung 115 of the 15. Panzer-Grenadier-Division died in September 1944 in France. The unit arrived from Italy a few weeks earlier. This Panzer IV, numbered 201, was the Captain's own mount before. Note the additional armour on the top of the turret under the coffin, and the unit sign on the right fender.

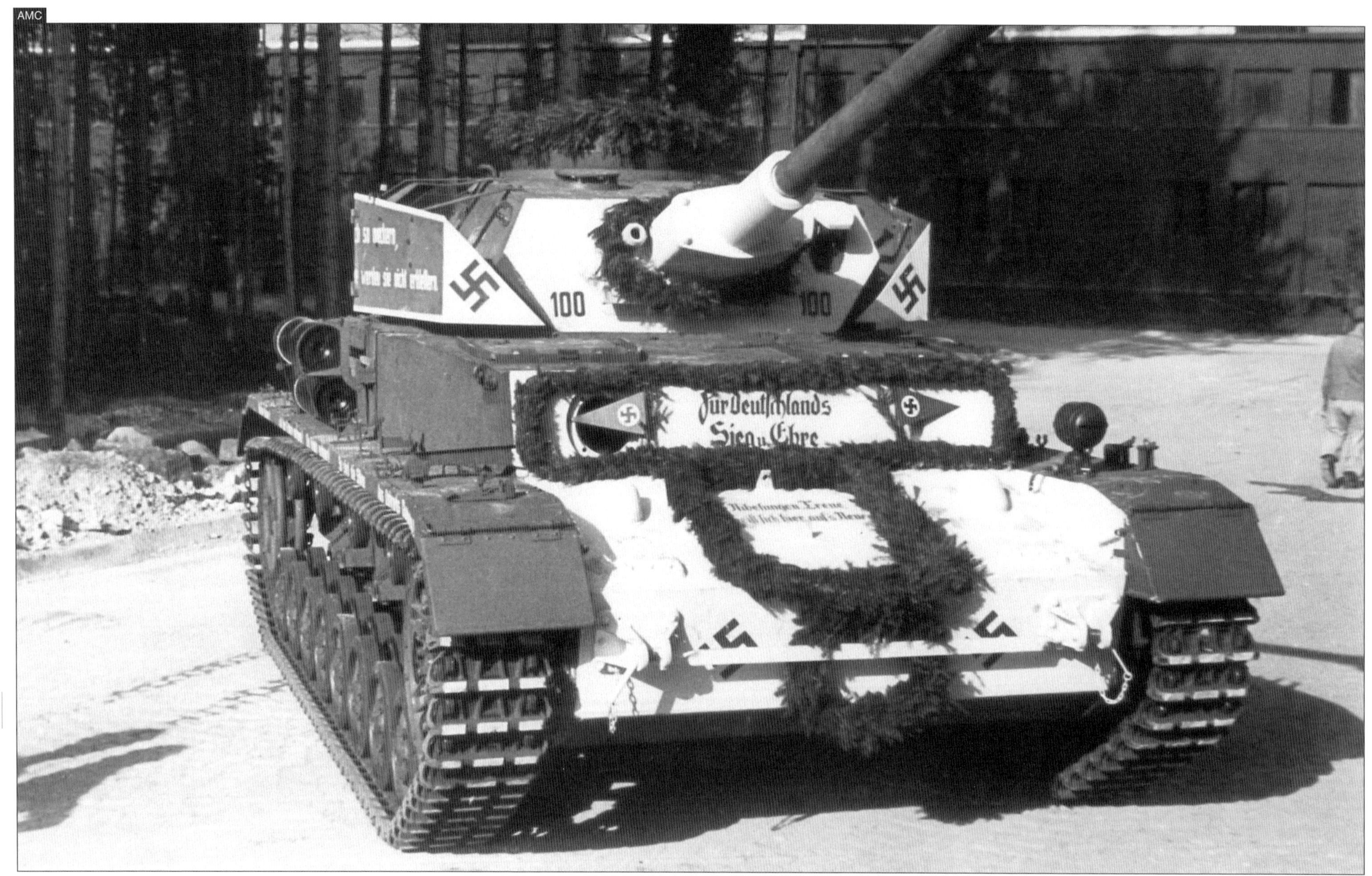

A Sankt Valentin-i Nibelungenwerke üzemében századikként elkészült Pz. IV Ausf. H feldíszítve a „jubileumra". A páncélos küzdőterének már 80 mm-es a homlokpáncélja, amibe még nem szerelték be a rádiós géppuskájának az ún. *Kugelblendéjét*. Nem helyezték fel a különböző szerszámokat sem, s a parancsnoki kupola is hiányzik a járműről.

Probably the 100th Pz. IV Ausf. H built in the Nibelungenwerke, in Sankt Valentin and decorated for the ceremony. This is a later version with 80 mm front armour. The vehicle is still missing its *Kugelblende* in front of the radio-operator, the tools and even the commander's cupola.

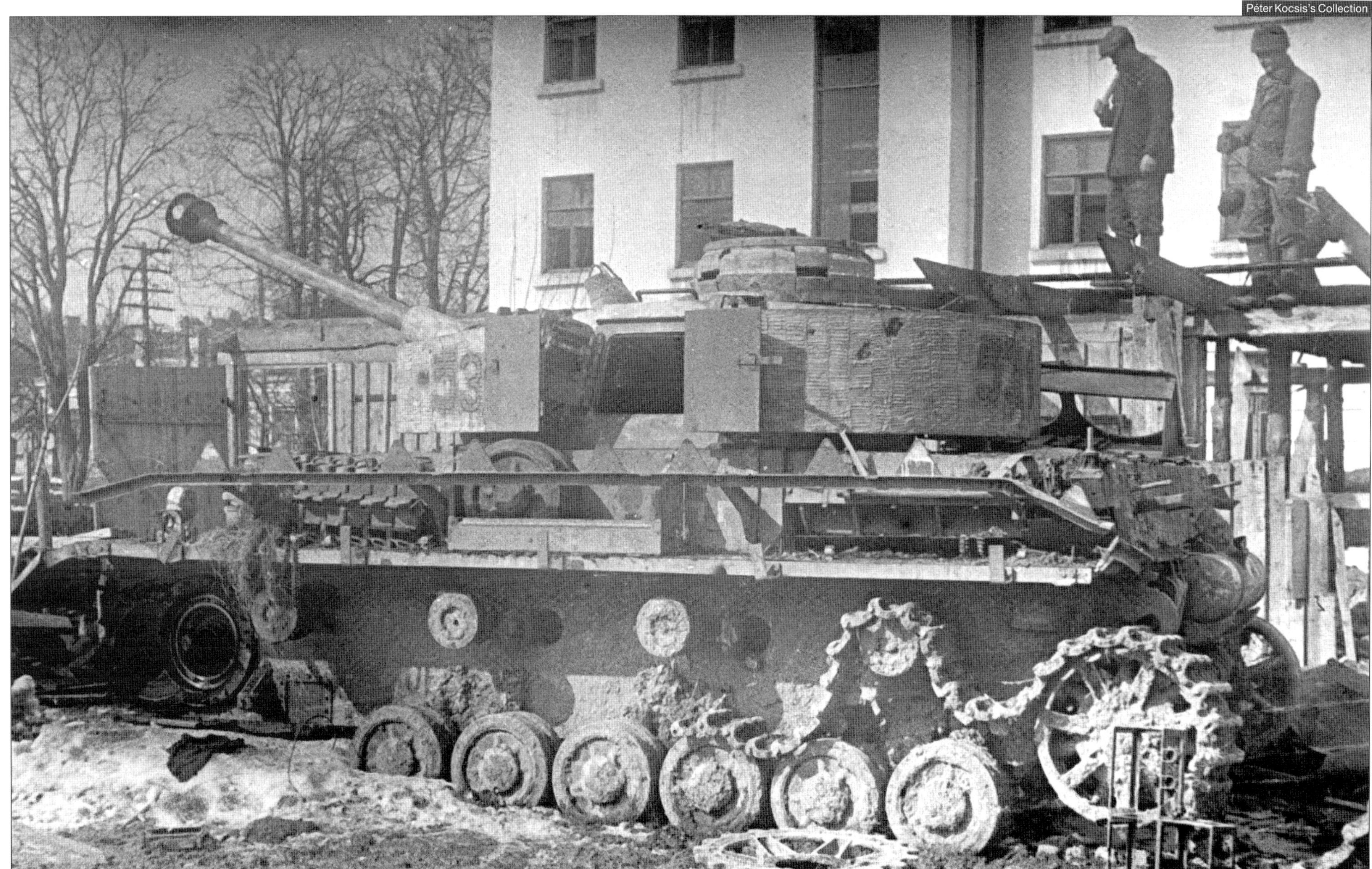

Valahol a keleti fronton, valószínűleg váltómű hiba miatt elhagyott Pz. IV Ausf. H. A képen látható öntött láncfeszítőkereket 1943 októberétől alkalmazták, ám a későbbiekben újra visszaálltak a korábbi, hegesztett verzióra. A fehér álcázófestésű, 8 mm vastagságú toronyköténylemezt zimmerit-bevonattal látták el, a vezető melletti páncélzatot pedig pótlánctalp felhelyezésével erősítették meg.

An abandoned Pz. IV Ausf. H somewhere on the Eastern front. Probably the transmission has been damaged. This type of cast idler wheel was used from October 1943, but later was dropped in favour of the earlier welded version. Zimmerit has been applied on the 8 mm turret skirt, and the side armour has been strengthened with spare track links.

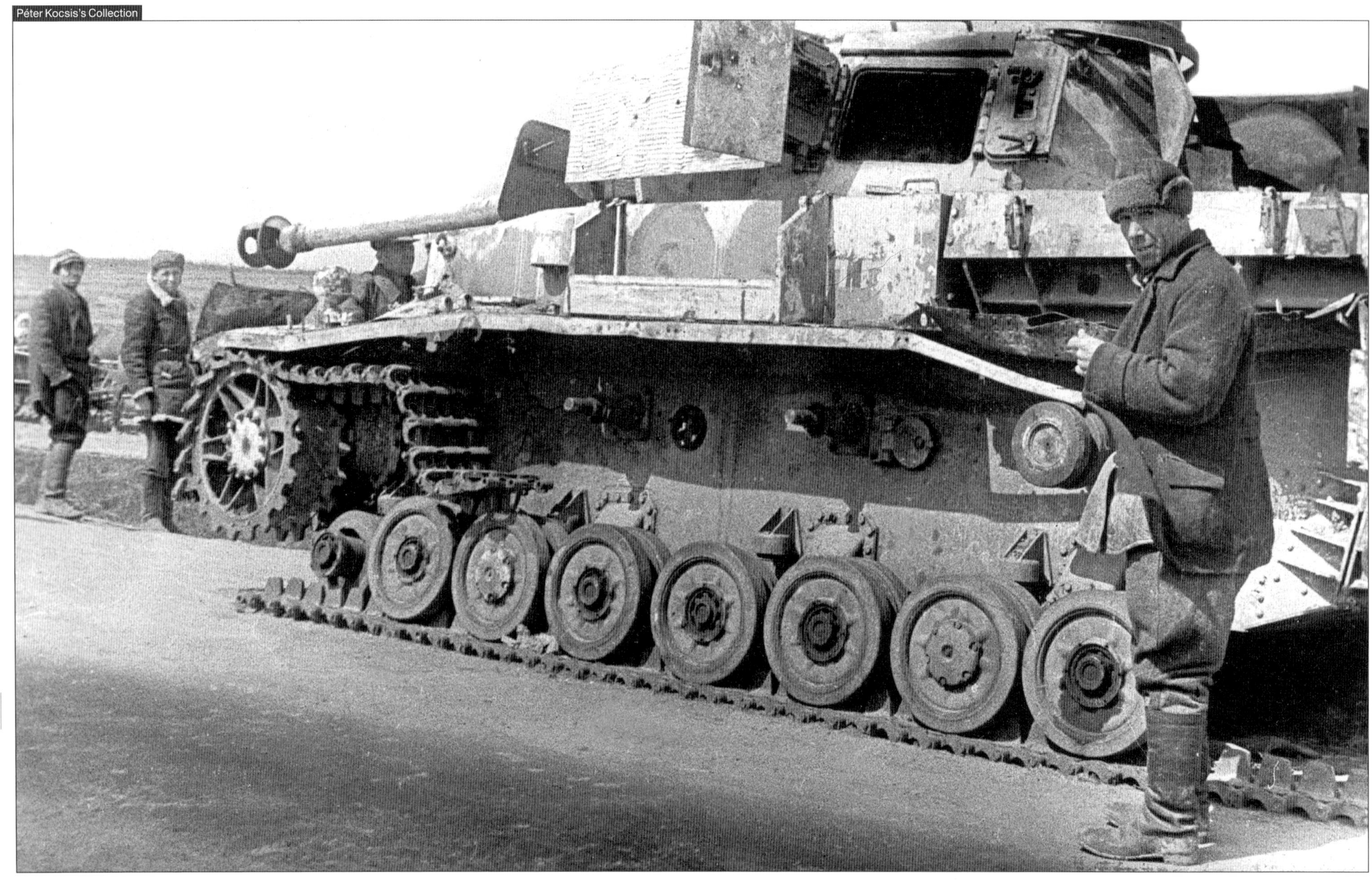

Szintén a keleti fronton hátrahagyott Pz. IV Ausf. H. Akárcsak az előző képen látható páncélos, ez is zimmeritezett toronyköténnyel rendelkezik, s ezen is jól láthatóak a téli álcázófestés nyomai. Érdekes, hogy sem a páncéltest kötényezéséből, sem annak tartósínjéből semmi nem maradt a jármű bal oldalán, még a sárvédő szélére szerelt távtartóknak is csak a rögzítési furata látható.

One more Pz. IV Ausf. H left behind on the Eastern front. As with the picture before, this Panzer also had zimmerit on the turret skirt, and the remains of the whitewash also can be seen. Note that neither the side skirts nor their rails remained in place, only the holes for the hooks can be seen on the mudguard.

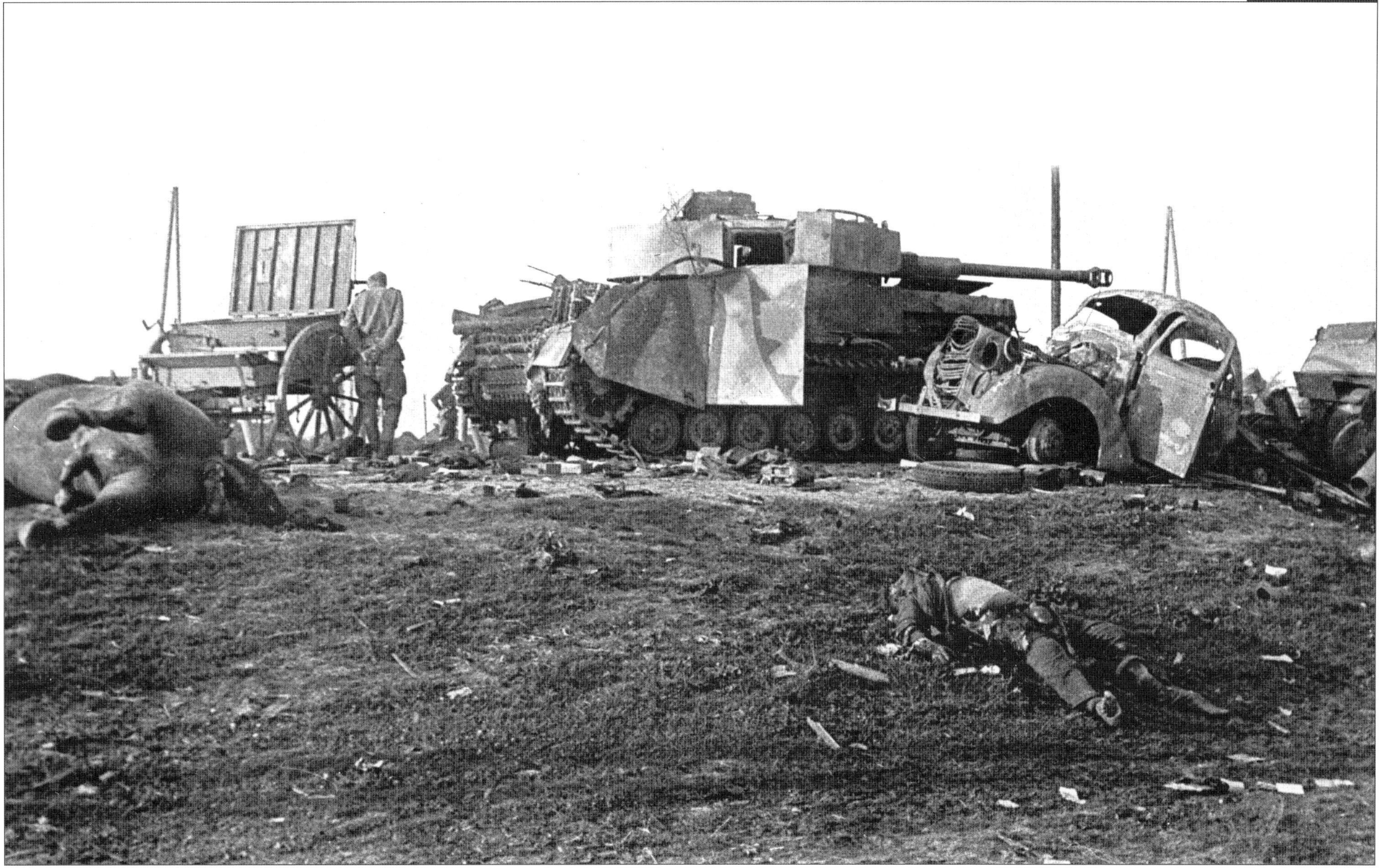

Kései Pz. IV H vagy korai J változat. Míg a páncélos futóművén már a kései lánctalp látható, addig a pótpáncélzatként használtak között még a korábbi, áttört vezetőfogas verzió is megtalálható. Valami ismeretlen behatásnak köszönhetően a köténylemez tartósínjének teljes hátsó fele előre görbül, és legalább egy támgörgő is hiányzik a bal oldalról.

Pz. IV Ausf. H late or Ausf. J early. Although the tracks are the later type, there are earlier ones among the spare links used as add on armour. The main part of the rail has been completely bent inwards for an unknown reason, and one return roller is missing.

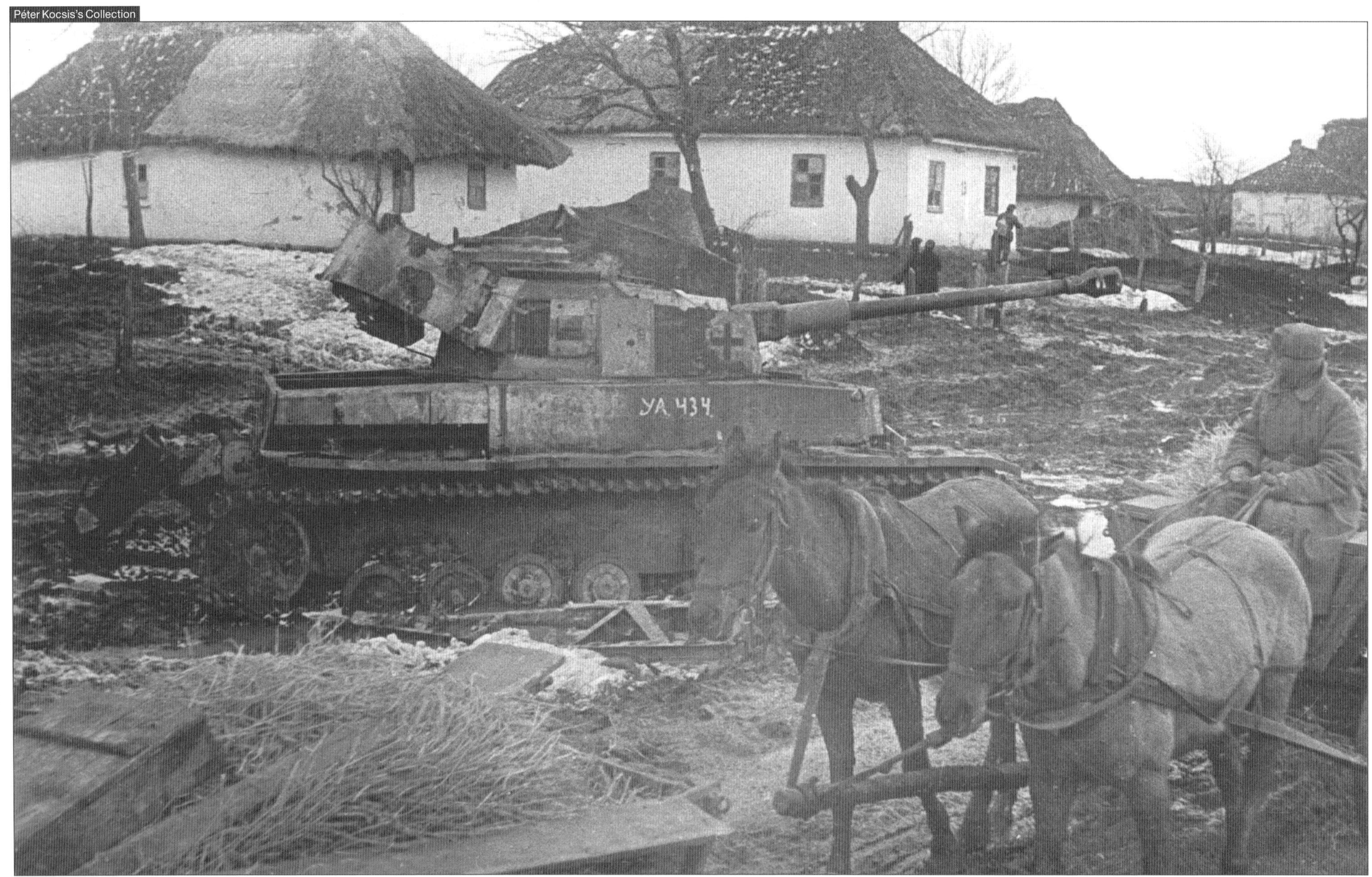

Korai Pz. IV Ausf. J. A toronykötényen látható, álcázófestésnek tűnő foltok valószínűleg a zimmerit-bevonat lepattogzódásai. Ez alapján a harckocsi 1944 szeptembere előtt készült. A páncéloson öntött láncfeszítőkerék van, amelynek gyártásával 1944 második felében leálltak, legalábbis 1944. október-novembere után készült harckocsikról készült fényképeken ez idáig nem bukkant fel ilyen kivitelezésű kerék.

An early Pz. IV Ausf. J. The patches resembling remnants of whitewash were most probably just the marks of chipped Zimmerit – for this reason the Panzer was produced before September 1944. This type of idler wheel was fitted until the fall of 1944 – at least there is no photographic evidence that shows it on vehicles built after October-November 1944.

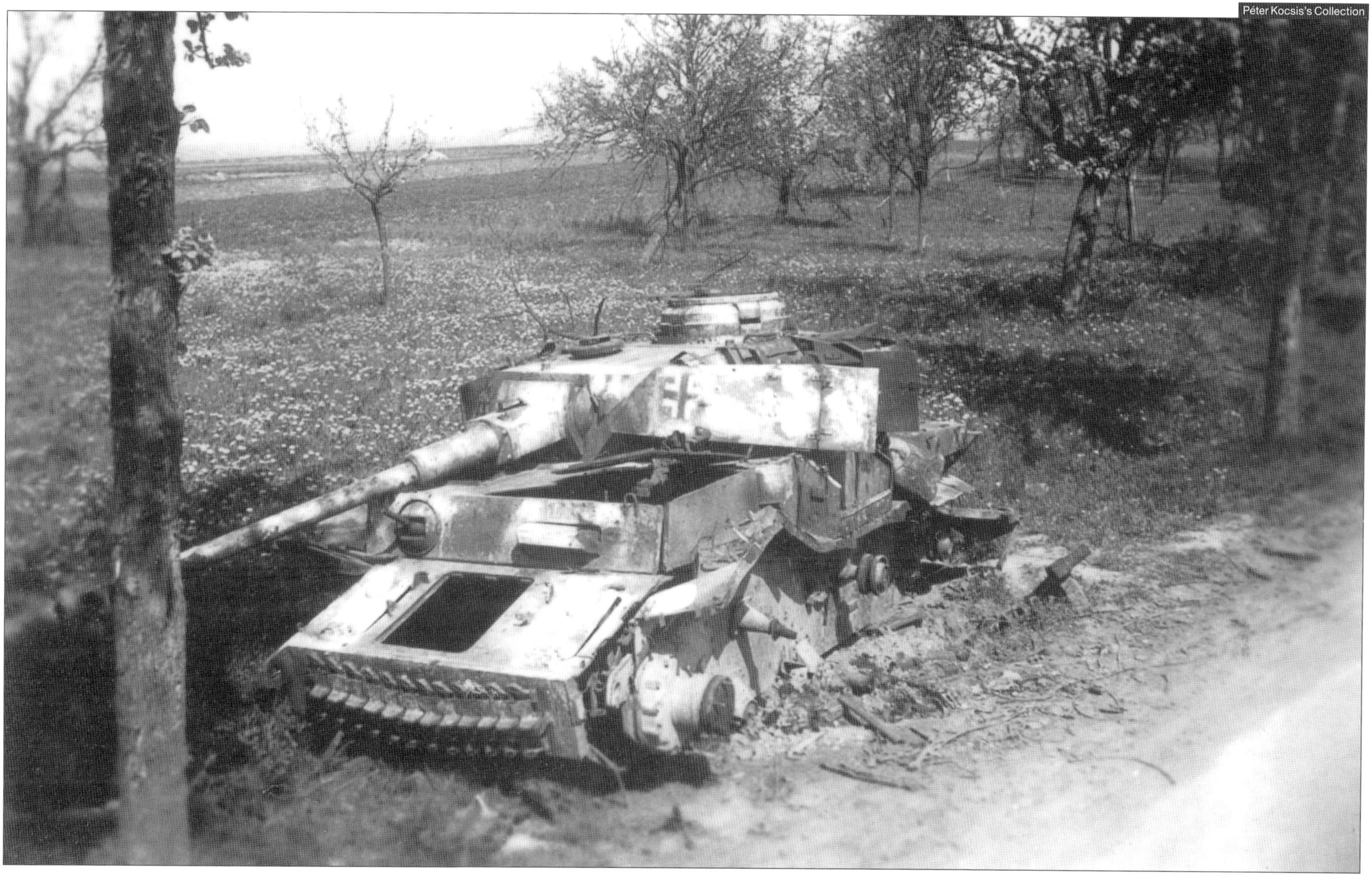

A fenti fénykép 1945 áprilisában készült a franciaországi Hatten-nél, valószínűleg a 11. páncéloshadosztály egyik járművéről. A páncéloson számos, a kései Pz. IV Ausf. J-re jellemző ismertetőjegyet fedezhetünk fel: a három fém támgörgőt, a torony tetején elhelyezett kései levegőszűrő fedőlemezt. A mérgesgáz-jelző panelek tartóinak már csak az alja van meg a lövegpajzs tetején. Jól látható a páncéltest emelésére szolgáló U alakú függesztőszem a homlokpáncélon és a kései vonólyuk a páncélteknő elején.

This photograph was taken in near Hatten, France in April 1945. The vehicle probably belonged to the 11. Panzer Division, and shows the features of the late versions: three steel return rollers and the late style armoured ventilator cover on top of the turret. The warning sign for poison gas attacks is missing from the gun mantlet, only its brackets remain. The lifting hook on the frontal armour is visible, which was used for lifting the hull.

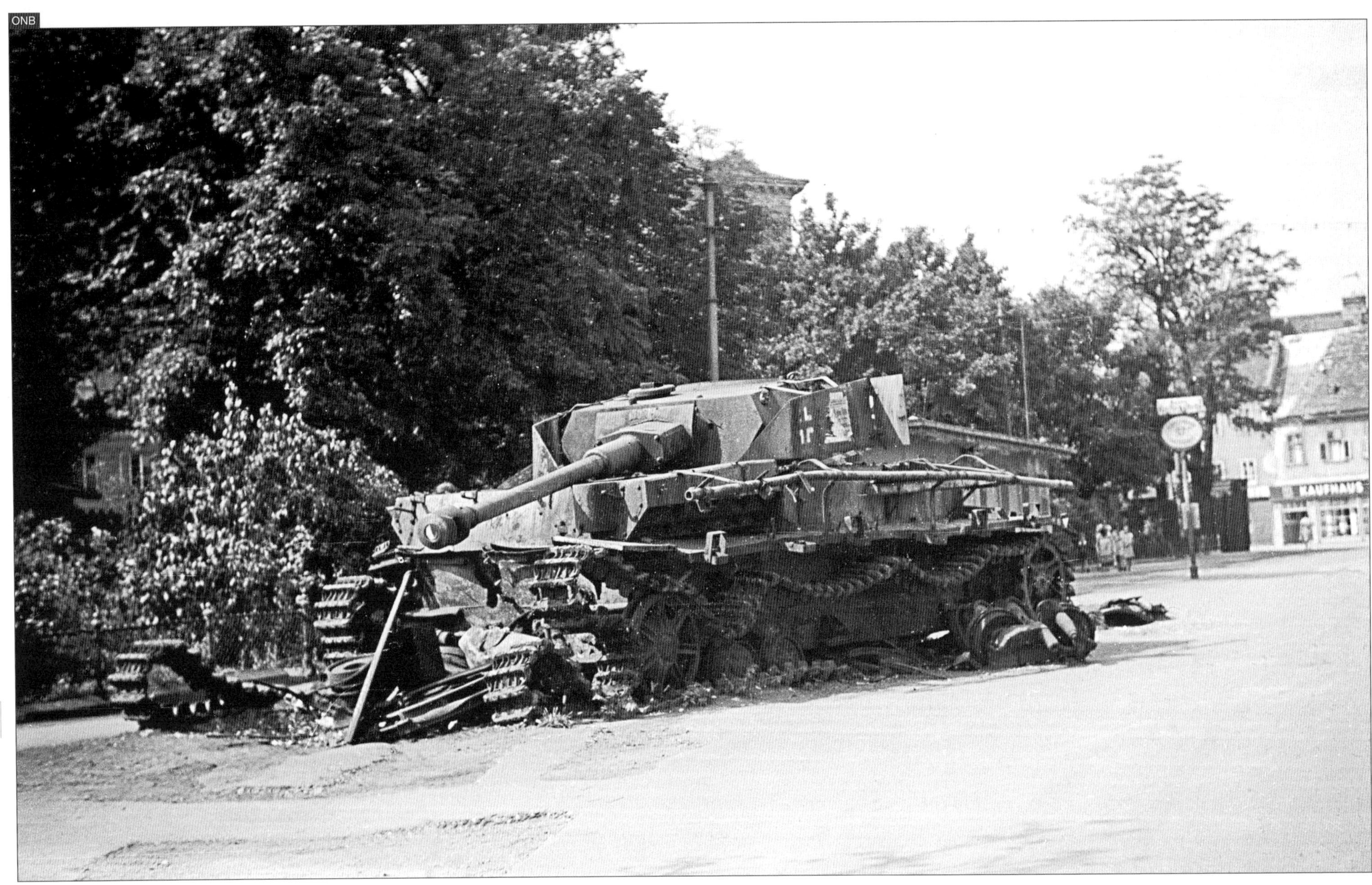

110

Két kép egy kiégett *Panzerbeobachtungswagen* (tüzérségi megfigyelő páncélos) IV Ausf. J-ről Bécsben 1945-ben, valószínűleg a német 2. *„Das Reich"* SS-páncéloshadosztály kötelékéből. A megfigyelő páncélos ritkán lencsevégre kapott jószág, de szerencsére ezen a két fotón jól megfigyelhetőek a legfőbb jellegzetességei: a StuG. III-ról származó parancsnoki kupola, amely most a páncélos mögött sérülten hever és a csillagantenna páncélozott háza a farpáncél jobb oldalán.

Two pictures of a burnt out *Panzerbeobachtungswagen* (artillery observation tank) IV Ausf. J taken in Vienna, 1945. The vehicle probably belonged to the 2. SS-Panzer-Division *„Das Reich"*. This is a very rare vehicle. We can see the most typical features of it: the commander's cupola laying behind the Panzer which is similar to the StuG. III cupola and the armoured mount for the star-antenna on the right side of the back of the vehicle.

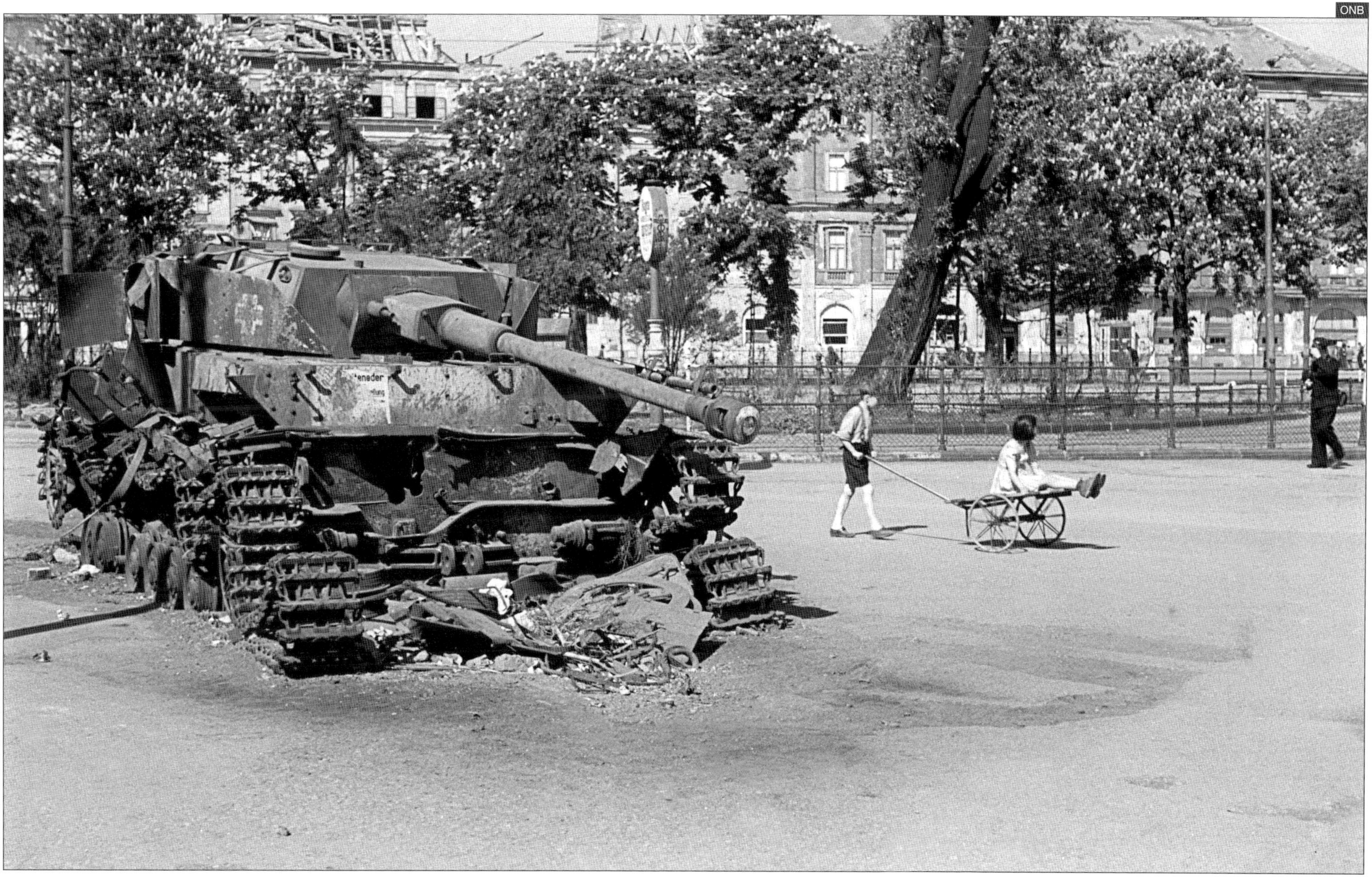

Egy-egy alváltozat gyártási idejét elég nehéz behatárolni. Ez a példány nagyjából egy középkései verzió lehet. Míg a daru rögzítő gombái *(Pilzen)* a torony tetőlemezén, a három visszafutó-görgő, a vonószem, amely a vontatórudak egyszerűbb és gyorsabb rögzítésére szolgált, illetve az irányzó kitekintő nyílásának hiánya a kései kivitelezésre utal, addig a láncfeszítő kerék, a mérgesgáz-jelző panelek hiánya még a korábbi példányokra volt jellemző.

It is very difficult to identify a subversion's production period. This Pz. IV is a mid-late version. While the sockets for the auxiliary crane *(Pilzen)* on the turret's roof, the three return rollers, the towing eye which served for the tow bar's simpler and easier fastening and the lack of the gunner's vision port refer to the late production, until the idler wheel, the lack of warning sign for poison gas attacks were characteristics of the earlier Ausf. J.